现代服务领域技能型人才培养模式创新规划教材

连锁经营管理基本原理与实务

彭娟　编著

中国水利水电出版社
www.waterpub.com.cn

内 容 提 要

本书对商品零售、餐饮、服务三大零售连锁经营的业态分别进行阐述，讲述连锁经营的基本原理。本书共有大小案例 80 多个，每单元开篇引例强调情境引入；篇中以小型案例为主，大部分案例均设有思考题方便案例教学；每单元最后设有分析性的大案例。所有单元案例均涉及商品零售、餐饮与服务三大行业。

本书共十个单元，内容包括连锁经营概述、战略管理、组织管理、网店布局与选址、店铺设计与布局、营销管理、服务管理、采购与物流管理、内部管理及特许连锁经营。

本书内容全面、结构严谨、重点突出，理论与实践紧密结合，可以作为技术应用型高等院校本科、高职相关专业的教学用书，也可以作为相关行业的培训和自学用书。

本书配有电子教案，读者可以从中国水利水电出版社网站和万水书苑免费下载，网址为：http://www.waterpub.com.cn/softdown/和 http://www.wsbookshow.com。

图书在版编目（CIP）数据

连锁经营管理基本原理与实务 / 彭娟编著. -- 北京
: 中国水利水电出版社, 2011.7（2018.7 重印）
现代服务领域技能型人才培养模式创新规划教材
ISBN 978-7-5084-8746-5

Ⅰ. ①连… Ⅱ. ①彭… Ⅲ. ①连锁经营－教材 Ⅳ. ①F717.6

中国版本图书馆CIP数据核字(2011)第128085号

策划编辑：杨 谷 责任编辑：宋俊娥 封面设计：李 佳

书 名	现代服务领域技能型人才培养模式创新规划教材 连锁经营管理基本原理与实务
作 者	彭娟 编著
出版发行	中国水利水电出版社 （北京市海淀区玉渊潭南路 1 号 D 座 100038） 网址：www.waterpub.com.cn E-mail：mchannel@263.net（万水） sales@waterpub.com.cn 电话：（010）68367658（发行部）、82562819（万水）
经 售	北京科水图书销售中心（零售） 电话：（010）88383994、63202643、68545874 全国各地新华书店和相关出版物销售网点
排 版	北京万水电子信息有限公司
印 刷	三河市铭浩彩色印装有限公司
规 格	184mm×260mm 16 开本 13.75 印张 335 千字
版 次	2011 年 7 月第 1 版 2018 年 7 月第 3 次印刷
印 数	5001—6000 册
定 价	24.00 元

现代服务业技能人才培养培训模式研究与实践
课题组名单

顾　问：王文槿　　李燕泥　　王成荣

　　　　汤鑫华　　周金辉　　许　远

组　长：李维利　　邓恩远

副组长：郑锐洪　　闫　彦　　邓　凯

　　　　李作聚　　王文学　　王淑文

　　　　杜文洁　　陈彦许

秘书长：杨庆川

秘　书：杨　谷　　周益丹　　胡海家

　　　　陈　洁　　张志年

课题参与院校

北京财贸职业学院
北京城市学院
国家林业局管理干部学院
北京农业职业学院
北京青年政治学院
北京思德职业技能培训学校
北京现代职业技术学院
北京信息职业技术学院
福建对外经济贸易职业技术学院
泉州华光摄影艺术职业学院
广东纺织职业技术学院
广东工贸职业技术学院
广州铁路职业技术学院
桂林航天工业高等专科学校
柳州铁道职业技术学院
贵州轻工职业技术学院
贵州商业高等专科学校
河北公安警察职业学院
河北金融学院
河北软件职业技术学院
河北政法职业学院
中国地质大学长城学院
河南机电高等专科学校
开封大学
大庆职业学院
黑龙江信息技术职业学院
伊春职业学院
湖北城市建设职业技术学院
武汉电力职业技术学院
武汉软件工程职业学院
武汉商贸职业学院
武汉商业服务学院
武汉铁路职业技术学院
武汉职业技术学院
湖北职业技术学院
荆州职业技术学院
上海建桥学院
常州纺织服装职业技术学院
常州广播电视大学
常州机电职业技术学院
常州建东职业技术学院
常州轻工职业技术学院
常州信息职业技术学院
江海职业技术学院
金坛广播电视大学
南京化工职业技术学院
苏州工业园区职业技术学院
武进广播电视大学
辽宁城市建设职业技术学院
大连职业技术学院
大连工业大学职业技术学院
辽宁农业职业技术学院
沈阳师范大学工程技术学院
沈阳师范大学职业技术学院
沈阳航空航天大学
营口职业技术学院
青岛恒星职业技术学院
青岛职业技术学院
潍坊工商职业学院
山西省财政税务专科学校
陕西财经职业技术学院
陕西工业职业技术学院
天津滨海职业学院
天津城市职业学院
天津天狮学院
天津职业大学
浙江机电职业技术学院
鲁迅美术学院
宁波职业技术学院
浙江水利水电专科学校
太原大学
太原城市职业技术学院
兰州资源环境职业技术学院

实践先进课程理念　构建全新教材体系

——《现代服务领域技能型人才培养模式创新规划教材》

出版说明

“现代服务领域技能型人才培养模式创新规划教材”丛书是由中国高等职业技术教育研究会立项的《现代服务业技能人才培养培训模式研究与实践》课题①的研究成果。

进入新世纪以来，我国的职业教育、职业培训与社会经济的发展联系越来越紧密，职业教育与培训的课程的改革越来越为广大师生所关注。职业教育与职业培训的课程具有定向性、应用性、实践性、整体性、灵活性的突出特点。任何的职业教育培训课程开发实践都不外乎注重调动学生的学习动机，以职业活动为导向、以职业能力为本位。目前，职业教育领域的课程改革领域，呈现出指导思想多元化、课程结构模块化、职业技术前瞻化、国家干预加强化的特点。

现代服务类专业在高等职业院校普遍开设，招生数量和在校生人数占到高职学生总数的40%左右，以现代服务业的技能人才培养培训模式为题进行研究，对于探索打破学科系统化课程，参照国家职业技能标准的要求，建立职业能力系统化专业课程体系，推进高职院校课程改革、推进双证书制度建设有特殊的现实意义。因此，《现代服务业技能人才培养培训模式研究与实践》课题是一个具有宏观意义、沟通微观课程的中观研究，具有特殊的桥梁作用。该课题与人力资源和社会保障部的《技能人才职业导向式培训模式标准研究》课题②的《现代服务业技能人才培训模式研究》子课题并题研究。经过酝酿，于2008年底进行了课题研究队伍和开题准备，2009年正式开题，研究历时16个月，于2010年12月形成了部分成果，具备结题条件。课题组通过高等职业技术教育研究会组织并依托60余所高等职业院校，按照现代服务业类型分组，选取市场营销、工商企业管理、电子商务、物流管理、文秘、艺术设计专业作为案例，进行技能人才培养培训模式研究，开展教学资源开发建设的试点工作。

《现代服务业技能人才培养培训方案及研究论文汇编》（以下简称《方案汇编》）、《现代服务领域技能型人才培养模式创新规划教材》（以下简称《规划教材》）既作为《现代服务业技能人才培养培训模式研究与实践》课题的研究成果和附件，也是人力资源和社会保障部部级课题《技能人才职业导向式培训模式标准研究》的研究成果和附件。

《方案汇编》收录了包括市场营销、工商企业管理、电子商务、物流管理、文秘（商务秘书方向、涉外秘书方向）、艺术设计（平面设计方向、三维动画方向）共6个专业8个方向的人才培养方案。

《规划教材》是依据《方案汇编》中的人才培养方案，紧密结合高等职业教育领域中现代服务业技能人才的现状和课程设置进行编写的，教材突出体现了“就业导向、校企合作、

---

① 课题来源：中国高等职业技术教育研究会，编号：GZYLX2009-201021

② 课题来源：人力资源和社会保障部职业技能鉴定中心，编号：LA2009-10

双证衔接、项目驱动”的特点，重视学生核心职业技能的培养，已经经过中国高等职业技术教育研究会有关专家审定，列入人力资源和社会保障部职业技能鉴定中心的《全国职业培训与技能鉴定用书目录》。

本课题在研究过程中得到了中国水利水电出版社的大力支持。本丛书的编审委员会由从事职业教育教学研究、职业培训研究、职业资格研究、职业教育教材出版等各方面专家和一线教师组成。上述领域的专家、学者均具有较强的理论造诣和实践经验，我们希望通过大家共同的努力来实践先进职教课程理念，构建全新职业教育教材体系，为我国的高等职业教育事业以及高技能人才培养工作尽自己一份力量。

丛书编审委员会

现代服务领域技能型人才培养模式创新规划教材
市场营销专业编委会

前　言

连锁经营是企业经营的一种形式，业界人士把它称为“现代流通革命”的一大标志。连锁经营在近二十年中已成为中国现代商业的发展新模式，并以前所未有的速度影响着中国第三产业的发展。特别是商品流通领域与餐饮、服务业，它们已成为连锁经营发展的沃土，这种新模式也为它们自身的发展带来了强劲动力。

作为理论研究与教学工作者，笔者与大多数同行一样深感目前连锁经营教材跟不上时代的需要。大部分相关教材突出商品零售连锁经营，而教材内容在服务与餐饮连锁方面的表述上严重缺失。这导致部分学生学完课程后认为连锁经营的就业渠道主要是在大商场、大超市。服务与餐饮连锁的蓬勃发展急待教育工作者重视对相关教材及教学的改进。基于以上考虑，笔者编著此书，力求从连锁经营基本原理入手，对现行教材进行改进。本书的主要特点如下：

1．以三大行业为切入点。第一单元对商品零售、餐饮、服务三大零售连锁经营的业态分别进行阐述，使学生较早对连锁经营的行业分布有清晰的整体认识。后续各单元尽量兼顾三大行业的共性与个性，特别在描述上尽量避免以偏概全。如考虑到餐饮与服务有形商品相关理论部分较少，因此在第六单元单独针对商品零售的商品管理进行阐述。

2．强调案例多样化与全面化。本书共有大小案例 80 多个，每单元开篇引例强调情境引入；篇中以小型案例为主，大部分案例均设有思考题方便教学；每单元最后设有分析性的大案例。所有单元案例均涉及商品零售、餐饮与服务三大行业。

3．内容简洁，注重实用性。针对目前高职高专教育的实用性需求，本书力求内容简洁，注重实用性。文中理论描述避免大段文字堆砌，尽量简单明了。每单元均有学习目标、知识目标与能力目标，同时注重运用图表加以说明。每单元均有小结、习题、实训题等，方便教学。

4．全面性与逻辑性强。作为连锁经营基础原理书籍，从连锁经营企业经营的逻辑思路布局各单元内容。同时做到全面系统，如针对目前连锁经营的重要工作之一——服务，在第七单元专门讲述连锁经营服务管理。

本书在编写过程中，参考了国内外专家、学者的有关著作与研究成果，在此表示感谢！

尽管笔者希望能让本书尽量全面深入，突出餐饮与服务连锁，但由于三大行业差异性较大，共性较少，理论研究相对匮乏，以及本人水平与时间有限，使得本书在编著过程中遇到诸多困难，离笔者期望还有一定距离。寄希望于读者能提出宝贵意见，以便在今后修订中进一步完善。

彭　娟

2011 年 4 月

目　录

单元一　连锁经营概述

通过本单元学习，学生应能够理解连锁经营的含义、特征和本质；了解连锁经营的中、外发展历史，掌握连锁经营的分类及体系；理解连锁经营业态概念及商品零售、餐饮零售、服务零售连锁经营的业态分类。

（1）连锁经营的概念和本质；
（2）连锁经营的发展历史；
（3）连锁经营的分类及体系；
（4）连锁经营的业态类型。

技 能 点

（1）认识连锁经营的发展历史；
（2）掌握连锁经营的分类及体系构建；
（3）区分商品、餐饮、服务连锁经营的业态类型。

情境引入

你是否在经历或看到你身边的朋友在这样生活：

一天早上，小张送儿子去红黄蓝接受教育后，把需要干洗的衣服送到象王洗衣店，顺便在附近新开的百思买、国美、宏图三胞里选购一些电器，接着去真功夫、成都小吃或小肥羊吃个午饭，下午去合富地产把多余的那套房子给他们代理出售，去更香茶楼喝杯茶，或者去迪欧咖啡享受中式文化，顺便上273看有没有合适的二手车，晚饭前去佳美口腔检查下蛀牙情况，然后去宝迪沃健身，回家时想起了昨天在慈铭体检时医生的建议，于是去金象大药房购买一些保健药品，顺便在物美购买明天的早餐配料，睡觉前和爱人商量全家旅游时该入住如家、7天还是速8酒店……

你是否想过，在城市中离开这些连锁企业我们的生活将变成怎样？

项目一　连锁经营及其本质

连锁经营是企业经营的一种形式，业界人士把它称为"现代流通革命"的一大标志。连锁经营在近二十年中已成为世界现代商业的发展新模式，并以前所未有的速度影响着发展中国家第三产业的发展。在商品流通领域与餐饮、服务业，它们已成为连锁经营发展的沃土，这种新模式也为它们自身的发展带来了强劲动力。

任务 1　认识连锁经营的概念与特征

1. 连锁经营的定义

连锁经营是指一个企业以同样的方式、同样的价格在多处同样命名的店铺里出售某一种商品或提供某种服务的经营模式。

我国连锁经营协会 1997 年在《连锁店经营管理规范意见》中规定，连锁店是指经营同类商品、使用统一商号的若干门店，在同一总部的管理下，采取统一采购或授予特许权等方式以达到规模效益的经营组织方式。国际连锁加盟协会（IFA）为连锁下的定义是："连锁总公司与加盟店两者间是持续契约关系。根据契约，总公司必须提供一项独特的商业特权，并加上人员训练、组织结构、经营管理，以及商品供销的协助，而加盟店也需付出相对的报偿。"这一定义针对以特许经营为主的连锁企业。美国贸易法规定：连锁企业是至少有在一家总店控制下的 10 家以上的经营相同业务的分店。从管理学的角度看，一般门店数量发展到 10 家左右，就会带来管理方面的根本变化，必须采取与单独企业经营不同的管理方式。

2. 连锁经营的特征

连锁企业与其他企业比较存在可以识别的特征，真正意义的连锁原则上应具备以下特征：

（1）经营理念连锁。经营理念连锁是连锁企业全体员工的观念与价值的统一，是精神与文化层面的统一。经营理念包括该企业的产业定位，即为什么做连锁，在什么行业定位；企业定位，即提供了什么赖以生存的因素；理念定位，即企业和消费者理念；宗旨定位，即企业使命及最终目的。连锁企业的所有门店都必须持有相同的经营理念。

（2）经营管理连锁。这是企业内部管理模式的统一。连锁企业必须在经营战略、经营策略上实行集中管理，即由总部统一规划，制定管理标准，并下达给各门店认真执行。从总部到每一个门店都遵从总部所颁布的规章、规定、办法行事。一切标准化、系统化、简单化，一切的动作、做法皆有明文规定，从而形成管理一元化、一致化、一贯化。

（3）企业识别连锁。企业识别连锁指看得到、感受得到的物体和行为在每个店都要一致，这包含招牌、装潢、标准色彩、外观、商品陈列、布置、包装材料、手提购物袋、制服、旗帜、收银台、名片、标识卡、意见箱、垃圾箱等硬件及礼节、口号、招呼等行为语言。连锁企业必须对外形成一致的企业形象，才能让消费者感觉众多门店是连在一起的，而不是分散经营的。

（4）商品服务连锁。这是连锁企业内部经营过程的统一，连锁企业在每一门店的经营过程中都能使消费者享受到所提供的商品一致、价格一致、服务一致的公平合理的待遇。通过商品服务连锁让消费者对连锁企业产生长期的信任感和依赖感，可使连锁企业大大减少对各分店商品和服务的营销费用。

任务2　认识连锁经营的本质

作为连锁经营，是把独立的、分散的商店联合起来，形成覆盖面很广的大规模销售体系。连锁经营是现代工业发展到一定阶段的产物，其实质是把社会大生产的分工理论运用到商业领域里，它们分工明确，相互协调，形成规模效应，共同提升企业的竞争力。

连锁经营的本质可分解为这一经营形式的三大优势。

1. 连锁经营把分散的经营主体组织起来，具有规模优势

当今世界零售业高峰的大公司都实行连锁经营，这绝不是巧合，而是现在商业流通规律的客观反映。连锁经营完善了专业化分工，科学合理地组织了商品物流，从而降低了商品的售价。连锁经营的最大特征是统一化，不仅要统一店名、店貌，统一广告、信息等，最重要的是统一进货、统一核算、统一库存和统一管理。这诸多的“统一”，支撑着连锁经营的价格优势。价格优势首先来自于统一进货。由于连锁经营规模甚大，厂家自然愿意低价供应，大批量的订货确保了商品的最优惠进价。

2. 连锁经营都要建立统一的配送中心，与生产企业或副食品生产基地直接挂钩

有了统一的配送中心，就意味着减少了中间环节，节省了流通费用，从而降低了成本。按照连锁店经营规范化的要求，各成员店或加盟店的商品价格必须统一，并且要将其“锁”定在低于同类商店2%～5%的水平上。

3. 连锁经营容易产生定向消费信任或依赖

从某种意义上讲，连锁店系统中的每家分店在完成本分店经营的同时，也分担着其他店实物广告的作用。如此一来，不仅做了活广告，而且无形中建立起了自家的顾客群，因为只要在一家分店得到了满意的服务，就等于为全系统的所有分店拉住了回头客。

任务3　认识连锁经营的基本原则

连锁经营之所以被世界许多国家采用，并快速发展，关键在于连锁这种经营模式有许多传统企业无以比拟的优点和特点。坚持创办企业的目标、坚持连锁经营的特点、坚持优良服务的宗旨就是办企业的原则。连锁经营的原则主要包括两个方面：一是与各种企业相同的通用原则，二是与连锁业相关的行业原则。

1. 连锁经营的通用原则

（1）诚信原则。诚信是企业经营的基石，也是连锁经营的基石。一个企业诚信与否，关系到合作伙伴的风险大小、关系到员工的利益、关系到消费者的利益、关系到供应商的利益，更关系到企业的长远发展。

（2）效益原则。效益原则主要体现在：

①经济效益原则。当然这也是首要目标，要获取高的资金回报、快的资金周转、尽量少的库存、最低的运作成本、最高的效率。它们之间相互矛盾，需要协调，提高管理水平。

②社会效益原则。包括为顾客提供物美价廉的商品，最大限度满足群众的生活需要；为国家纳税，促进社会整体发展；提供大量就业机会。

③环境效益原则。连锁企业在运营过程中，应尽量减少对环境的污染，使企业周围绿化美观、空气清新、无噪音、无异味，垃圾清运快捷、周围环境清洁、电磁辐射小等，这些都是对环境做出的贡献。

（3）守法原则。作为企业公民，必须遵纪守法。合法经营才是正当经营，合法经营所得才是正当经营所得。这里的守法不但是指我国的经济法，还包括民法、商法及大量的交易惯例等。也就是连锁企业要摆正国家、企业、员工和消费者的关系。

2. 连锁企业经营的行业原则

行业原则，是指连锁企业的主要行业必须遵守的经营规范、要求、秘诀等。连锁经营主要涉及的行业有餐饮零售、商品零售和服务零售三大行业。它们各自在经营中均有其特定的行业原则。如餐饮零售连锁经营强调新鲜美味、服务周到、清洁卫生以及价值感。商品零售连锁经营强调方便、商品齐全、亲切服务以及价格公正等。同时由于业态不一样，各行业的不同业态其经营原则也有所不同。

【案例点击】

便利性——7-11 的核心原则

“便利性”是 7-11 公司成功的一张王牌，也是其经营的核心原则，且在后续的发展过程中经过不断修正与积淀，逐渐清晰地明确为“便利性的唯一”。

7-11 认为顾客是第一位的，它把“便利性”的经营原则带到了零售业中，提倡为顾客提供便利性服务，因此它以“为顾客提供方便”为原则设立便利店、组织商品，甚至按顾客的特定需求，以零售商的名义将触角伸展到生产领域，组织特定商品的生产。为此，7-11 网罗了一大批生产商、原料供应商和专业物流商及服务商，为顾客提供便利性的商品和服务。

7-11 便利店还通过为社区居民提供多种服务来提升自己的形象，便利居民生活，因而被顾客称为“贴身保姆”。

1. 多元化的便民服务

在日本和我国台湾地区，每家 7-11 便利店都为所在社区或者邻近地区提供定制的产品和服务，除了提供新鲜饭团、各种奶制品、热咖啡、自助冷饮等食品外，7-11 还利用自己遍布各地的连锁网络和 24 小时营业服务的优势，提供代缴煤、电、水费、代收干洗衣物、代订鲜花、代收信件、各种票务服务、送货上门服务、旅馆预约服务等。

7-11 在每家便利店设立了 ATM 自动提款机，在美国建立了最大的零售商 ATM 网络；它还代办培训报名和代订考试教材等，有些便利店甚至能够提供小额的贷款服务。

2. 人性化的免费服务

7-11 认为，便利店应该成为顾客生活中离不开的一部分，能够为他们生活的各个方面提供服务，它积极地努力将自己塑造成为真正为居民着想的“人性化”便利店。为此，7-11 从顾客的角度出发，推出了人性化服务。

比如，在日本某些地区，7-11 便利店与当地政府和警方合作，共同致力于维系社区的安全与和谐。警方通过便利店公布交通状况、晚间未归以及走失的老人和儿童等信息，甚至借助便利店之力抓捕逃犯。

此外，许多设立在高速公路旁停车场附近的 7-11 便利店都提供免费地图和各种当地资料，甚至免费提供茶水。另外，顾客不必购买商品也可以使用便利店内的设施，比如在日本，虽然 7-11 便利店的面积都不大，但许多 7-11 便利店内都设置了极其干净的洗手间，供顾客免费使用。

思考：连锁企业的核心原则是否能为企业创造竞争优势？

项目二　连锁经营的发展历史

任务 1　了解连锁经营的起源

根据《美国文献百科全书》和《美国连锁店百年史》中介绍，在公元前 200 年的西汉时期，一个中国商人就拥有多家店铺，这称得上是连锁经营的萌芽。

近代连锁经营产生于美国，距今已有 140 多年的历史了。世界上第一家近代正规连锁公司——大西洋和太平洋茶叶公司于 1859 年诞生于美国纽约。当时，美国已经基本完成了全国范围内的铁路网建设，随后又建成全国范围的通信网络。新式快捷的通信和交通运输网络为零售商提高经营效率、增加效益提供了条件。零售商可以与更远的供货商建立紧密的业务联系，也可以用一切便利的通信和交通设施与其他地区的零售商加强联系，使其能用较低的费用将商品运送给消费者，以获得高额利润。1865 年年底，大西洋和太平洋茶叶公司的连锁店已发展到 25 个，并开始增加食品经营项目，同样获得成功。到 1880 年，该公司已拥有 100 家连锁店。1936 年已经扩张到 5000 多家分店。大西洋和太平洋茶叶公司的惊人成功引起众多企业的效仿，精明的商人们很快被这种成功的经验所吸引。进入 20 世纪之前，类似的连锁商店已经在珠宝、家具、药品、鞋帽等众多行业中出现。

连锁经营产生后不久就开始传入欧洲，1862 年，英国第一个连锁商店股份企业——无酵母面包公司在伦敦宣告成立。法国兰斯经济企业联合会于 1866 年创办了法国第一家连锁集团。连锁经营在亚洲国家的出现相对较晚。最早的直营连锁店出现在第二次世界大战前的日本，并于 20 世纪 60 年代日本“经济起飞”期间迅速发展。

任务 2　了解世界连锁经营的发展阶段

1. 世界连锁经营的主要发展历程

（1）传统连锁时期。19 世纪中叶到 20 世纪中叶，这一时期是连锁商业萌芽与成长阶段，也可称为传统连锁时代。这一阶段又可分为两个时期，从 19 世纪中叶到 20 世纪初是连锁店的萌芽时期。这一时期连锁店的店铺数目少、企业少，还未在零售业占据一定地位，店铺主要是传统的杂货铺。在萌芽期的后期出现了百货商店。从 20 世纪初到 20 世纪中叶可称为连锁店的成长期。这一时期，连锁企业在美国占据了主导地位，出现了一些大型的百货连锁店和超市连锁店。在美国，连锁经营首先出现在大零售商尚未完全建立起来的那些行业和部门，如杂货业、药品业和家具业，而没有进入纺织业。

（2）现代连锁时期。现代连锁时期崛起于 20 世纪 50 年代，盛行于 60 年代，以速食业为代表。这一时期，连锁店的规模越来越大，不仅统一店名、商标、商品，而且将全套营业制度统一起来，实行统一进货、统一管理；在地点的选择、人员的训练、广告促销、服务标准等方面，都提出统一的要求；在经营管理、财务支出、资金融通等方面作出了统一规定。同时，自由连锁、特许连锁等形式也都有了较大的发展，连锁经营进入成熟、规范的发展阶段。“二战”后，美国以折扣零售百货为代表的连锁经营经历了一个普及的高潮。由于需求旺盛，商品价格上扬，引起人们对折扣大的廉价商品需求的上升，各种折扣经营店在全国主要城市迅速发展。到 50 年代初，折扣经营店已开始成为零售业的主流，如 1954 年成立了全国折扣零售商协会。

（3）新式连锁时期。进入 20 世纪 80 年代，连锁经营发展到了第三个阶段，即新式连锁店时期。其特点是经营的范围不再局限于速食餐馆等行业，而迅速扩展到非食品零售业、旅馆业、不动产业、租赁业、健身美容业、商业服务业等，涵盖面几乎扩大到了所有的商业服务业，成为商业服务业的主要经营形式。例如，从 20 世纪 80 年代以来，中国香港地区开始进入新式连锁经营时期，连锁经营在各个行业应有尽有。除了集团式酒楼、超级市场、便利店和快餐店之外，服装店、眼镜店、中西药店、面包店、书店、面食店、影视器材商店、影视会、冲印公司、发型屋，甚至珠宝金饰店和大型百货公司等，都竞相采取了连锁经营的方式。

（4）国际连锁时期。国际连锁加盟协会虽早于 1960 年在芝加哥成立，但当时是只限于美国国内的区域性组织，近 20 年来才积极地发展国际连锁。随着国际经济往来的频繁，连锁店才走向世界，跨出国门在他国设立分店。他们不仅带去了商品，而且也在世界范围内传播着饮食文化、消费文化，推动世界文明的进步。

2. *世界连锁经营发展现状*

连锁经营是世界经济发展的重要组成部分，其发展必然受全球及世界各国的经济发展水平的制约，从全球范围看，结合前述世界五大零售企业的情况，当今世界连锁业的发展主要表现出以下状况和特征：

（1）发达国家的商业连锁巨头向发展中国家“抢滩”。20 世纪 80 年代以来，随着科技的发展、信息的迅捷，国家同企业间的经济往来日益密切，连锁加盟在经济全球一体化的潮流中进入了一个全球化时代。美国等发达国家的连锁企业凭借其雄厚的资金、成熟的技术，野心勃勃地占领着海外市场。现在发达国家的连锁巨头把海外扩张的重点放到了发展中国家。

（2）连锁经营带有明显的网络时代的特征。具体反映在以下几方面：

①电子商务已经成为连锁经营企业扩展市场空间、增加市场份额的有力工具。所有国际连锁企业都有自己的门户网站，并开展网上贸易和推广企业形象。

②速度概念发生了巨大变化，企业顺应市场做出反应的速度已经成为至关重要的因素。在网络经济社会里，企业成功的关键因素不再是“进入市场的时机”，而是进入市场的速度。

③网络极大地提高了连锁经营企业的工作效率和管理水平。这体现在收银、储存、物流、进销存管理、信息分析等。

（3）连锁经营在不同行业都表现出快捷增长的势头。连锁经营最初出现在商品零售业，后发展到餐饮业，随着服务行业在全球经济所占比重的增加，连锁经营迅速扩展到服务零售业，如房地产、教育、洗染、美容美法、书店、修理、旅游、金融、彩扩、咨询、培训、酒店等。

（4）全球化面临的困难。由于连锁巨头跨国经营，经常出现以下问题：本土化的问题，完全照搬输入过来的模式，本地消费者不一定接受；产品组合、市场定位不准，不得不退出市场；由于汇率的变动，导致销售额产生较大的变化；由于扩张速度过快，导致一些官司和有损企业形象的事件不断出现。

【案例点击】

美报分析沃尔玛败走德国带来的启示

美国《纽约时报》发表文章说，沃尔玛宣布全面撤出德国。经过近10年努力，沃尔玛始终未能征服这个国家。沃尔玛的问题不仅在德国，在韩国、日本等地也有相同情况。

这篇题为《沃尔玛发现它的模式并不适合所有文化》的文章说，沃尔玛这家零售业巨头发现，它在美国的成功模式（低价、积极的库存管理以及种类繁多的商品）在这些拥有大量国内折扣连锁店、消费者购物习惯迥异的国家并没有奏效。沃尔玛在德国的另外一个教训是要充分利用本地人进行管理。该公司最初在德国开店的时候都用美国人管理分店，而这些美国主管根本不清楚德国消费者需要什么。举例来说，沃尔玛在店里出售小包装的生肉，但其实德国人喜欢从肉店买肉。在韩国，沃尔玛分店的货架比韩国本地零售店高，给消费者带来很大不便。

文章说，除了店内气氛外，沃尔玛从食品到日用消费品“一网打尽”的销售模式并不符合很多非美国消费者的购物习惯。他们更喜欢每天去专门卖食品、药品或家用消费品的店里购物，而不是一周去一趟沃尔玛。

思考：沃尔玛在德国面临的主要困难来自于哪些方面？

任务3　回顾我国连锁经营的发展历史

连锁经营在我国的发展历程大体可分为三个阶段。

1. *初始期*

第一阶段为我国连锁经营发展的初始期，从20世纪90年代初期至中期。我国出现最早的连锁企业是1986年由天津立达集团公司创办的天津立达国际商场。但由于百货店是当时零售商业的主导形式，其利润和成长性都非常好。因此，连锁还只是个别现象，没有普遍意义。连锁经营在我国的真正发展是在20世纪90年代。1990年，广东省东莞市烟酒公司创办了“佳美”连锁超级商场；1991年上海市出现了第一家连锁企业——联华超市商业公司；两年后，上海另一家大型连锁公司华联超市公司的6家分店同时开业；1992年1月，北京西城区副食品公司创办了“希福”连锁店，到1994年，分店发展到30家以上，年销售额达1.25亿元；随后，“希福”连锁店加盟“好邻居”，开创了我国连锁企业间的兼并先河。

1993年年初，粮食企业加快改革步伐，也开始了连锁经营的试点，如北京市崇文区粮食局创办的良苑便利连锁店、上海市虹口区粮食局成立的宏良便利连锁经营公司、广州南市区粮食局的八字店等。到1995年6月，粮食部门在国内12个大中城市开办的各种形式的连锁店达1166个，为粮食系统全面推广连锁经营作好了前期准备。

在餐饮行业，我国第一家快餐连锁企业是1991年由上海新亚集团创办的上海新亚快餐食品股份有限公司，该企业是我国第一家上市的连锁公司。同期，一些名牌老店也加入连锁行列，如全聚德烤鸭店、狗不理包子店、荣华鸡快餐店等。在北京、上海、广州等大城市，相继出现了麦当劳、马克西姆、加州牛肉面等快餐连锁店。

2. *成长期*

我国连锁经营发展的第二阶段是成长期。1995年3月，国务院在上海召开了全国部分省市连锁商业座谈会。原副总理李岚清作了重要讲话，他指出，连锁经营是我国流通领域的一场革命，发展连锁经营在我国社会主义市场经济体制下具有重要意义和广阔前景。同年6月，原国内贸易部颁布了全国连锁经营发展规划，加大政府扶持力度，我国连锁经营的发展进入了一个新的阶段，这一时期，商品零售业态连锁化占主导地位，如超级市场、便民店。1998年，我国超市、便利店的销售额为600亿元，占连锁企业交易额的60%以上，全国上千家连锁公司，数万个连锁网点，多数为超市和便民店这类连锁企业。

连锁企业成长迅速，已由企业规模优势向产业规模优势转变。上海的联华超市连锁公司已发展为分店在600家以上、年销售额达70亿元的大型连锁集团；华联的店铺规模也在500家以上，销售额达40亿元。

这一时期，我国连锁经营本身也向多样化发展。在我国连锁经营的发展初期，90%以上是正规连锁，但随着经营方式多元化发展，特许连锁发展迅速，显示出更大的灵活性和优越性。根据发达国家连锁经营发展的经验，特许连锁是最有发展潜力的形式，一般要占到全部连锁企业的2/3以上。

3. 快速发展期

我国连锁经营发展的第三阶段，即快速发展期。2001～2010年，是中国连锁业发展最快的十年。其中，前四年中国连锁百强企业的平均年店铺增长率达51%，年销售增长率为38%。连锁企业销售额的增长速度已远远高于社会商品零售总额的增长速度。据中国连锁经营协会提供的数据显示，2006年“中国连锁经营100强”销售规模达到8552亿元，同比增长25%，大大高于社会消费品零售总额13.7%的增幅：门店总数达到69100个，同比增长57%，剔除个别企业超常规发展因素，调整后门店总数增长26%，与销售规模增幅基本持平；营业总面积达5170万平方米，同比增长16%；员工人数达204万人，同比增长31%；继2005年“中国连锁经营100强”总销售规模占社会消费品零售总额的比例首次突破10%（达到10.5%）后，2007年进一步提高到11.2%。

与此同时，连锁经营向多行业发展。家电、药品、家居、建材、服装、图书、音像等新的专业连锁店不断涌现。在家电销售领域，通过近几年的“家电销售大战”，国内逐渐形成家电销售巨头北京国美、江苏苏宁；在药品零售连锁企业中，北京同仁堂、沈阳天益、广州健民、深圳海王、三九医药等企业表现出色。

任务4　认识我国连锁经营现状及问题

1. 连锁经营还处于发展阶段

从总体上看，我国目前的连锁经营还处于发展阶段，在业态分布、企业数量、经营规模、经营销售额、规范化程度等方面，与国际水平和我国市场容量相比都有很大差距。

经营规模小，连锁企业的店铺数国内一般为几十家，最多的也就一千多家，而国外较多的达到了一两万家，店铺数最高的麦当劳达到3万家。

经营销售额低，2005年连锁百强企业销售额的第一名，也是我国零售企业销售额的第一名上海华联的销售额，是720亿元人民币，但是，沃尔玛2004年全球销售额达2852亿美元。经比较，中国之最只占世界之最的3%，2002年是1.2%，发展速度很慢。

2. 组织化程度较低

我国为了适应市场经济体制的发展而建立起来的各种商业企业连锁集团，还没有真正发挥集团的整体效益。由于组织化程度低，单体企业无力进行适应现代化大生产的商业分工，仍集买卖功能于一身，无法摆脱零售企业经营规模化与销售分散化的矛盾。就国有企业而言，虽然有天然的网络优势，但是在发展连锁经营时，机制转换相对滞后。而近些年来，在一些大城市，还出现了许多新建的大型商店，原有的商家也先后扩大原商店规模，形成了盲目建设超大型商店，片面追求单一商店规模的扩张势头，其结果造成了“店多客少，资源共享性差，各自为战，经营力量分散，经济效益愈来愈低”的状况。

3. 市场和体制的制约

目前，我国分灶吃饭的财政体制，地方所有的管理体制和部门所有的企业体制导致连锁企业近亲繁殖、就地联姻的封闭连锁。同时许多网点的分布不合理。大型综合超市有可能重蹈大型百货企业重复建设的覆辙。这种现象不符合连锁企业为实现规模效益，必须发展分店，按市场规律优化设计的规律。

4. 资金和技术的制约，人才的缺乏

发展连锁经营，是实现企业从劳动密集型向技术密集型转换的过程，也就是说，企业不仅要按传统营销过程中的硬件条件进行改造，还必须按照网络要求进行资源配置，如条形码管理系统、计算机信息管理系统（MIS）、销货管理系统（POS）、电子订货系统（EOS）、通信网络技术的应用等，这都需要较大的经济投入。

从人才来讲，我国还十分缺乏符合连锁经营需求的管理人才、技术人才。作为连锁超市的基本要求的统一采购问题，至今尚未完全解决好。因为开展连锁经营，一是规范性强，二是技术含量高，人员的素质直接影响着连锁企业的前途和命运。因为没有业务技术娴熟、管理水平高的队伍，再好的硬件设施也难以发挥作用。

项目三　连锁经营的类型及体系分析

任务1　区分连锁经营的类型

连锁经营发展到今天，比较公认的有三种经营类型，分别是联号连锁、特许连锁和自由连锁，下面分别进行说明。

1. 联号连锁

联号连锁，又称正规连锁、直接（营）连锁、公司连锁，它是由公司直接寻店、购店（租店）、装潢、雇用员工经营管理，所有权与经营权归公司所有，即所有的连锁店都是单一所有，由总部集中领导，各连锁店的店长或经理是雇员而不是所有者。表1-1为联号连锁的优缺点分析。

表1-1　联号连锁经营的条件及优缺点

联号连锁的条件	联号连锁的优点	联号连锁的缺点
有广告价值	管理一致	管理难度大
有高获价值	控制力强	人员易老化
有示范作用	稳固中央	获利逐年少
能长期使用	接近顾客	未来风险多
已购买的店	获利性高	

2. 特许连锁

特许连锁又称合同连锁或加盟连锁，它是指主导企业把自己开发的产品、服务和营业模式（包括商标、商号等企业象征的使用、经营技术、营业场合和区域）以营业合同的形式，授予加盟店在规定区域内的经销权和营业权。加盟店则交纳一定的营业权使用费，承担规定的义务。特许是指主导企业与加盟者之间的持续契约关系。一般将主导企业视为总部，而将加盟者视为特许分店或加盟店。根据特许合同，总部必须提供一项独特的商业特权，如商标、产品、公司象征等给加盟店使用，并给予员工以训练、商品供销、组织结构、经营、管理的指导和协助，加盟店除享有总部赋予的权利外，也要付出相应的回报并遵守总部规定。这种经营方式以契约为纽带，所以也叫合同连锁或契约连锁。这种经营的关键在于总公司的特许权授予，所以也叫特许连锁。最著名的特许连锁就是麦当劳汉堡包连锁店和肯德基炸鸡店，前者所有的 2 万多家店中有 80%是特许分店。特许连锁经营的条件及优缺点如表 1-2 所示。

表 1-2　特许连锁经营的条件及优缺点

特许经营的条件	特许经营的优点	特许经营的缺点
资深加盟者	经营确实有效率	容易生纠纷
房产业主	投资成本低	有投资风险
重要据点	未来风险少	
有利可图		

3. 自愿连锁

自愿连锁又叫自由连锁或合作连锁，是指一批所有权独立的商店，自愿归属于一个采购联营组织和一个管理服务中心领导。管理中心负责提供销售计划、账目处理、商店布局和设计以及其他服务项目。各个商店的所有权是独立的，但又把自己视为连锁组织的成员，其成员大多数是小型独立商店，起因在于同正规连锁店竞争。自由连锁保留了单个资本所有权，同时实现了联合经营。自愿连锁店在所有权和财务上是独立的，与总部没有隶属关系，只在经营活动上与总部存在着协商和服务关系，统一订货和送货，统一使用信息及广告宣传，统一制订销售战略。各店铺不仅独立核算、自负盈亏、人事自主，而且在经营品种、方式、策略上也有很大自主权，但要按每年销售额或毛利的一定比例向总部上交加盟金。

【知识拓展】

国际自由连锁组织 SPAR

在荷兰，SPAR 的意思是杉树——就像装饰 SPAR 超级市场连锁店的绿色标记那样。对世界各地的投资商、店主和消费者来说，这家由荷兰人创办的批发零售连锁公司还代表着很多东西。一些 SPAR 连锁店是夫妻店，还有一些是大型上市公司的一个组成部分。但它们都有一个共同点：在超级市场业日益被沃尔玛、家乐福和特斯科等国际巨头主宰的今天，它始终保持低调。事实上，SPAR 现在在世界 34 个国家有 15000 多家分店，直追沃尔玛等国际超级市场巨头，虽然从销售额来说它不是最大的超级市场连锁店。如今，SPAR 正在向印度和中国这样的市场扩张，试图在这些国家建立起自己的品牌。

三种连锁经营形式除了各自存在的优缺点和经营条件外，从总部与分店在经营中承担的角色来说还存在一定的差异。表 1-3 显示了三种连锁经营形式从外观形象、所有权、经营权、决策、商品供应、价格等方面存在的差异。

表 1-3 三种连锁形态的异同

比较项目	联号连锁	特许连锁	自愿连锁
外观形象	完全一致	完全一致	基本一致
所有权	同一所有者	门店经营者	门店经营者
经营权	总公司统一控制	经营自主	经营自主
资金	总部出资	加盟店出资	加盟店出资
决策	总部作出决策	总部为主	门店较大自主权
商品供应来源	经由总部供应	经由总部供应	总部供应自己进货
价格管理	总部规定	原则上总部规定	自由制定
促销	总部统一实施	总部统一实施	自由加入
教育培训	全套训练	全套训练	自由利用
总部对门店的指导	按照营运手册实施	按照营运手册实施	仅要点式地指导
总部与门店的关系	完全一致	完全一致	基本一致
合同约束力	总部规定	强硬	松散
加盟时间	无	多为 5 年	多为 1 年

任务 2 分析连锁经营的优势

连锁经营的优势主要在其规模效益。企业的规模效益主要是通过两种方式实现的：一是追求单体规模，如发展大型的百货公司、综合性的超级市场、购物中心等；二是追求整体经营规模，即通过广泛布点、组合经营、分散销售，来实现规模效益。其中第二种方式的规模经营的最显著优势在于能有效地解决规模经营与市场分散性之间的矛盾。连锁经营的优势具体而言有如下表现。

1. 共享效应

连锁经营的共享效应主要表现为以下三个方面。

（1）企业形象共享。连锁企业采用统一的企业形象，比其他独立企业具有更高的知名度，其产品和服务更容易进人其他独立企业不易触及的市场。由于品牌的高知名度，消费者比较容易信任和接受。连锁企业一旦创立了良好的企业形象，便能使所有的连锁分店共享由此带来的效益。

（2）广告宣传共享。独立经营的小规模商店一般都没有能力在大众传播媒介上做广告宣传。连锁企业的广告宣传一般都由总部统筹负责，费用由各连锁店分担，所以连锁企业的规模越大，就越有能力进行广告宣传。连锁公司庞大的经营规模不仅为进行广泛的广告宣传提供了条件，而且整体的广告宣传又大大减少了费用，并能使每一家连锁分店由此而得益。

（3）技术服务共享。连锁企业能为连锁分店提供一系列技术服务，如统一采购、集中配送、资金融通、财务指导、商店设计、商品陈列、业务培训等。对于企业总部来说，只要设计出一套标准化的模式就可以普遍应用，大大降低了企业的设计费用。对连锁分店来说，由于企业总部能提供良好的技术服务，简化了连锁分店的经营业务，从而使各连锁分店能实行简单化的经营。

2. 扩张效应

连锁经营的扩张效应主要表现为以下三个方面。

（1）广泛地吸引合作者。由于连锁经营具有统一的企业形象、良好的企业商誉、广泛的销售网点以及巨大的销售数量，所以能广泛地吸引供应商、中间商和投资者，并积聚大量的资本，这就为连锁经营业务的扩张奠定了坚实的基础。

（2）较低的投资风险。由于连锁经营所追求的是整体的经营规模，单体经营规模不必求大，因而在创立、改组及经营风险等方面都比大规模的单体经营具有更强的适立性、灵活性和简便性，所以其大规模的扩张也就比较容易。同时，由于消费者比较容易认同统一的企业形象，所以各家连锁分店的投入期就比较短，甚至一进入市场就可能立即被消费大众所接受，加上连锁分店以总部的技术服务为后盾，因而经营的成功率较高，而投资风险较低。

（3）标准化的扩张。连锁企业在有了一套标准化的经营模式和经营技术后，能够像细胞分裂那样迅速扩张，而且每一家连锁分店都能够保持一致性。

3. 整合效应

连锁经营的整合效应主要表现为以下两个方面。

（1）提供统一的消费模式。连锁经营能为消费者提供标准化的商品和服务，从而为消费者建立了统一的消费模式。同时简化了消费者的购买过程，消费者在决定购买之前无须进行比较、分析和选择。随着生活和工作节奏的加快，消费者在购物过程中更注重省时、简便和可靠的质量，统一的消费模式正好迎合了这一消费潮流。

（2）整合企业的市场行为。连锁企业可以把分散的经营活动联成一体，用统一的技术标准、服务水平以及价格管理准则等去指导、监督和调控所属企业的市场行为，使其趋向公平、合理、规范和有效，增强了消费者对企业的信心并提高了其满意程度。连锁经营的整合效应不仅体现在零售环节上，而且体现在对制造商、批发商、原材料供应商等的整合上，连锁企业可以利用自身的经营优势，迫使制造商、批发商、原材料供应商按照市场消费者的需求和连锁企业的经营要求来进行产品设计和开发，从而使市场的流通体系形成了以消费需求为导向、工商紧密配合的一体化经营的有效格局。

任务 3　形成连锁经营体系

完善的管理体系是企业成功的重要条件，实施连锁经营，必须保证企业管理体系的完善，实施战略化、科学化、标准化的管理。连锁经营体系主要包括以下几方面。

1. 批量商品经营体系

批量商品经营体系是连锁企业在商品经营方面开发出来的适合于本企业实际情况的系统化的经营技术，包括从商品设计开发到最终提供给消费者的所有商品的经营活动。批量商品经营体系包括商品开发过程和经营技术开发过程。

商品开发过程主要包括三部分：采购体系开发和巩固；企业自有商标品种开发体系；委

托加工生产体系。

经营技术开发过程包括经营商品结构开发、售价、分类、组合、仓储、运输、售货现场设计，布局、商品陈列、店内广告、促销、支付方法、服务等经营过程的各环节。

2. 标准化分店组合体系（标准化拓店体系）

标准化分店组合体系对分店的选址、设计、经营及与总部的法律关系进行标准化操作，形成一个可操作、可复制的体系。标准化分店组合体系是连锁企业拓展分店前的经营战略体系。主要包括：

（1）新设店铺所需基础条件，拓展的基本条件。新设店铺所需基本条件主要有商圈人口、收入水平、需求特点、交通条件、地价、体制、人文环境等企业经营的外部环境条件。

（2）分店设计、布局、陈列等技术设施。分店设计、布局、陈列等技术设施包括建筑设计外观、形状、形象特征、店铺布局、货架货柜、通道、冷藏保鲜设备、照明设备、商品陈列安排等与购物环境、商品展示相关的技术设施和安排，是连锁经营成败的重要条件。

（3）投资、利益分配、契约等财产关系。在发展加盟店时，投资额、利益分割比例、契约内容和期限等一系列相关方面，都与企业日常分店管理和发展密切相关。这方面有三类内容：一是新开设店铺初期投资的额度和权责分担，如初期投资的双方分担比例、店铺所有权、双方各自的权利和应承担责任等。二是利益分割方面的协议安排，如本部应保障的最低销售额、供货安排、业务技术培训、双方协议的利益分割形式和比例等。三是契约相关内容，如合同期间，对双方权利义务、经济责任、协调沟通方式等方面的具体规定。

3. 物流配送体系

物流配送体系是连锁系统中负责日常商品经营过程中保管、加工、分类、配货、送货等方面安排的业务技术体系。物流配送体系的功能是保证按照各分店销售需求的要求按时、保质、保量、低费用、高效率地配送商品。

4. 组织管理体系

广地域、多店铺经营方式给连锁企业的组织管理带来一些不同于单店企业的特点。既要分散营业，又要做到标准化、科学化经营管理，连锁企业需要开发独自的组织管理体系，以保障战略设想最终实现。组织管理体系包含：组织结构；科学化、标准化业务操作系统；考核、职务晋升、报酬系统；财务系统；企业文化。

项目四　连锁经营行业分布与业态分类

任务 1　了解连锁经营业态概念

所谓业态，指针对不同消费者的不同需求，按照既定的战略目标，有选择地运用商品结构、价格政策、销售方式、店铺选址、规模及形态等手段，提供销售和服务的种类化经营形态。

零售业态是指零售企业为满足不同目标顾客需求，按照既定的战略目标，有选择地运用商品结构、价格政策、服务方式、店铺选址、规模及形态等手段，提供销售和服务的种类化经营形态。目标顾客是零售店所选择的服务对象；商品结构是零售店为满足顾客需求，所确定的经营各类商品的比例；服务方式是零售店所提供的服务种类或方式。价格政策是零售店所采取的高价货低价策略。缺少任何一个要素，零售活动就不能正常进行。

连锁经营业态与零售业态并无本质区别，但从发展先后来看，零售业态先于连锁经营业态出现。一种零售业态的出现并不一定伴随连锁经营业态的出现，如杂货店这一商品零售业态发展近百年时间，但并没有以连锁经营形式出现。

任务 2　认识连锁经营行业分布及业种

连锁经营的行业分布几乎涉及所有零售终端。行业分布主要集中在商品零售业、餐饮业、服务业。

目前从全球范围来看，商品零售和餐饮发展较为成熟，但服务业在最近二十年发展迅速，消费者服务需求的多样性使得服务业种表现形式多样。服务业种是按所经营的商品类型划分或组建的零售商店。表 1-4 提供了各个行业及业种情况。

表 1-4　连锁经营行业分布

行业	业种
商品零售业	便利商店、汽车经销商、药行杂货商、超级市场、家具店、轮胎商、加油站、唱片行、运动及休闲器材、服装店、皮鞋店、电脑经销商、家电及电子器材、电脑商品及服务、花店、文具礼品店、婴孩用品等
餐饮零售业	速食汉堡店、一般餐厅、日本料理店、比萨店、中式速食店、甜甜圈店、乳果店、冰淇淋店、甜浆饼店、巧克力店、咖啡店等
服务零售业	干洗店、水洗店、旅店、汽车旅店、汽车租赁、汽车维修、一般租赁、美容院、美发店、房屋装修、不动产中介、职业介绍、女佣管家中心、家宴接待业、旅行社、广告公司、会计公司、健身减肥中心、自动售货机服务业、舞蹈学习社、印刷影印公司、草坪花卉园艺业、防盗安全公司、防火安全、防水漏公司、地毯窗帘清洁业、照相摄影业、胶片冲印业、废物商品及服务以及各种专门学校等

任务 3　区分三大零售行业连锁经营业态类型

从广义角度分析，连锁经营业态包括商品零售连锁经营业态、服务零售连锁经营业态和餐饮零售连锁经营业态。服务和餐饮零售连锁经营业态形成与商品零售业态形成具有相同的共性，但同时具有自身特点。

1. 商品零售连锁业态类型

商品零售业态形式已被广泛关注和研究，国家质检总局和国家标准委 2004 年公布了 17 种商品零售业态，由于连锁经营在商品零售领域发展已相当成熟，因此商品零售连锁经营业态同样包括这 18 种形式。下面主要介绍几种主要的商品零售连锁业态。

（1）食杂店。食杂店在各国普遍存在，在市场经济不发达的时期及地区存在于街头巷尾、小区村落，如小区里的小卖部、村头的杂货店等。目前在我国这种业态主要作为其他业态的补充。

（2）便利店。主打商品是食品一类的快速消费品。营业时间长、位于居民区。以高于平均市场价的价格和服务营业，平均毛利一般为 30%。便利店往往投资少、选址方便、资金回收快。随着人们工作节奏加快，生活习惯的改变，便利店在我国发展迅速。

（3）折扣店。折扣店具有下列特征：在产品组合上类似百货店，但较之百货店缺少时髦感。相当低的营运成本率，总的费用仅占销售额的 25%，信用证付款较少。廉价的建筑、设备、装饰，位于低租金地区。强调自主服务，重点促销全国性品牌商品，常使用租来的店铺。折扣店于20世纪60年代产生，现已成为美国零售业的重要力量。

（4）超市。超市是以自助服务方式销售食品的商店，设有杂货、肉品等部门，店铺面积在1500平方米左右，主要位于居民区。还可把超市进一步划分为方便超市、联合店、超级商店和仓储式商店。

（5）百货店。百货店是一个大型的零售单位，经营的产品组合宽且深，按购买、促销、服务、控制的目标设立部门，价格和服务水平均在中上，产品品质中上。豪华的大百货店经营的主要是优质、高价、时髦的高档和名牌商品，目标顾客以追求时尚、选择高档精品的年轻人和中上层人士为主。百货店的经营地点一般设在市区中心或繁华的商业中心。百货店还有一个特点就是在同一个建筑物里不同商品区隔开来自行管理。实行全方位服务，营业员较多。

（6）仓储式会员店。60%以上的销售额来自于付了会员费后的小企业的购买，以批发价格供货，40%的销售额来自单个消费者会员，价格高出批发价5%。一般而言，企业会员费每年25美元，个人免除会员费。这种店铺形态是在20世纪五六十年代会员制折扣店的基础上发展起来的。仓储会员店服务较少，存货周转达年18次左右，租金低。

（7）专业店。专业店集中销售一条产品线，如化妆用品、缝纫设备、家电产品、建材等，其产品组合窄而深，针对特定目标市场，例如国美、苏宁、百安居。专业店内购物的消费者不会遇到无关商品，不必由一个商品部转入另一个商品部，可以安静地挑选商品，不必担心拥挤。专业店克服了百货店的品目繁多带来的负面影响，其店址多位于中央商业区。

（8）专卖店。卖店是只销售一个牌子产品的商店，其营业面积视产品不同而有较大差别，小至不足100平方米，大的则可达1000平方米。目前国内的专卖店包括服装、汽车、手机、电脑等多个行业。

【案例点击】

苏果超市有限公司业态分类

苏果超市有限公司成立于1996年7月18日，是江苏最大的连锁超市企业，根据2010年3月权威机构公布的排名，苏果在全国连锁企业当中已连续10年位列前十强，全国快速消费品零售企业前四强。其成功原因之一在于多业态和多品牌发展。

购物广场是苏果着力打造的大卖场，她以优质超值的丰富商品、宽敞舒适的购物环境、特有休闲娱乐功能区为鲜明特色。上万平米的经营空间，能满足消费者“一站式”的购物需求与日常活动，购物更加方便集中，为消费者提供“新鲜、优质、便宜、贴心、满足”的全方位新体验。

社区店是苏果最具特色的业态，也是苏果进行外埠扩张的主要业态模式。目前在南京已发展到近60家，在外埠也已很快发展到20家。苏果社区店选址一般贴近社区，面积在5000平方米左右，商品品种大约2万个。同时还引进了“厨房工程”，突破了生鲜经营。苏果社区店购物环境宽敞、舒适、明亮，商品丰富，配备的小吃休闲区，满足了现代小区居民的一次性购足，以及生活与休闲的需求，真实体现了“亲密的苏果、温情的邻居”。

标超店是苏果最早经营的业态，大红的门头，“苏果无假货、件件请放心”的质量承诺，已经深深地印在了每一个了解苏果、关心苏果的消费者心中。标超店面积一般为500平方米左右，商品品种有近1万种，扎根于主次干道和社区边缘，填补了便利店与社区店的空白。

苏果便利店自1999年创新以来，经过几年的迅猛发展，目前网点总数已经超出200家，强大的网络优势为消费者提供了很大的方便，也是南京市一道亮丽的风景线。便利店经营面积定位在100平方米左右，相对商品很丰富，品种约达4000种，以及售店、代邮等多功能服务项目，真正实现了苏果"为民、便民、利民"的经营理念。

思考：从苏果超市的业态划分可看出连锁企业的业态划分能带来哪些好处？

2. 服务零售连锁经营业态

我国服务业近十五年来经历了快速发展期，涉及多个领域和具体行业，目前从发展规模、经营水平、赢利能力等多方面均呈现出良好的发展态势，成为国家的重要经济增长点。服务零售业相对发展较慢，但在近十年也呈现较好的发展势头。根据服务零售连锁经营业态形成因素和不同的经营行为和营销手段，服务连锁经营业态可分为6种主要的业态类型，如图1-1所示。

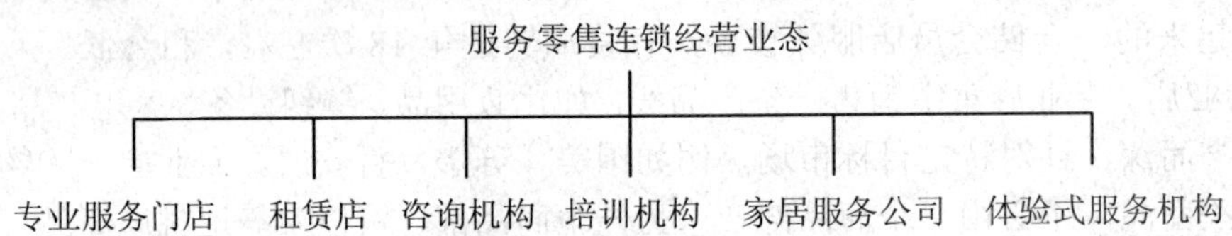

图1-1　服务零售连锁经营业态分类

（1）专业服务门店。产品单一，主要提供生活服务产品，如汽车美容店、洗衣店、冲印店、家电维修中心等。店面营业面积在10～200平方米左右，选址在学校附近、工业区、居民小区附近等。服务方式为服务产品在门店内传递，消费者必须到门店接受服务，并且服务产品质量在最后时刻才能得以体现。这是区别于其他业态的重要特征。在我国，此种连锁业态发展较早，服务人群最广，发展速度较快。

（2）租赁店。产品为各种租赁服务，区别于专业服务门店的是这种服务本身无形，但需要有形产品作为载体，如汽车租赁、音像制品租赁、图书租赁等。同时，服务主要过程本身不在门店内实现，需要消费者自身体验。店面营业面积一般在30～100平方米左右，选址在学校附近、工业区、居民小区内等。在我国，此种服务连锁业态初始于20世纪90年代初期，发展速度较慢。此种业态产品附加值较低，规模效应不明显，市场需求不稳定。

（3）咨询机构。产品为各种咨询服务，如房产中介、婚姻中介、职业介绍、法律咨询、个人理财等。传递和接受服务过程主要在服务机构内完成，服务产品提供以信息、经验、知识为主。服务质量很难在传递过程中体会，服务结束后一段时间才得以完全体现。店面或公司营业面积在30～100平方米左右，选址在商业区、工业区、居民区等。

（4）培训机构。产品为各种培训服务，如舞蹈培训机构、语言培训机构、早期教学培训机构以及各种以盈利为目的的职业技能培训机构等。传递和接受服务过程主要在服务门店内完成，服务产品以经验和知识为主。店面或公司营业面积在50～500平方米左右，选址在商业办公区、居民区等。

【案例点击】

东方爱婴——中国早期教育培训领导者

北京市东方爱婴咨询有限公司，1998 年成立，专业从事 0~3 岁婴幼儿早期教育，总部位于北京，目前在全国拥有12个直营城市、管理九大公司、加盟连锁全国180多个城市400多家婴幼儿早期教育中心。每周有超过 8 万个家庭享受到东方爱婴的婴幼儿早期教育服务。东方爱婴结合 11 年来上百万课例的专业经验，开发出最适合中国 0~3 岁婴幼儿身心发展规律的孕育、母婴、探索、启蒙、音乐、科学、艺术、英语等各类课程，并通过安全、整洁、富有教育意义的环境和极富爱心的专业教师，提供独特的接触价值和完美的消费体验，深受父母和宝宝的喜爱。

东方爱婴有一种梦想和信念，就是在中国，每一个小时诞生2500名婴儿，希望每一个婴儿都有一个辉煌的开端。为此，东方爱婴建立了自己的研究与发展中心，并不断完善“东方爱婴”早期教育体系，迄今为止东方爱婴体系服务的家庭超过60万个，而且在持续不断地增加。东方爱婴希望每一个婴儿都有一个辉煌的开端，希望为更多的宝宝带来成长的关爱!

（5）家居服务公司。产品为各种家居服务，服务形式主要为上门服务，如搬家公司、房屋装修机构、快递服务公司、家政服务公司等。服务产品主要为劳动，服务产品质量在服务过程中就能得到体现。公司营业面积一般根据公司规模大小相差较大，选址在商业办公区、居民区等，店铺经营形式较少，主要通过户外广告和口碑进行推广。

（6）体验式服务机构。产品主要为各种旅游娱乐和个人服务项目，服务形式强调消费者的过程体验，因此服务质量在传递过程中将得到充分体现，如美容美发连锁店、连锁酒店、连锁旅行社、电影院、连锁健身中心等。服务产品设计、传递相对复杂，因此定价相对较高。门店营业面积根据规模大小相差较大，少则几十平方米，多则几千平方米。选址主要在商业重地、重要旅游景点和娱乐场地附近。

【知识拓展】

我国经济性连锁酒店市场

经济型酒店的概念产生于1980年代的美国，其价格一般控制在100~200元，提供卫生、简约、实用的住宿设施以及早餐，因此在国外也常常被称为“B&B”酒店，也就是只提供床（bed）和早餐（breakfast）的酒店。

当前主导的经济型连锁酒店品牌有如家快捷、莫泰 168、锦江之星、速 8 等，他们大多立足于本地，放眼全国，以直营、特许加盟、自由连锁等形式进行战略网点的布局。几年前，中国饭店协会的数据显示，经济型酒店的客房出租率普遍都在80%以上，节假日更是高达90%以上，其毛利率可达到40%甚至超过50%。正是丰厚的利润吸引了风险资本的大举涌入。2003年，如家引入包括 IDG、美国梧桐创投等境外战略投资者后，开始了大举扩张。2006 年 10月，如家酒店依靠 IPO 从纳斯达克融资 1.09 亿美元。在短短 5 年时间里，连锁门店已覆盖 80个城市。资本驱赶众多经济型酒店开始步入快速圈地的行列中。数据显示，2005 年中国市场排在前 10 名的经济型连锁酒店品牌规模平均增长速度为 74%，2006 年增速已经达到 140%，这个速度在短短一年内几乎翻了一番。

3. 餐饮零售连锁经营业态

目前餐饮零售业的分类主要是基于传统的饮食行业分类方法。如按消费内容大致分为中餐、西餐、日本料理、快餐店及异国风味餐厅。按消费方式分为豪华餐厅、家庭式餐厅、自助餐厅等。按服务方式，则有餐桌服务、柜台服务等。按经营方向分为餐馆、小吃店和饮料店。而根据零售连锁经营业态进行分类的较少，从餐饮零售连锁经营业态形成因素分析和结合目前餐饮零售连锁经营现状，根据不同的经营行为和营销手段，我国餐饮零售连锁经营业态可分为 8 种主要的业态类型，如图 1-2 所示，每种业态在目标顾客、商品结构、服务方式等方面均有自身特点。

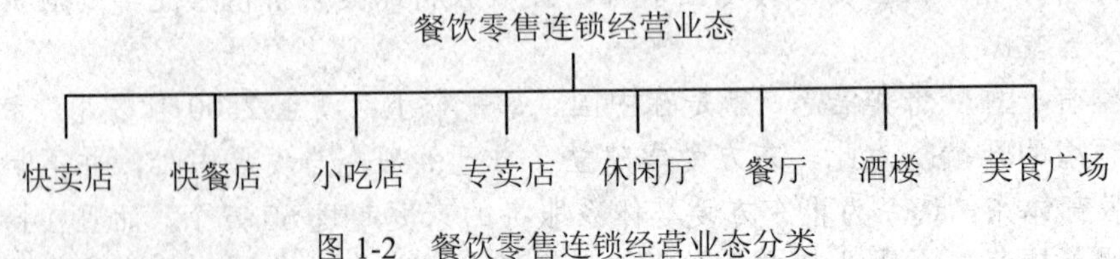

图 1-2　餐饮零售连锁经营业态分类

（1）快卖连锁店。指以柜台式销售为主配以简单服务功能的餐饮零售店。食品品种单一、操作简单，多见于早餐供应、盒饭或食品等。大部分快卖店提供外卖服务。目标顾客主要为蓝领阶层、学生和小区居民。价格低廉经济实惠。店面营业面积在 5～10 平方米左右，主要选址在学校附近、工业区、饮食街或大型居民小区内。在我国，此种业态初始于 20 世纪 90 年代后期，首先开始于盒饭业，后扩展到早餐、小吃等。

（2）快餐连锁店。指以餐桌服务和柜台式销售相结合的餐饮零售店，主要供应午餐和晚餐，提供简单的服务，因快速供应而大受欢迎。目标顾客群体广泛，包括蓝领、白领阶层、学生等，价格以低档为主，中档为辅。店面营业面积在 10～100 平方米左右。中国快餐连锁店受到国外快餐连锁店的影响而发展迅速，目前全国有上百个以经营中餐和西餐为主的快餐连锁店，如广东真功夫、上海永和豆浆、台湾德克士、蓝与白等。

（3）小吃连锁店。这是中国发展最早的餐饮业态，是以餐桌服务和柜台式销售相结合的餐饮零售店，主要供应中国地方特色的小吃，如天津狗不理包子店、重庆的赖汤圆、马兰拉面、江苏老妈米线、上海吉祥馄饨等，现在均以连锁形式遍布于中国各省市。目标顾客主要为国内外游客、逛街休闲市民。价格中、低档均有，经济实惠。店面营业面积在 5～50 平方米左右，主要选址在商业中心的饮食街。

（4）专卖连锁店。指以柜台式销售为主的食品零售店，销售一个品牌或系列包装的特色食品。目标顾客主要为国内外游客和当地市民。店面营业面积在 10～50 平方米左右，选址在大型商业街内、饮食街或居民区。此种零售业态发展于 20 世纪 90 年代中期，受西方影响较大。最常见的如面包店，目前国内大大小小的品牌面包连锁店有上千余家，经营面包或点心，由于方便、新鲜、价格低廉被普通老百姓所接受。广东以凉茶店闻名，所谓“茶”实际为传统药方熬制出的中药，与传统茶馆不同的是凉茶店不提供休闲场所，柜台式销售。著名的黄振龙凉茶店目前连锁店已达 500 家，并扩展至中国香港、台湾等地区。

（5）休闲连锁店。此业态定位于“休闲”，因此，服务功能相对较多，包括环境、服务人员、食品清洁程度和食品质量。主要供应饮料、咖啡、茶或小食品等休闲食品。目标顾客主要为青年人、白领阶层以及商务人事。价格定位以中、高档为主。店面营业面积在

50～500 平方米左右。进入 21 世纪，我国经济的发展带动需求的迅速增长，休闲连锁店发展空间也迅速扩大。比较知名的休闲连锁店如上海绿野仙踪、上岛咖啡、广东伯乐居茶馆、北京老舍茶馆等。

（6）连锁餐厅。中国把餐厅分为西餐和中餐，这里不作近一步划分。餐厅以提供正餐为主，服务功能齐全，所有食品现场制作，品种丰富，讲究味、色以及环境的融合。如我国比较出名的湘菜、粤菜、川菜、东北菜等都以连锁餐厅的形式在国内发展。目标顾客主要针对当地市民请客吃饭、家人朋友团聚等。店面营业面积在 100～500 平方米左右。价格定位以中、高档为主。比较出名的连锁品牌店如北京全聚德、东北黑天鹅、重庆秦妈火锅、德庄火锅、湖南毛家饭店等、广州西餐厅绿茵阁、内蒙古小肥羊等。

（7）连锁酒楼。酒楼提供比餐厅更多的食品种类，更全的服务功能和更大的营业场所，集休闲与餐饮于一身，许多酒楼提供两个以上的菜系品种。目标顾客除了针对一般市民外，商业往来人事以及政府官员均是重要服务对象。店面营业面积均在 1000 平方米以上。价格定位以高档为主。由于资金投入以及菜系标准化等经营难度，以连锁形式出现的品牌酒楼相对较少。我国四川眉州东坡酒楼在全国开设了 21 家连锁店，营业面积为 1000～6000 平方米，共两到三层，可同时容纳 1500 人就餐，并拥有可举行演唱会的音响设备以及上百个独立包间，酒楼外观设计豪华，服务功能齐全，设有棋牌室、桑拿室，每间厅房都设置了独立的 KTV 视听设备。

（8）美食广场。这是一种新兴餐饮零售业态，初见于 20 世纪末，提供综合性的餐饮服务。由多个独立的餐饮商铺组成，食品品种丰富，但服务功能简单，价格经济实惠，目标顾客为当地普通逛街休闲市民。选址一般在大型购物广场高层或著名的商业街内，单层设计。店面营业面积在 500 平方米以上。我国各大城市商业重地均能找到美食广场的踪影，但目前很少以连锁形式出现，处于萌芽阶段。

单元小结

连锁经营是指一个企业以同样的方式、同样的价格在多处同样命名的店铺里出售某一种商品或提供某种服务的经营模式。

连锁经营的本质是把独立的、分散的商店联合起来，形成覆盖面很广的大规模销售体系。它是现代工业发展到一定阶段的产物，其实质是把社会大生产的分工理论运用到商业领域里，它们分明确，相互协调，形成规模效应，共同提升企业的竞争力。

在公元前 200 年的西汉时期，一个中国商人就拥有多家店铺，这称得上是连锁经营的萌芽。世界连锁经营的发展经历了传统、现代、新式、国际连锁四个阶段。

零售业态是指零售企业为满足不同消费者需求，按照既定的战略目标，有选择地运用商品结构、价格政策、销售方式、店铺选址、规模及形态等手段，提供销售和服务的种类化经营形态。连锁经营业态与零售业态并无本质区别。从广义角度分析，连锁经营业态包括商品零售连锁经营业态、服务零售连锁经营业态和餐饮零售连锁经营业态。

核心概念

连锁经营　连锁经营的本质　连锁经营的发展经历　连锁经营业态

实训设计

项目：以小组为单位调查你所在地区的十家连锁企业，并区分它们所在行业类型及业态类型。

训练题

1. 简述连锁经营的定义、本质和特征。
2. 简述连锁经营的基本原则。
3. 分析连锁经营的基本类型和特征。
4. 阐述连锁经营的体系构成。
5. 回顾连锁经营的世界发展历史阶段，阐述中国连锁经营现状。
6. 何为连锁经营业态？连锁经营业态与零售业态的关系是什么？
7. 商品零售连锁业态类型有哪些？
8. 餐饮零售连锁业态类型有哪些？
9. 服务零售连锁业态类型有哪些？

综合案例分析

席殊书屋的落寞

这是上海唯一一家生存下来的席殊书屋，但书店已经跟席殊本人没有任何关系了。卢湾区建国西路上，一片法国梧桐掩映下，席殊书屋隐身其中。

柜台旁的店员想了想，又记起松江区可能还存有一家席殊书屋，但也早已脱离席殊连锁。而在两三年前席殊书屋连锁的鼎盛期，上海至少有 12 家席殊书屋，分布在普陀、卢湾、浦东等各区县。如今，关门的关门，改名的改名，市区仍挂着席殊书屋招牌的已仅此一家。

上海席殊书屋的境遇，是这个中国第一家也是最大的全国性民营连锁书店现状的一个缩影。这个曾经在全国 400 多个城市拥有 600 余家加盟店的书店连锁，目前或者倒闭，或者更换招牌，已经走在下坡路上。席殊本人也陷入公司员工、出版社和加盟商的重重追债中。建国路席殊书店店员表示，只知道该店目前已经与席殊连锁脱离了经营上的关系。由于“席殊”这个招牌还能吸引很多老顾客，店主一直沿用着这个店名。彼时正值周末下午，店内只有两三个读者在书架前翻书。一名读者拿着两本书到柜台结账时，店员甚至还认出该读者两周前在书店买过一本建筑方面的书。

“现在书的生意都不好做，靠着一些老读者书店的收支刚好能够平衡。”建国路席殊书屋的业务经理马刚给记者算了笔账：不超过 50 平方米的书店，每月店面租金为 1 万元，书的利润普遍在 20%~25%之间，算上人力成本及物流成本，每天书店的营业额要在 3000 元以上才能保证不亏本。对于这样一个小店面来说，达到日营业额 3000 元并非易事。

除了门店售书外，该店还会有一些针对学校、企事业单位的团购业务。由于开店已有多年时间，积累了一批团购的老客户，才保证书店经营勉强维持下来。对于门店附近的一些读者，该店提供免费送书上门。

“有时候老客户点名购买一些市面上难见的书，我们会到出版社按原价购买，再加价卖给读者。”马刚表示，为了维持老客户关系，书店甚至经常做些亏本的买卖。他断言，如果有定位相似的民营书店在相同路段开新店，在如今不断上涨的店面成本及不景气的图书环境下，在几个月内关门几乎毫无悬念。

马刚表示，该书店于去年正式脱离席殊书屋连锁。由于各加盟店之前与北京总部的联系仅限于图书采购，脱离连锁后对书店的运营模式并无太大改变。而席殊连锁的店面设计装修及社科人文的品牌定位目前仍保持着，一些老客户对此很有好感，这说明其连锁模式也并非一无是处。

事实上，席殊这个名字在中国图书业也曾叱诧一时。1998 年，席殊成功发展第一家加盟店，随后一年时间，席殊书屋在全国各地发展了 100 多家连锁店。在 2001～2002 年间，席殊书屋平均每个月发展 20 多家加盟店，每家店的投资规模当时为 12 万元。到 2002 年，席殊书屋的零售网点已经超过了 600 家，成为国内最大的民营书店连锁。席殊本人也被冠以知识分子、书法家、商界领袖、民主党派人士等诸多头衔。

在 2002 年以后，席殊书屋的销售便开始下滑。2004 年，席殊宣布 2～3 年内将在国内中小企业板上市的重振计划。但 2006 年 2 月席殊员工掀起离职潮，又纷纷通过劳动仲裁、法律诉讼等形式追讨工资和报销费用，加上出版社、加盟商对席殊公司的讨债，席殊用近 10 年时间打造的庞大连锁体系瞬间解体。

在上海某出版社工作的知情人士向记者表示，根据最初的规划，席殊书屋的盈利点在批发，通过建立自己的连锁店网络进行统一采购、统一配送和统一结算。然而事实上，采购、配送和结算的统一上都存在问题。行业的信用缺失，导致公司的很多应收账款难以及时回笼，而图书物流周期长、成本高的特性，使席殊要为 620 多家门店提供物流的想法一直难以实现。

此外，席殊书屋在全国多数省市都有网点，分布分散，同时各自的规模也比较小。市场上每年销售 20 万种书籍，不同地区的消费品种也不尽相同，给统一采购带来困难。独自面对批发商时，加盟店自身的规模也决定了他们拿不到合理的价格，影响着利润。

“鼎盛时期，席殊连锁的年销售额能达到 3 亿元，但这些资金很难进入总部进行调配。”上述人士表示，由于对各加盟店的掌控不力，除各加盟店所交纳的加盟费用，席殊一直找不到其他有效的利润增长途径，这是导致席殊连锁资金链最后断裂的根本原因。

问题：

1. 席殊书屋是属于哪个行业哪种业态的连锁企业，这种业态在经营上有什么特点？
2. 谈谈你对席殊书屋失败的看法，连锁企业要想成功必须具备哪些条件？

单元二　连锁经营战略管理

本章导读

通过本单元的学习，学生应能够理解战略、企业战略与连锁企业战略的含义；了解连锁企业的战略管理的主要实施过程；掌握连锁企业的运营战略概念及其具体战略；掌握连锁企业的发展战略概念及其具体战略；掌握连锁企业的竞争战略概念及其具体战略。

知识点

（1）战略、企业战略的概念；
（2）连锁企业战略管理的过程；
（3）连锁企业运营战略类型；
（4）连锁企业发展战略类型；
（5）连锁企业竞争战略类型。

技能点

（1）区分战略、企业战略、企业战略管理的含义；
（2）掌握连锁企业战略管理的过程；
（3）分析并选择连锁企业运营战略；
（4）分析并选择连锁企业发展战略；
（5）分析并选择连锁企业竞争战略。

情境引入

“一炉百年火，铸成全聚德；天下第一楼，美名遍中国。”始建于1864年的全聚德，历经百年沧桑，历久弥新，它是近代中国餐饮史的缩影，是北京饮食特色的代表。经过几代全聚德人的艰辛开拓，全聚德已发展成为拥有60余家成员企业、年营业额5亿元、年接待顾客500余万人次、总资产6亿余元、无形资产7亿余元的中国最大的餐饮集团之一。随着市场经济的建立，社会环境在变化，经济结构在变迁，人们的消费需求在改变。国际资本进入中国市场，带来空前的竞争和挑战，企业的生存和发展面临巨大压力。对于从传统中走来，习惯于传统思维方式和经营模式，囿于传统商誉的国有老字号企业，能否适应新时期的形势发展，能否跟上时代的步伐，能否经受住市场的考验，这已成为人们关注的焦点。在北京，许多昔日的老字号已风光不再，著名的餐饮业“八大楼”，有的已寂然无闻，有的步履维艰，前途未卜。老字号能否超越传统走向现代，不断创造辉煌的经营业绩？传统老字号能否与现代品牌接轨？昔日的金字招牌在新时期能否熠熠生辉？如何生辉？要解决以上问题，单靠懂得一家单店的经营是远远不够的，需要企业的决策者以发展的眼光、战略的思维高瞻远瞩，从长远考虑重新规划企业的经营战略。

项目一　连锁经营战略管理概念及过程

任务 1　认识战略及企业战略管理的概念

1. 战略与企业战略

“战略”一词最早起源于军事活动，其含义是对战争全局作出准确的判断而制定的方略。在中国，战略作为战争科学的概念在春秋战国时期就出现了。《孙子兵法》中对战略作了阐述。作战前必须认真分析政治和经济形势，强调谋略先于军事力量，并认为除了赢得战争外更重要的是达到政治目的。这种战略观念在欧洲不乏支持者，在 18 世纪后期的拿破仑战争时期更是受到推崇，战略被认为是赢得一场战争的宏大而周密的计划。

如今，战略还应用到政治、经济、外交等各个领域。随着社会经济的发展，战略的思想在企业中得到了广泛应用。因此也就出现了企业战略的相关研究。

企业战略是以企业未来为基点，为赢得持久的竞争优势而做出的事关全局的重大筹划。企业战略强调的是“做正确的事”，而不仅仅是“把事情做正确”。连锁企业战略则是连锁企业以未来为基点，为赢得持久的竞争优势而做出的事关全局的重大筹划。

2. 企业战略管理

“战略管理”一词最早由美国学者安索夫于 1976 年在其所著《从战略计划走向战略管理》一书中提出。他认为，企业战略管理是将企业日常业务决策同长期计划决策相结合的一系列经营管理业务。企业战略管理是确立企业使命，根据企业外部环境和内部经营要素设定企业目标，保证目标正确落实，并使企业使命最终实现的一个动态过程。企业战略管理关系到企业长期性、全局性和方向性的重大决策问题，是企业为在复杂多变的环境中求得生存与发展，在充分分析企业外部环境和内部条件的基础上，根据企业外部环境和内部条件，确定企业组织目标，保证企业组织目标落实并使企业使命最终得以实现的一个动态过程。该过程主要包括三个关键部分：一是战略分析——了解组织所处的环境和竞争地位；二是战略选择——对可行性战略方案进行评价和选择；三是战略实施——采取一定措施实现预期战略目标。作为连锁企业，其战略管理同样需要遵循上述过程。企业战略管理的上述过程可以具体化为如图 2-1 所示的步骤。

任务 2　明晰连锁经营企业的战略管理过程

连锁经营企业的战略管理是根据连锁企业的内外资源及能力确定企业战略目标及定位，制定企业的商业模式、发展及竞争战略，并对战略实施过程进行监督、评估与控制，从而促进、保障连锁企业顺利完成战略目标的动态管理过程。

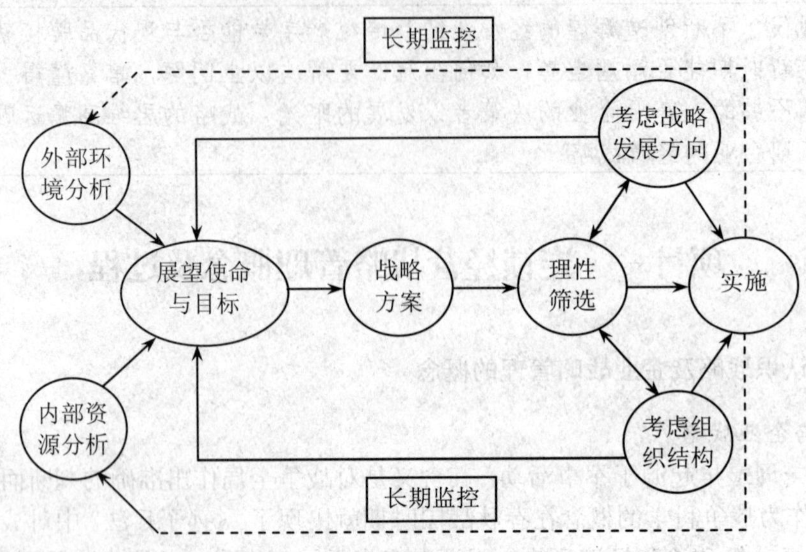

图 2-1 企业战略管理的实施过程

连锁企业的战略管理过程一般分为五个关键环节：明确企业使命与目标、企业环境分析、企业战略选择、企业战略实施和企业战略评估，前面三个环节又是决定连锁企业战略管理成功的关键过程。

1. 明确组织的使命与目标

这是战略计划的起点。使命与愿景体现了组织的基本定位和发展方向，是指引组织各项活动的航标。

（1）连锁企业使命愿景。

企业使命是企业高层管理者对组织寻求长期做什么和成为什么的观念。连锁经营企业的使命是指企业在明确自己的顾客群和顾客需求的基础上，在连锁经营战略理念的指导下来界定企业的基本任务，以满足顾客需求。沃尔玛的使命是“让普通老百姓买到有钱人用的东西”，星巴克的使命是“将星巴克建成全球极品咖啡的翘楚，同时在公司不断成长的过程中，始终坚持自己一贯的原则”。

【案例点击】

东方爱婴的愿景与使命

东方爱婴愿景——我们将成为一个以“诚信为基础、业绩为导向、爱心为核心”的持续发展的伟大公司。我们将成为婴幼儿早期教育服务领域受尊敬的领导者。

东方爱婴使命宣言——推动摇篮的成长。

原因：“0～3 岁婴幼儿为什么需要早期教育？如何教育？”为了解决这个问题，东方爱婴诞生了。

定位：我们的存在，就是为消费者（父母）、顾客（婴幼儿）和客户（加盟商）提供更多、更好和更高品质的教育产品、服务产品和消费产品，使“东方爱婴”成为消费者心中早期教育的首选品牌。

社会责任：给中国宝宝一个健康、快乐、自信的人生开端，并以此推动摇篮的成长。

（2）企业的目标。

企业的目标是企业希望实现的产出与绩效，并以此衡量企业的生产经营活动。连锁经营企业目标是连锁企业经营活动的“方向盘”，引导着各部门各环境所有员工的工作方向和速度，能协调各部门、各环节的关系，能激发起全体员工的积极性和潜在力量。

连锁经营战略目标不是一个单纯的目标，而是一个综合的目标体系。一般而言，连锁经营基本战略目标由经济效益和组织发展两方面内容构成。经济收益或利润是连锁企业生存发展的基本条件，是衡量连锁企业经营活动效果的基本尺度，是实现其他目标的前提。经济收益通常表现为销售额、总资产、经营规模和利润率等。这些目标对于经营管理者，是事业成功的标志；对于职工，能带来工作机会的增加和报酬的提高；对于所有者，则意味着原有资产的增值。

【案例点击】

家乐福的企业目标

我们的顾客：在每一个国家、每一种业态，在最好的商品选择中提供最优的价格。

我们的员工：提供一份有前景的工作和激励性的报酬，并以此使员工在相互信任的氛围中充分发挥自我能力，并提升自我。

我们的股东：提供持续的投资回报，并保证我们多元化及全球化的成长前景。

我们的合作伙伴、特许经营店或分公司：拥有领先的业态和品牌，专业的市场和销售知识，采购能力和不断进步的技术。

我们的供应商：提供市场、顾客信息，及在平等与互惠的关系中为完善产品进行的合作。

全国性和当地社区：作为有责任感的经济成员和企业公民，积极参与社区的活动。

思考：企业的目标是否越具体越好，应如何衡量企业目标制定的好坏？

2. 企业环境分析

战略管理过程的第二步是企业环境分析。企业环境分析一般包括企业外部环境分析和企业内部环境分析。企业内外部环境分析指对连锁企业的内部、外部环境进行调查研究与综合分析，为企业的战略定位、战略选择等提供科学的依据。它是战略管理过程中的基础环节，是为保证企业战略的正确性、可执行性而在战略制定前必须要做的一个重要环节。

（1）企业外部环境分析。

外部环境因素的变化可以为企业带来巨大的机会，也会带来风险与威胁，外部环境因素的变化对企业的成功有决定性的影响。

外部环境分析一般从宏观环境、行业环境、市场环境、竞争环境和成功连锁企业的标准借鉴等几个方面进行信息搜集、调查研究与分析等。

外部环境分析的主要目的是在企业外部环境中找出可能影响其达成使命的战略机会和威胁。企业的外部环境是指存在于企业周围、影响企业经营活动及其发展的各种客观因素与力量的总称。企业识别外部环境的目的，是想了解企业面临的发展机会与受到的挑战和威胁。

外部竞争环境分析通常采用美国竞争战略专家迈克尔·波特的五种因素分析模型，包括现有连锁企业之间的竞争、供应商、替代服务者、潜在进入者和顾客的威胁，如图 2-2 所示。

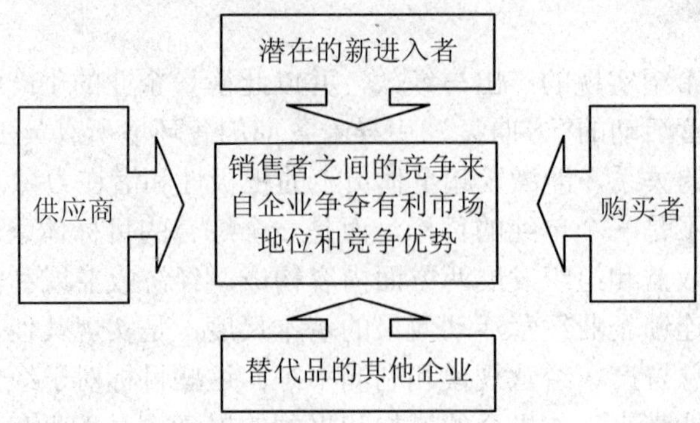

图 2-2　迈克尔·波特的行业环境五种因素分析模型

【案例点击】

宜家的竞争环境分析

随着又一个婚育高峰的来临，中国将掀起新一轮的购房热潮，而家居用品市场的竞争也将更加激烈，中国的家居用品销售商，综合考量价格、产品设计、营销策略等多种因素可以分为高中低档三个层次，低端的销售商代表有金海马、春申江等。这类商场的特点是提供大面积的展示场所，但商家很少介入产品的经营活动，对厂家的产品也很少过问，只对厂家有最基本的约束，所以商场中往往是鱼龙混杂。由于厂家各自为战，没有统一形象，商场定位模糊，在激烈的市场竞争中处于不利的地位，但是由于其价格低廉，也吸引了相当一部分消费者。

在中档市场中则云集了大量有实力的竞争者，如 B&Q、OBI、吉盛伟邦等。但是它们的经营模式各不相同，B&Q、OBI、好美家、HOMEDOPOT 等可以归为一类，它们采用大型超市的经营方式，把家居用品作为日常用品来销售。

比如 B&Q 作为大型家居超市的代表，资金雄厚，可以采用买断的方式获得较好的折扣率。它自行采购某些产品，从货源上保证了成本的低廉。由于出货量大，销售额大，与厂商讨价还价的能力也相当大，可以获得比一般销售商更好的价格。这些企业大部分是外商合资，其在国外已经有相当时间的经营，形成了较为成熟的经营管理体制，人员的素质也比较高。

但是他们也有弱点，商场提供丰富的商品，但是很少对顾客的家居布置提供建设性的解决方案。而且其产品大多是厂家品牌，销售商附加的品牌价值没有得到体现，其经营方式容易被模仿，除了成本之外，很难在其他方面获得竞争优势。于是，扩大市场份额就成为支撑这种商业形态的支柱，这类企业通常会在某一地区大量开店，抢占市场份额。

而吉盛伟邦则代表了另一类竞争者，就是原先靠房地产起家，然后把家居用品引进到地产业中来。他购买一块地，建成家居用品的商场，然后把场地出租给厂商经营，两业复合。这种方式目前来看还算是比较成功的。

首先其定位准确，吉盛伟邦面向中等偏高的消费人群，其所有的厂商提供的产品也必须面向这一消费层次。这样明确的定位，吸引了相对稳定的消费层。其次，商家负责整体营销，把“吉盛伟邦”作为一个品牌去推广，有利于形象的统一，商场内所有厂家都能分享其成果。最后，能够在品牌统一的前提下，保持产品的多样性，为消费者提供更多的选择。

吉盛伟邦的弱点在于其商场租金较贵，致使商品价格偏高，其经营形态容易被模仿。商家对厂家的控制较少，厂商之间的竞争容易形成商场整体的内耗。吉盛伟邦竞争战略的重点不在市场份额，而在于其利润率，通过品牌塑造来获得长久而稳定的利润率增长。

在家居市场上，走高档路线的有BO（北欧风情）、达芬奇等，其多以专卖店的形式出现，产品表现出强烈的个性特征。尤其是北欧风情其产品线和设计风格和宜家一脉相承，但是北欧风情主打的是高收入人群。

思考：基于以上分析，宜家是否具有明显的竞争优势，它该如何进行战略选择？

（2）企业内部环境分析。

内部环境分析主要是分析组织的资源和能力。它的目的在于找出企业的优势与劣势。识别并建立组织为成功实施其战略所需的核心能力，是组织的最高管理层的首要任务之一。内部环境分析重点是对连锁企业的内部资源及能力的综合评估，发现企业的优势与劣势，为制定适合企业实际发展的、可实现、可操作、可执行的战略作重要的参考依据。

3. 企业战略选择

连锁企业的战略主要包括连锁企业运营战略、连锁企业发展战略和连锁企业竞争战略。每一战略层面下又包括具体的战略方向。

如何选择出既符合公司发展方向又具有可操作性的战略规划呢?梵盛咨询通过多年丰富的咨询经验，总结出一套科学的方法。

（1）公司现状评估和目标确定。

①了解和评估当前的业务状况；

②评估核心竞争力和可被利用的能力及资源，确定企业核心能力；

③确定财务目标、预期的业务表现及企业发展的限制条件。

（2）确定战略方案选择标准。

①了解行业/市场发展状况，即市场规模、市场增长、产品生命周期、竞争状况、资源需要、利润率、市场进入的难易等；

②公司自身竞争能力评估，即市场份额、产品线、成本优势、公司形象、管理能力等；

③结合公司自身的核心能力，制定战略方案选择标准。

（3）找出发展机会并进行筛选。

①确定可能实现增长的各种发展机会；

②衡量各个机会对企业发展的影响。

（4）确定最终发展战略。

①根据影响的大小来排出战略方案的优先次序，确定公司战略；

②根据行业变化因素和关键成功因素分析能力差距；

③确定公司职能战略；

④预测采取战略选择后的业务状况，以及与企业发展目标之间存在的差距。

（5）制定实施计划。

①确定战略实施的资源及风险；

②制定实施计划。

此外，要保证战略规划制定的科学性和可操作性，需要公司高层管理人员的重视和参与，确保战略规划对今后年度经营计划的制定、公司经营活动的指导性。在战略规划实施的过程中，需定期进行评估并根据市场变化及时进行调整。

项目二　连锁企业的运营战略

任务 1　认识连锁企业的运营战略

连锁企业的运营战略是指连锁企业在经营过程中，对运营中的各个环节确定目的标准、制定管理制度、确定经营规模、控制产品质量等问题而制定的长期的运营规划。连锁企业的运营战略主要包括顾客满意战略、商业化运作战略、规模化战略、标准化战略、企业形象战略。

连锁企业运营战略的制定有利于企业发展战略和企业竞争战略的制定和执行，有利于企业营销决策的制定和执行，有助于连锁企业品牌的建立和良好形象的塑造，使连锁企业的运作有序进行，而且因为分工和标准化的执行，使连锁企业各个环节的日常工作专业化，并不断地提高质量和效率，形成良性循环。

任务 2　掌握连锁经营的运营战略类型

连锁经营的运营战略主要有六种类型。

1. 商业化运作战略

连锁经营必须以商业化运作为主导，完全按市场规则来运作，这对处于生产领域技术变革和现代化的背景下，把顾客满意作为自身经营宗旨的连锁企业显得更为重要。商业化的标准有：明晰的产权，连锁企业内部权责利必须明确；按市场运行规律运作，讲求实用和效率；坚持市场为主导，即一切跟着市场走，紧紧把握市场的脉搏，才能使企业立于不败之地；追求利润最大化，努力扩大销售，精干物流环节，降低经营成本。

2. 规模经营战略

虽然同一资本拥有 11 个分店以上就算作是连锁经营了，但要达到规模经营，11 个分店远远是不够的，在美国，要实现规模经营，起码要达到 200 个分店以上。从实践看，达到规模经营的手段是多地区、多分店方式，通过不断地扩张来实现一定的规模，以求降低经营成本，增强连锁企业自身实力以便在竞争中处于优势。规模经营战略必须是规模经济战略，必须既讲求开店的数量，又讲求开店的质量，规模不经济是不可取的。如果是有潜力的市场，先期投入，放弃短期利益，而追求长期利益，另当别论。

3. 专业化战略

专业化指连锁经营的各个环节根据不同的生产经营过程分成几个业务部门，并使其固定下来，有专业的人士利用专业设备进行实际操作。在连锁经营中，所有的商业活动都具有详细而具体的分工，以保证连锁经营的良好运作。

4. 标准化战略

连锁商店标准化的经营，是由连锁经营这一模式本身决定的。随着市场竞争的加剧，顾客需求的多样化，顾客从对商品的认可转移到对商店、品牌的忠诚，所以标准化的经营可以树立商店的形象，进而赢得更多的消费者。

【案例点击】

标准化修练真功夫

经过十年的发展，目前真功夫已成为中式快餐的代表。真功夫成功的关键是不断学习洋快餐的标准化，从前线到后台各个操作流程的标准化。曾经有一个难题摆在创始人蔡达标的面前：传统的蒸饭与炖盅，只能用传统的高温炉、大锅和蒸笼。使用这些陈旧的厨具，一方面后台的员工高温难挡，另一方面拿取产品十分不便，需要不断上搬下卸。另外，燃气灶火也忽大忽小，很难控制火候，对菜品质量稳定性也存在一定影响。

一个偶然的机会，蔡达标在参观朋友的制衣厂时，从给熨斗提供蒸汽的蒸汽发生器上找到灵感，一套完整的电脑程控蒸汽设备终于浮出水面，新设备保证了同一炖品蒸制时的同温、同压，因而几乎是绝对的同一口味。从此，真功夫的餐厅里不再需要厨师，不需要任何一把菜刀，服务员只要将一盅盅饭菜半成品放进蒸汽柜里，设定好时间和温度，时间一到就能拿出香喷喷的饭菜，真正实现“千份快餐同一口味”。

同时，真功夫在管理上全面学习麦当劳的流程和店面管理经验。把餐厅经营的各个流程、工序全部细化成为具体的标准，形成 9 本手册，贯彻到员工日常的培训和考核中去。而真功夫标准化是后勤生产、烹制设备、餐厅员工操作三位一体的标准化体系，这正是真功夫企业核心竞争力的重要因素。

后勤生产标准化：真功夫以采购、加工、配送三大中心组成的后勤中心，保证了从选料、加工、配送等各道工序的标准化。

烹制设备标准化：真功夫独创的“电脑程控蒸汽设备”是其产品品质和营养的最强有力的保证。

员工操作标准化：独创的营运手册和经营理念对员工工作和服务都进行了人性化的标准规范。

凭借“标准化”，真功夫引起了全国餐饮业的关注。众多外地的快餐同行或餐饮业界人士纷纷慕名前往真功夫餐厅考察。

思考：餐饮连锁企业的标准化与商品零售连锁企业的标准化战略有什么不同？

5. 顾客满意战略

顾客满意战略是坚持顾客第一、顾客至上的理念，并始终以消费者满意为宗旨的战略。而且这种顾客第一、顾客至上的理念必须始终贯穿连锁企业从商品采购到最终销售的全过程。要充分认识顾客的价值，顾客的价值不在于他一次购买的金额而是他一生能带来的总额，其中包括他自己和对亲朋好友的口碑效应。充分认识顾客满意的价值，顾客满意与企业利润存在着因果关系，而且忠诚顾客与企业利润之间的关系更为密切。实践表明，有 90%以上的厂商的利润来源，1/10 由一般顾客带来，3/10 由满意顾客带来，6/10 由忠诚顾客带来。树立“顾客第一”的经营理念，事实上，很多连锁企业都在踏踏实实地贯彻顾客需要战略，像大型连锁集团 IGA 总裁有三个承诺，这三个承诺集中地反映了顾客第一的经营理念。

6. 企业形象战略

企业形象是一个企业在社会公众及消费者心目中的总体印象，是企业文化的外显形态。其主要内容包括商品形象、员工形象、服务形象、社会形象、环境形象。

企业形象战略是塑造连锁企业形象的主要手段。消费者和社会公众是通过连锁企业的形象识别系统来认识连锁企业的，因此，塑造和完善本企业的形象识别系统成为连锁企业形象战略的基础。

企业形象识别系统（Corporate Identity System，CIS）是指将企业经营理念和精神文化，运用统一的整体传达系统（特别是视觉传达设计），传达给企业周边的关系或团体（包括企业内部与社会大众），并使其对企业产生一致的认同感与价值观。CIS 的主要构成要素有三个，即由 MI（理念识别，Mind Identity）、BI（行为识别，Behavior Identity）、VI（视觉识别，Visual Identity）三方面组成。三要素相辅相成，相互支持。连锁企业通过导入 CIS 战略，对自身的理念精神、行为方式以及视觉识别进行科学而系统的整合，从而使企业的各个方面都发生积极的转变，产生全方位的功效，塑造鲜明的企业形象，获得企业内外公众的认同。

【知识拓展】

CIS 战略起源

CIS 战略最早起源于第一次世界大战前的德国 AEG 公司。他们在系列电器产品上采用了彼得·贝汉斯设计的商标，使这一商标此后成为该企业统一视觉形象的 CI 雏形。1933 年至 1934 年，由英国工业协会会长弗兰克·毕克负责规划的伦敦地铁，在设计政策与识别上称得上是世界经典之作，第二次世界大战以后，欧美各大企业纷纷导入 CI。1947 年，意大利事务器械所奥力维提开始聘请专家来设计标准字。1951 年，美国国家广播公司 NBC 在各媒体广泛运用由高登设计的巨眼标志。而可口可乐醒目的红色与波动的条纹所构成的“COCA—COCA”标志为它树立起了风行全球的品牌形象。1970 年，日本东洋工业马自达（MAZDA）汽车第一个在日本运用 CI，之后，大荣（DAIEI）百货、伊士丹（ISETAN）百货、麒麟（WACOAl）啤酒、亚瑟士（ASICS）体育用品等企业纷纷仿效。而美津浓（MIZUAO）体育用品、富士（FUJI）软片、华歌尔（WACOAL）内衣等，委托美国著名的蓝德设计顾问公司设计的 CI 新形象，更是后来居上。70 年代，中国台湾开始萌发 CI。1985 年以后，在中国的公共关系正向纵深方向发展的过程中，CIS 战略也悄然而至，并由广东神州燃气具联合实业公司最早导入。1993 年以后，中国各地企业开始对 CIS 战略有了全面的认识和理解，在塑造企业整体形象中得以运用并取得了成效。

项目三　连锁企业的发展战略

任务 1　认识连锁企业的发展战略

1. 连锁企业的发展战略的概念

连锁企业的发展战略主要是指连锁企业在经营过程中，根据企业特点和经营模式，针对连锁企业发展过程中的发展资金、发展方向、发展方式、发展速度、发展风险规避等问题制定的一种连锁企业战略。企业的发展战略对连锁企业来说同营运战略和竞争战略一样重要，是企业经营战略里不可缺少的一部分。

2. 制定连锁企业发展战略必须遵循的原则

（1）切合实际。连锁企业发展战略是在现有企业实力基础上制定的，不能脱离实际。不能一味地只顾扩张、盲目增加开店数量、不顾企业实际资金状况。

（2）超前性。连锁企业的发展战略是面向未来企业发展而制定的，必须有一定的超前性。

（3）全局性。连锁企业的发展战略制定必须考虑企业全局利益，它是企业的一种整体战略，具有全局性特点。

（4）效益性。制定连锁企业的发展战略，必须以满足和实现经济效益、社会效益、环境效益的目的为前提；同时也要考虑企业投资人、所有者的利益。

（5）共同参与。连锁企业发展战略不是管理者单独制定的战略，而是企业全体员工一起参加制定的战略，因为它是关系全体员工利益的战略。

任务 2 掌握连锁企业的发展战略类型

1. 资本发展战略

连锁店要扩张发展，必须有一定数量的资本，所以首先要解决扩张的资本来源。例如，直营连锁店要扩张，就需要大量扩张的资本。连锁店可以用自己创业经营的积累作为扩张资金来源。但仅靠创业者自身积累和企业积累，扩张的步子难以迈大。扩张资本来源一般来说有以下几种：一是通过股票筹资和股票上市扩大资本；二是举借外债；三是风险投资；四是兼并、重组、合作。

【案例点击】

纳斯达克上市，开启教育发展史的新纪元

2010 年 10 月 8 日北美东部时间上午 9: 30，环球教育在纳斯达克敲响了开市钟。在这一刻，环球天下教育科技集团以雅思出国教育领军企业的身份登陆美国股市，以代码“GEDU”公开发行股票，发行价 10.5 元，首日涨幅达到 16.19%，成为近期表现优异的股票。这既是环球天下教育科技集团发展史上值得永远铭记的一刻，也是中国民办教育史上一个新的纪元。这一瞬间承载着环球人对于未来发展的坚定信念，也凝聚着 10 年独特连锁发展的专注与不懈奋斗。

秉承专业、创新、睿智与博采的企业文化理念，环球教育从零开始艰苦创业，最终发展成为一家以语言培训为中心，业务覆盖出国考试、职业培训、少儿教育、图书传播、留学咨询服务等多个领域的国际知名的科技教育连锁机构。环球在全国 104 个城市拥有 66 个直营校区和 226 个连锁校区，覆盖了除青海和西藏以外的 29 个省、直辖市和自治区。截至去年，招生人数达到 64 万人次，同时在线学习的注册学生人数超过了 100 万人次，“环球教育”也成为了中国最具知名度和最具价值的教育品牌之一。

在环球教育正式挂牌交易前的两个星期中，他们在中国香港和美国的各大金融中心，如纽约、波士顿、芝加哥、旧金山等地集中会见了近百家知名基金和投资机构的负责人与分析师。这其中包括在国际金融业界享有盛名的富达基金（fidelity）、黑石基金（Blackrock），也有对中国的新东方等教育机构了如指掌的 Alyeska 投资集团。他们不仅对环球教育的创业史表示出了极大的肯定与尊敬，而且对于环球教育的高速发展与连锁规范化的管理表示认同。在高度赞许之余，他们一致认为这是驱动集团未来可持续性的强劲发展的增长策略之一。

思考：作为服务连锁企业，环球教育在众多融资渠道中为什么选择海外上市寻求资本发展？

2. *发展方向战略*

连锁企业拥有资本后，要考虑发展方向的选择，包括市场扩张、业态扩展、行业扩张、区域扩张、国际扩张、纵向一体化等。当某一目标市场发展受到限制，可考虑进行市场扩张；如果连锁企业主营业态成长已无潜力，则可以考虑向其他业态扩张；区域扩张取决于两个因素：一是所要扩张区域的市场情况与竞争水平；二是连锁体系的门店分布（布点策略）与其扩张区域联系是否紧密。国际扩张是区域扩张的延伸，大部分连锁企业先在本国进行扩张，再向其他国家扩张。当企业连锁规模达到一定程度后，为了赚取更多利润或控制产业链，会采取纵向一体化扩张。

3. *发展方式战略*

连锁企业主要有三种扩张方式供选择：第一种扩张方式是自身不断开出分店，也就是直营扩张；第二种是兼并，通过对小型连锁商店或独立零售商实施兼并以扩大连锁规模；第三种是特许加盟。

4. *扩张速度战略*

连锁企业的扩张速度要根据连锁企业的实际情况，如连锁模式、规模、资金等问题进行合理分析而定。直营连锁扩张速度不宜过快，否则会出现资金供应紧张、债务负担过重、管理难度加大的问题。特许连锁由于是低成本扩张，速度可以快很多，但要注意新开店的质量保证，同时要考虑规模的迅速扩大，如果管理不到位，会引起企业一系列不良反应。所以，最好选择稳扎稳打的、开一家成功一家的策略，如肯德基的特许扩张是把一家成熟的、正在盈利的餐厅转售给加盟者，这样，可以使加盟店较快地融入肯德基的运作系统，以保证连锁企业的整体形象和利益。

【案例点击】

小肥羊在港公开招股

中国领先的全套服务连锁餐厅运营商小肥羊集团有限公司于2008年6月公布其全球发售相关文件，本次全球发售的股份数目245,188,000股，90%国际配售，10%公开发售。

公司计划运用约60%的募集资金（或2.77亿港元），在2008年下半年至2010年开设约150家新自营餐厅，并翻新约50家自营餐厅；约20%（或9240万港元）在2008年下半年至2010年，提升及扩充公司的羊肉加工及调味品生产设施及物流中心的产能；约10%的募集资金（或4620万港元）在可能情况下收购公司特许经营餐厅或其他有吸引力的品牌或产品的餐厅业务。

自1999年8月包头第一家小肥羊餐厅开业以来，经过多年的不懈努力，小肥羊已经成为国内领先的火锅连锁餐厅。根据独立国际市场情报供应商的资料，小肥羊餐厅的品牌销售额占据2006年于中国经营的全套服务连锁餐厅的整体销售额的11.80%。值得注意的是，小肥羊餐厅的品牌销售额包括计入公司总收益的自营餐厅销售额，以及并不计入公司总收益的特许经营餐厅销售额。

除经营餐厅之外，根据中国肉类协会的资料，小肥羊是2007年中国生产规模最大的羊肉加工公司。公司在内蒙古拥有并经营两个羊肉加工基地，配备了现代羊肉加工设备。2007年，小肥羊共加工约5158吨羊肉，满足了公司约45%的羊肉需求。另外，公司还从2005年起开始销售一系列新鲜及干货类产品（包括羊肉、汤底及调味料产品），由全国的批发分销商分销至大型超市及便利店进行零售。

思考：小肥羊在本案例中已或即将采取哪些具体的发展战略？

项目四　连锁企业竞争战略

任务 1　识别连锁企业市场竞争的表现形式

1. 不同业态的连锁企业之间的竞争

目前，我国连锁经营已经遍及零售、餐饮、服务等行业，各行业多种业态并存，各业态的连锁企业为了在竞争中取胜，大都以自己特定的产品线的经营形成了名、特、优、全的特点，来吸引相当数量的消费者，形成在一些产品线上与其他企业进行竞争的优势。如商品零售业超市与便利店两种业态虽然各自市场定位、经营方式差别很大，但由于产品线有较大的交叉，两业态之间的竞争必然存在。再如餐饮零售业休闲厅与餐厅两种业态虽然各自主要功能不一样，但双方的辅助功能却相互渗透，如许多咖啡厅主要卖咖啡，提供休闲场所，但也提供一些简单的西餐，餐厅主要提供正餐，但也提供下午茶。

2. 相同业态连锁企业之间的竞争

总体上我国连锁企业在市场定位、目标市场选择、经营方式、经营规模及竞争手段上趋同。在产品线选择、企业形象树立等方面各自的经营风格不明显，使相同业态连锁企业间的竞争显得异常激烈，低水平的过度竞争加剧。如我国便利店最为发达的上海，最多时社区平均 100 米就有一个便利店，各便利店规模小，经营分散，它们之间必然发生强烈的竞争关系。两家最大的连锁超市公司上海华联超市公司和上海联华超市公司，为了争夺市场，也开展了激烈的竞争。各连锁企业在商品策略、服务策略、价格策略、促销策略、形象策略等各方面精心策划，不断推陈出新，同业态竞争异常激烈。

3. 中外连锁企业之间的竞争

随着我国的连锁经营领域的逐步放开，国际连锁巨头，如沃尔玛、家乐福、麦德龙、特易购已全面进入中国。国外大型的专业连锁店也已进入中国，如德国的建材超市 OBL、英国的家装材料连锁店 B&Q、美国的办公用品仓储等。餐饮与服务业的连锁巨头也大势进入中国，如麦当劳、肯德基、星巴克、21 世纪不动产等。这使人感到，中国连锁企业将面临更加激烈的国际竞争。从另一方面看，我们也必须走出国门，参与国际市场的竞争。

4. 工商连锁企业之间的竞争

我国工商连锁企业之间的竞争主要体现在以下几点：第一，生产企业纷纷打破原有的行业界限，通过自建连锁营销体系，实现纵向一体化，积极向连锁零售业渗透，参与市场竞争。1991 年成立的好来西服饰，彻底统一了好来西专卖店的管理，建立了连锁营销网络。杉杉西服、欧派橱柜、美的电器、格力电器等都在尝试这条路。第二，连锁企业也通过多种方式建立生产加工基地延伸流通渠道。第三，一些企业在走向连锁经营之路中，在经营上突出了厂商直接挂钩、批零兼营的特色，从而迅速发展成为大型连锁企业集团。

任务 2　学习连锁企业竞争战略及其指定步骤

竞争是企业抑制对手的手段，是企业发展的突击力。连锁企业的竞争战略指连锁企业在企业经营环境中突出自己的企业优势，弥补自己竞争劣势，抢战市场，克制或回避竞争对手的企业经营战略。一般包括总成本领先战略、差异化战略、目标集聚战略三种。一个企业的经营发展离不开竞争，当然，也就离不开竞争战略。企业只有制定长远的竞争战略，才能在未来市场上未雨绸缪。

制定连锁企业竞争战略时主要分两大步骤进行：第一步是调查企业自身情况和竞争环境；第二步是分析竞争情况。在这二者的基础上制定出连锁企业竞争战略。其中竞争情况分析最常用的方法是优势弱点分析法和机会威胁分析法。

优势弱点分析是明确地将本连锁企业与竞争对手进行对比，借以发现自己超过竞争对手的优势和不如竞争对手的弱点。如麦当劳的竞争优势源于其清洁、快速、品质、服务和价格；而肯德基的竞争优势则是其独特的口味。优势和弱点可以在连锁企业的产品、服务的各个环节上进行比较，通过优势弱点分析可以使连锁企业进一步制定扬己之优势、克敌之弱点的战略。

机会威胁分析法和优势弱点分析法不同，优势弱点分析是针对连锁企业的经营状况的，机会威胁分析则是针对连锁企业的经营环境而言。机会是指经营环境中出现的有利于连锁经营的变化，如各国政府对连锁企业的政策支持，银行放宽贷款条件，消费者的信任感增强，供应商为连锁企业提供优惠供货条件等，连锁企业经营者要善于利用上述机会发展企业。威胁则是环境中出现的不利于连锁企业发展的因素，如政府政策限制。对各种威胁，连锁企业要善于应对，或撤退，或转移，以免受损失。

任务 3 选择连锁经营竞争战略

1. 总成本领先战略

（1）总成本领先战略。

总成本领先战略考虑的是，使企业的成本低于竞争对手的成本，在市场上以低成本取得领先地位，形成优势。总成本领先战略要求企业必须确保以低价购进原材料，采用先进的技术设备，建立高效率的生产经营体制，努力降低各种费用。在竞争残酷的市场中，只要有一个环节的成本降不下来，就会影响整体成本优势的发挥，所以，追求成本的优势就必须做到在每一个可控制的环节中都要将成本降到最低。

（2）总成本领先战略的实施途径。

连锁企业创造成本优势的主要途径有五个。

第一，进行成本分析，找出对企业经营成本影响最大的因素。连锁企业首先要了解本企业的成本现状，看自己有没有成本优势，是否可能创造出成本优势，以及创造成本优势的关键环节是什么，找出那些对企业经营成本影响最大或降低成本潜力最大的因素。

第二，进行系统的成本控制。制定成本控制目标和成本控制计划，动员全体员工，实施系统的成本控制。

第三，努力创造规模经济效益。连锁企业通过扩大连锁经营规模，提高组织化程度，大规模地购销，使成本降下来，提高市场占有率；同时市场占有率提高，代表着销量增加，又形成成本降低的优势，这样形成良性循环，实现规模效应。

第四，产销合作。即利用连锁经营优势与供应商建立合作关系，努力降低采购成本。

第五，建立自有品牌。企业把自己开发的质量有保证的产品委托生产，成本就可以降下来，然后在自己的连锁网络中以较低的价格销售，有利于提高连锁企业的知名度和竞争实力。

（3）总成本领先战略的盲区。

第一，成本领先战略的第一个盲区是过分强调成本优势而忽视其他战略。

第二，成本领先战略的第二个盲区是人们极易将成本领先看成简单的价格竞争，从而步入低价竞争的风险之中。

【案例点击】

美国百年老店伍尔沃斯

美国著名的百年老店伍尔沃斯，一向以低价著称于世，当外部环境发生巨大变化时，也一味死守低价，不思改革。为了实施低价策略，伍尔沃斯拒绝售卖更多更新的商品，甚至取消了一些必要的服务。有些中年美国人不无伤感地回忆说：“小时候，我经常跟着妈妈到伍尔沃斯，在我的记忆里，那是个很好玩的地方，有许多小孩感兴趣的东西。然而，长大后就很少光顾了，原因是那里的服务态度越来越差，当人们需要什么特别帮助时，总找不到人帮忙。”这正是伍尔沃斯逐渐走下坡路的真正原因，当它一味追求价格低廉时，却失去了原先的竞争基础——忠实的消费者。进入90年代，伍尔沃斯年年亏损，到1997年7月，该公司不得不被迫宣告破产。

思考：伍尔沃斯破产的主要原因是什么？

2. 差别化战略

（1）差别化战略。差别化战略是回避直接竞争的基本手段，是连锁店以不同于竞争对手的产品、服务、形象为顾客服务，从而赢得了特定顾客。特色是这一战略的核心。差别化战略中最主要的问题是确定在哪些方面或是哪些要素上实行差别化。差别化战略已逐步发展为企业与竞争对手竞争的武器，制定时需要从以下三个方面综合考虑：一是顾客有什么需求；二是找出竞争对手；三是评估持续比较优势的能力。前两个方面决定了企业在市场中的竞争状态，第三个方面主要是考虑企业的经营资源和经营能力。差别化不是短期的策略，而是需要长期使用、不断战胜对手的手段，所以要保持长期比较优势。

（2）差别化战略的实施过程。实行差别化战略，首先，要了解市场竞争是围绕什么进行的，这是实行差别化的出发点，也是差别化的要点所在。顾客是感觉企业间差别、识别企业优势的主体，所以，企业实行差别化战略，必须着眼于顾客的需求，把顾客的需求作为差别的关键。以顾客需求为中心的差别化战略很容易取得成功。其次，要深入了解企业的竞争者状况，以便企业确定在哪些方面或要素进行差别化，成功显示企业的特色。最后，结合自己企业的实际情况和优势，制定出差别化竞争战略。如同样是经营电器的国美和苏宁连锁企业，国美早期采取了薄利多销战略，后期采取以规模做低成本的“价格战”竞争战略；而苏宁电器则是采取“至真至诚、服务为王”的竞争战略。

【案例点击】

职达求职旅社——服务产品差别化

创办于2006年的“职达求职旅社”，在全国几个大城市设有连锁分店，这家旅舍以大学生求职群体为主要客户群体，不仅旺季的客房床位供不应求，部分门店更创下了近40%的利润率。职达做过一项专门的调查，为了谋求较为满意的工作，中国高校学生在毕业前一年左右就开始奔走于北京、上海、广州等经济发达城市参加各种招聘会，参加企业的笔试面试等。每年全国有500万应届大学毕业生，加上历届待业和跳槽者，每年有近1000万的大学生奔波在外。这些学生求职者一般经济比较窘迫，很难有能力支付在一般酒店的长期住宿费用。职达求职旅社20元一天的价格正好迎合了这个特殊群体的需求。

产品的差异化过程也是满足特定"需求"的过程，同时也是形成社会竞争力的过程。

首先，职达首创了国内"招聘网站+求职旅社+移动校园招聘"的求职大学生服务模式。与职达旗下职达网和职达求职旅社一起，为大学生提供求职住宿、就业信息和政策咨询、职业能力和倾向测评、就业推荐、大学生求职维权等全方位的大学生就业服务。

其次，产品定位独特。职达的房型跟校园宿舍大同小异，从2人间到12人间。旅社采用和学生宿舍一样的布局，男女生分层居住，不设情侣房。设置上下铺位，床位比较宽大，床单每天更换，每个房间配备有空调、免费宽带接口、卫星电视，有独立卫生间和24小时生活热水供应，环境舒适、干净、安全。

另外，选择了与大学生活相似的旅社管理模式，每晚11点半准时关灯，有工作人员监督和检查。为了保证旅店的校园文化氛围，同时也便于旅社管理，职达求职旅社要求入住对象必须是35岁以下大专以上学历的学生，入住登记时除提供身份证外，还须提供学生证或毕业证。每天有两位保安轮流值班。

最后，职达提供了独具特色的增值服务，求职者可在职达分享到诸如英语角、旅游指南、招聘会、求职书刊借阅等丰富的软件服务。旅社每天向在住求职者发布最新的应届生招聘信息，并免费推荐工作。此外，求职者还可通过旅社以可观的折扣价预定各类培训课程。在信息栏中可以看到工作人员每天更换的温馨提示（包括天气预报、安全问题等）。旅社还定期举办一些文化节或是在本地的一些郊游活动。

思考：作为大学生，你认为职达的产品差异化是否能迎合你的需求？这一战略能否成功是否还要考虑其他因素？

3. 目标集聚战略

（1）目标集聚战略。目标集聚战略即确定企业的主要目标，然后通过长期集中的资源投入来追求主要目标的实现。如集中其全部力量满足某个特定的顾客群、某产品系列的一个细分区隔或一个地区市场，为自己建立起一个良好的竞争战略体系，带动企业整个经营活动的开展。目标集聚战略的优点是能够通过目标市场的选择，帮助连锁企业寻找市场最薄弱环节来切入，避开与势力强大的竞争者正面冲突，因此特别适合于那些势力相对较弱的连锁企业；能够以有限资源、更高的效率、更好的效果为特定客户服务，从而在较小范围内超过竞争对手。

（2）目标集聚战略的实施途径。目标集聚战略包括地区上、顾客群上和产品与服务上的集中。

地区集中战略是指连锁店集中资源于特定地区内开店，可以使有限的广告投入、配送能力在该区域发挥作用，从而使连锁店在特定区域内站稳脚跟，稳定地占有该市场，获得地区范围内的竞争优势，如太原唐久超市集中资源立足于太原以及周边发展。

顾客集中实质上是连锁店把主要资源集中在特定的顾客上，把他们作为诉求的对象，调查和了解他们的主要需求，针对他们提供有效的产品与服务，如美容连锁店立足于特定顾客群展开经营与发展。产品与服务的集中战略是指主要经营一种或一类产品或服务，适合于专业店、专卖店。如联想专卖店、海尔专卖店正是由于在产品与服务上的集中形成了专业优势。

产品与服务的集中使连锁工作人员可以成百上千次地重复做同一件事情，即不用培训，熟能生巧，从而能提高工作效率。

纵观所有取得成功的企业，它们正是由于正确实施某一种基本竞争战略，取得了某种竞争优势，才得以在市场上占有一席之地，因此，确定自己的基本竞争战略是一个企业取得竞争优势的关键。通常企业必须在三种基本竞争战略中作出抉择，一个企业如果能够成功地贯彻其中一种基本战略，即或者成为产业中的低成本领导者，或者在产品和服务的某些方面独树一帜，或者集中资源在某一特定的细分市场取得成本优势或新颖性，它就能获得高于产业平均利润的超额利润。如果企业同时追求多种基本竞争战略，并能同时获得成本领先和差异化的竞争优势，它就能获得更高的收益。

单元小结

连锁经营企业的战略管理是根据连锁企业的内外资源及能力确定企业战略目标及定位，制定企业的商业模式、发展及竞争战略，并对战略实施过程进行监督、评估与控制，从而促进、保障连锁企业顺利完成战略目标的动态管理过程。

连锁企业的战略管理过程一般分为五个关键环节：明确企业使命与目标、企业环境分析、企业战略选择、企业战略实施和企业战略评估。

连锁企业的运营战略是指连锁企业在经营过程中，对运营中的各个环节确定目的标准、制定管理制度、确定经营规模、控制产品质量等问题而制定的长期的运营规划。连锁企业的运营战略主要包括顾客满意战略、商业化运作战略、规模化战略、标准化战略、企业形象战略。

连锁企业的发展战略主要是指连锁企业在经营过程中，根据企业特点和经营模式，针对连锁企业发展过程中的发展资金、发展方向、发展方式、发展速度、发展风险规避等问题制定的一种连锁企业战略。

连锁企业的竞争战略指连锁企业在企业经营环境中突出自己的企业优势，弥补自己竞争劣势，抢战市场，克制或回避竞争对手的企业经营战略。一般包括总成本领先战略、差异化战略、目标集聚战略三种。

核心概念

连锁经营战略管理　连锁企业的运营战略　连锁企业的发展战略　连锁企业的竞争战略

实训设计

项目：以小组为单位从之前收集到的十个连锁企业中选择一个商品零售连锁企业、一个餐饮连锁企业和一个服务连锁企业，分别分析其目前采取了哪些运营经营战略、竞争战略和发展战略。

训练题

1．简述战略、企业战略、企业战略管理的概念。

2．简述连锁企业战略管理的过程。

3．连锁企业环境分析包括哪些元素？

4．阐述连锁企业的运营战略有哪些具体战略。

5．如何实现顾客满意战略？

6．如何理解 CIS 战略的三大要素？

7．阐述连锁企业的发展战略具体有哪些。

8．简述连锁企业发展战略必须遵循的原则。

9．区分连锁企业的三大竞争战略，阐述三大竞争战略的实施途径。

综合案例分析

广州友谊：百货业的奇葩

广州，中国最重要的商业重镇，零售百货商家必争之地，这里集聚了几乎来自全世界的零售业态有名的品牌，吉之岛、万客隆、家乐福、万佳、百佳、好又多、屈臣氏、7-11 等各路海外零售巨头先后登陆广州，广百、天河城百货、广州友谊、王府井、新大新等百货精英汇集一堂，此外还有以经营专项产品的国美、苏宁、永乐等家电巨头，有人说“中国百货看广州，广州百货集世界”，看来一点也不假。

就在这样的激烈市场竞争中，广州友谊凭着清晰的战略定位和一流的品牌管理，创造出传统国有控股百货和商业上市公司的各种经营奇迹。

一、战略定位，中高档百货舍我其谁

管理学上有一句名言：“对于没有方向的船，任何方向的风都是逆风”。广州友谊深知此道，早在 20 世纪 80 年代中期就已经确立公司的发展战略，这就是：“一个定位，三大战略”。一个定位是指以“建立高级百货商店”为战略定位，三大战略是“聚焦战略、服务战略、品牌战略”。多年来“高级百货商店”的战略定位被不断完善和提升，在越来越细分的高级百货零售市场上，这种前瞻性的战略眼光使得广州友谊一直在全国同行高档百货中保持领先的地位。

“精的百货，纯的友谊”是对广州友谊战略定位的高度概括，做精品百货和中高档百货是这种战略定位的具体表现。在广东，高档百货的品牌联想就是广州友谊，这种根深蒂固的品牌价值不断被强化和提升。在广州友谊的 VIP 顾客中，不仅包括广州本地顾客，而且还有许多来自珠三角甚至长三角的顾客，就像一些顾客所说，到广州不到广州友谊就等同于没有体验过广州的商业文化。

这种战略定位的实施架构包括三大内容：个性化、时尚化、品牌化。由于高级百货的定位，广州友谊的细分顾客群是一些企业家、高级职业经理人、知识型人士，他们对生活质素有很高的要求，购物对他们来说不仅仅是一种满足生活日常所需的行为，更加是一种生活质量和生活品味的象征，或者说是一种文化。而且这些人群的年龄都集中在三四十岁之间，处于人生事业巅峰的时期，他们追求高层次的生活品质，希望体现自我，所以时尚、现代、潮流是他们购物的心理需求。正如广州友谊董事长房向前所说：“个性化、潮流化，走中高档路线是广州友谊的强项，扬长避短是最基本的经商之道。”

广州友谊战略发展的第一个战略就是聚焦战略，具体说是“一业为主、连锁经营、零售为本、配套发展”的 16 字方针。目前这种战略措施已经基本形成，在环市东总店的基础上，以时代店和即将开业的正佳店形成了三角形的战略架构。这三者之间的战略布局及定位非常清晰，环市东总店作为广州友谊的旗舰店，它的辐射范围以环市路商业中心为主，与附近的花园酒店、世贸广场、白云宾馆及最近开业的丽柏广场形成一个广州CBD高档商业中心，这种地理的商业优势在广州绝无仅有，未来的友谊总店将成为广州市内最高档商业中心的旗舰店。位于天河时代广场的友谊时代店，经过三年时间的培育，已经成为广州新CBD天河商业区的购物天堂，以中信广场为中心，幅射整个天河区，而且考虑到商业圈内的主流消费群体以金融、IT、广告、咨询行业等新兴行业及年青人居多的特点，友谊时代店在整个布局方面安排比较年轻化、时尚性，同时突出与总店略有不同的宽松购物空间，强化区域商圈的地位。2004年，广州友谊正式与亚洲第一体验之都正佳广场签订合同，进驻正佳广场的首层至三层，开设面积达3万平方米的百货精品旗舰店。友谊正佳店的确立，使广州友谊的战略布局提升到整个华南地区。对于进驻正佳广场，广州友谊董事长房向前表示，这是公司实施“品牌延伸、百货连锁”发展战略的一项重要举措。

二、服务营销，五星百货五星服务

广州友谊战略发展的第二个战略就是服务战略，“五星百货，五星服务”是这个战略的内涵。任何消费者的购买行为都是整体购买方案，不仅要求商品的性能、价格合适，更加需要增值性服务，特别是在商品同质化时代，服务竞争力已经成为零售百货业竞争的关键，不管是以“天天平价”为驱动力的沃尔玛，还是以“精品百货”为差异化竞争力的广州友谊，服务的内涵已经是综合性的解决方案，它不仅仅包括服务商品、服务过程、服务标准、服务人员，还包括附加服务、顾客管理等内容。“五星百货，五星服务”，这就是广州友谊服务战略的定位，这与公司战略是高度一致的，围绕核心顾客群，广州友谊这个百货业的五星级品牌，其服务也要求达到五星级的水平，这是广州友谊服务战略的应然之义。

在服务营销的战略定位上，“纯的友谊”是广州友谊服务战略的主要体现，“纯”是广州友谊服务品牌的核心理念，广州友谊的纯就在于它给予客户的不仅仅是一种“购物、商业、交易”的含义，而在于它所提倡的“生意不在友谊在”的服务品牌意识。“购物”只是友谊商业文化的一种表现方式，重要的是它给客户一种“体验”：“尊重、身份、地位”的文化体验；“生活、享受、品味”的购物体验，这才是广州友谊“纯”的内涵。因此到广州友谊的顾客往往感受到的不是服务员一种导购的倾向，更多的是一种贴心的帮助，“体验”可以说是广州友谊期望给顾客带来的价值。而广州友谊的“友谊”也包含了丰富的内涵：“朋友的友谊、顾客的友谊、同事的友谊、合作伙伴的友谊”。顾客购物的体验不仅仅是自己的，同时也是给朋友、家庭、顾客、同事带来一种“体验”。这种“友谊”当然还包括广州友谊的所有合作伙伴，供应商、投资者、中介机构、金融机构、媒体等。“纯”的友谊为广州友谊的战略发展打下了良好的社会基础，也是广州友谊伦理文化的一种体现。

微笑服务几乎是服务行业的代名词，但是不是有了微笑就行了呢？广州友谊有更深层次的理解。顾客到商场购物，微笑服务能够让顾客有宾至如归的感觉，但更为重要的是顾客最终的需求是能够买到最适合他们的商品，这包括价格、性能、技术、售后服务等综合内容，结合广州友谊的细分顾客群，他们提出了“朋友式接待，专家式服务”的理念，也就是说微笑只是“朋友式接待”的一项内容，“专家式服务”才是“五星服务”的真正内涵。经过详细的市场分析，广州友谊发现在他们的80%顾客中，对于价格的敏感程度较低，但对商品及服务的敏感度却很高，具体就是到店顾客并不是太看重购物价格，关键是商品用途及服务的附加值。

对于“专家式服务”，广州友谊一开始就将它作为深化服务的一项重要工作来抓，他们各门店范围开展“专业服务之星”的选拔活动，明确提出打造“友谊专业服务品牌”，同时将比赛流程化、规范化和标准化，坚持不走形式，进行严格考核制度，参与“专业服务之星”选拔的员工要过笔试、现场模拟、面试、初评、复评等环节，同时引入 360 度评估方式，员工自荐、员工互评、商场经理考核、公司专业服务评审小组考评、顾客评价等，确保评选结果的公平和质量，务求顾客认同、员工认同和公司认同。在此基础上，导入全体员工系统化专业培训方案，分五大内容进行培训，包括“专业形象、专业技能、专业心态、专业服务、安全服务”。在考核中采取一票否决制，杜绝任何作弊行为。

三、品牌战略，引领 21 世纪时尚优质生活

广州友谊战略发展的第三战略就是品牌差异化战略，这种差异化的品牌思路强化了公司的战略定位。广州友谊的品牌战略分为三大内容：产品品牌、服务品牌和质量品牌，这个品牌战略金字塔的核心是广州友谊的企业品牌。

让顾客“第一时间体验世界的顶尖时尚”，这是广州友谊商品品牌的最直接表现。广州友谊现有国际著名品牌 153 个，其中国际一线品牌 49 个。为了让顾客能够体验到世界的顶尖时尚，广州友谊很注重商品品牌结构给予顾客的全面体验，流行的、经典的、年轻的、成熟的，构成一个平衡的而结构合理的商品系列，为顾客提供一个时尚生活的新体验、新梦想。时尚是短暂的，但广州友谊却深谙“让时尚成为永恒”的理念。许多世界一线品牌的新商品发布会及时尚潮流推广活动，都会选择广州友谊作为华南地区的第一站。“第一时间”使广州友谊的时尚与世界同步，而众多一线品牌的汇集，使广州友谊一年四季都不断有新的时尚涌现，所以说在广州友谊，时尚已经成为永恒。

在广州友谊，服务不仅是一种营销的手段，更重要的是一种品牌战略。2003 年非典期间，广州友谊投资 4000 多万元建设环市东店地下停车场，同行业许多人对此很不理解，广州友谊董事长房向前说了一句话：“现代百货是：NOPARKING，NOSHOPPING”。这点对广州友谊的服务品牌而言是至关重要的，他们的主流顾客群都是有车一族，没有便利的停车场将给顾客带来诸多不便，于是他们在原有的车场掘地三尺进行扩建，车场于 2004 年底投入使用，有 180 个停车位供顾客泊车，为顾客提供更加方便和舒适的购物环境。

问题：

1. 广州友谊的三大战略分别属于连锁企业经营战略的哪些战略的具体选择？
2. 从企业战略管理过程的五个步骤分析广州友谊的三大战略选择思维。

单元三　连锁经营组织管理

本章导读

通过本单元的学习，学生应能够明确连锁企业组织结构设计的原则；掌握连锁企业组织结构设计流程；认识连锁企业组织结构的类型；认识连锁经营企业总部的组织管理职能和连锁经营企业分店的组织管理职能；学会分析连锁企业组织文化的层次及分类；掌握如何建设连锁企业组织文化。

（1）连锁企业组织结构设计的原则；
（2）连锁企业组织结构的类型；
（3）连锁经营企业总部的组织管理职能；
（4）连锁经营企业分店的组织管理职能。

（1）连锁企业组织结构设计；
（2）分析连锁企业组织文化的层次及分类；
（3）建设连锁企业组织文化。

情境引入

温特图书公司原是美国一家地方性的图书公司。近10年来，这个公司从一个中部小镇的书店发展成为一个跨越7个地区、拥有47家分店的图书公司。近3年来，公司的利润开始下降。

2个月前，公司新聘苏珊任该图书公司的总经理。经过一段时间的对公司历史和现状的调查了解，苏珊与公司的3位副总经理和6个地区经理共同讨论公司的形势。

苏珊认为，她首先要做的是对公司的组织进行改革。就目前来说，公司的6个地区经理都全权负责各自地区内的所有分店，并且掌握有关资金的借贷、各分店经理的任免、广告宣传和投资等权力。在阐述了自己的观点以后，苏珊便提出了改组组织的问题。

一位副总经理说道："我同意你改组的意见。但是，我认为我们需要的是分权而不是集权。就目前的情况来说，我们虽聘任了各分店的经理，但是我们却没有授予他们进行控制指挥的权力。我们应该使他们成为有职有权、名副其实的经理，而不是有名无实、只有经理的虚名、实际上却做销售员的工作。"

另一位副总经理抢着发言："你们认为应该对组织结构进行改革，这是对的。但是，在如何改的问题上，我认为你的看法是错误的。我认为，我们不需要设什么分店的业务经理。我们所需要的是更多的集权。我们公司的规模这么大，应该建立管理信息系统。我们可以通过信息系统在总部进行统一的控制指挥，广告工作也应由公司统一规划，而不是让各分店自行处理。如果统一集中的话，就用不着花这么多工夫去聘请这么多的分店经理了。"

类似的场景对于很多连锁企业的高层决策者并不陌生，企业成功与否除了企业战略方向的把控外，组织结构的设计和管理，甚至组织文化的建设起到了很关键的作用。

项目一　连锁经营组织结构设计

组织结构是指一个组织内各构成要素以及它们之间的相互关系，主要涉及企业部门构成、基本的岗位设置、权责关系、业务流程、管理流程及企业内部协调与控制机制等。当连锁企业确定了其经营宗旨和战略目标之后，接着就要为实现战略目标设计相匹配的组织结构。组织结构设计不仅仅是描绘一幅正式的企业组织结构图，或根据企业的人员配备和职能管理需要增设或减少几个职能部门，它还要帮助企业围绕其核心业务建立起强有力的组织管理体系。

任务 1　明确连锁企业组织结构设计的原则

1. 任务与目标原则

连锁企业组织设计的根本目的，是为实现企业的长远发展战略任务和经营目标服务的。这是一条最基本的原则。组织结构的全部设计工作必须以此作为出发点和归宿点，即连锁企业任务、目标同组织结构之间是目的同手段的关系；衡量组织结构设计的优劣，要以是否有利于实现企业任务、目标作为最终的标准。从这一原则出发，当连锁企业的任务、目标发生重大变化时，例如，从直营连锁向特许连锁转变或从国内向国际转变时，组织结构必须作相应的调整和变革，以适应任务、目标变化的需要。

2. 以人为本的原则

连锁公司的总部属职能机构，组织结构的设计应按标准化、专业化、集中化的管理原则设置，但更应充分调动管理人员、基层人员的积极性，满足他们个人的需要，包括：人际关系是否和谐，员工能否受到有效激励，内部提升容易实行；职务内容是否有挑战性等。尽量避免机构重叠或者交叉管理的人浮于事现象。

3. 专业分工和协作的原则

作为现代企业，连锁企业的管理工作量大，专业性强，分别设置不同的专业部门，有利于提高管理工作的质量与效率。在合理分工的基础上，各部门只有加强协作与配合，才能保证各项专业管理的顺利开展，达到组织的整体目标。贯彻这一原则，在组织设计中要十分重视横向协调问题。

4. 权责对等原则

连锁企业在设计组织结构时，要明确规定每一管理层次和各职能机构的职责范围，并赋予其完成职责所必要的管理权限。职责与权限必须明确、统一，为了履行一定的职责，就必须拥有相应的权限。有职无权，或权限太小，经营管理者就无法履行其责任；相反，有权无责，会造成滥用权力，瞎指挥，产生官僚主义。因此，连锁企业应根据企业的战略目标，从提高企业的整体利益和综合功能出发，制定各机构、各部门的职权范围和工作规范。

5. 有效管理幅度原则

由于受个人精力、知识、经验条件的限制，一名领导人能够有效领导的直属下级人数是有一定限度的。有效管理幅度不是一个固定值，它受职务的性质、人员的素质、职能机构健全与否等条件的影响。这一原则要求在进行组织设计时，领导人的管理幅度应控制在一定水平，以保证管理工作的有效性。由于管理幅度的大小同管理层次的多少呈反比例关系，这一原则要求在确定企业的管理层次时，必须考虑到有效管理幅度的制约。因此，有效管理幅度也是决定企业管理层次的一个基本因素。

6. 集权与分权相结合的原则

连锁企业组织设计时，既要有必要的权力集中，又要有必要的权力分散，两者不可偏废。集权是为实现连锁企业规模经济的客观要求，它有利于保证连锁企业的统一领导和指挥，有利于人力、物力、财力的合理分配和使用。而分权是调动下级积极性、主动性的必要组织条件。合理分权有利于分店根据实际情况迅速而正确地做出决策，也有利于上层集中精力抓重大问题。因此，连锁企业的集权与分权是相辅相成的。

7. 稳定性和适应性相结合的原则

稳定性和适应性相结合原则要求组织设计时，既要保证组织在外部环境和连锁企业任务发生变化时，能够继续有序地正常运转；同时又要保证组织在运转过程中，能够根据变化了的情况做出相应的变更，组织应具有一定的弹性和适应性。为此，需要在组织中建立明确的指挥系统、责权关系及规章制度；同时又要求选用一些具有较好适应性的组织形式和措施，使组织在变动的环境中，具有一种内在的自动调节机制。

任务 2　掌握连锁企业组织结构设计流程

同其他组织一样，连锁企业的组织结构建立过程可以分为以下四个步骤。

1. 弄清楚公司要履行的商业职能

职能的分析是建立组织机构合乎逻辑的起点。通常连锁企业需要履行采购、仓储、营销、运输、加工、信息、新产品开发、人事管理、财务管理、分店管理等商业职能。

采购职能，即购进商品或设备所完成的一系列相关活动。

仓储职能，商品或设施购进之后，在进入分店销售或使用之前，需要使用自己的仓库，履行储存职能。

营销职能，即帮助产品或服务销售的一系列相关活动。

配送职能，连锁组织总部将商品从仓库配送到各店铺，需要使用自己的运输车，履行运输职能。此外，商品从商场到达消费者手中，有时也需要进行必要的运输工作。

加工职能，即承担适当的商品流通加工职能，例如自行分等、挑选、改变包装等。

信息职能，即建立信息管理系统，履行信息收集和处理职能。

上述各职能并不一定全部由连锁企业承担，其中一些职能或某些职能中的一部分工作，可以由制造商、批发商、专业人士（公司）或顾客来执行。例如，可以将一部分配送到店铺的商品运输工作交给供应商完成；可以将市场调研、销售预测等信息收集处理工作交给专业服务机构；可以将运输职能和仓储职能包给第三方物流公司等。然而，许多连锁企业将这些非核心职能完全由自己承担，因为这样不仅可以提高效率，更重要的是这些职能可能是重要的利润来源。例如连锁企业自建配送中心就可大大节省企业物流成本。

2. 将各职能活动分解成具体的工作任务

在确定连锁企业必须执行的基本职能之后，需要将其进一步分解为具体的工作任务。职能是按业务范围的大类划分的，一种职能可能包括多种具体的工作任务，例如储存商品职能包括商品验收、堆码、维护等任务，下面是一些连锁企业经常性的工作任务：采购洽谈；变更经营种类；指定商品与服务销售价格；广告活动；产品与店面陈列；店面清洁卫生；控制存货数量；商品统计；财务会计；店面设备的维修和保养；确保店面安全；处理消费者投诉；消费研究；预测销售额；收款；招聘与解雇人员；员工培训；支付工资等。

3. 设立职务，明确职责

弄清楚需要完成的商业职能和工作任务之后，就需将任务划分为职务，并明确相应的职责，使每一个职务包括一组类似的工作任务，担当一定的责任，也就是说具有确定的职责。这些职责在整个公司组织中应该相对持久和稳定。

表 3-1 是将工作任务划分为职务的简单例子。连锁企业在把工作任务归集为职务时，应考虑专业化分工。在专业化分工条件下，每名员工只对有限的职能负责。专业化分工的优势包括任务范围明确，具有专业化技能，降低培训费用和时间及可以雇佣到教育水平较低和经验较少的人员等。但过度专业化也可能产生问题：士气低落（工作枯燥无味），员工意识不到自己职位的重要性，需要雇佣更多的员工等。

表 3-1　商品零售企业典型工作任务与职位划分

任务	工作职务
商品陈列、顾客接洽、包装、顾客追踪服务	销售人员
与顾客结算、处理现金收据、包装、存货控制	收银员
验收商品、检查核对运输单据、商品标价、存货控制、退货	店铺存货管理员
橱窗装饰、内部展示、流动广告、卖场广告	展示员
商品的维修、调换、处理顾客抱怨、顾客调查	客户服务人员
店铺清洁、维修、保养	清洁、修理人员
人事管理、销售预测、预算、任务协调	管理人员

职务的划分有四种主要分类方法。

（1）按职能分类，即按照采购、人事、财务、销售等职能范围划分职务。这种划分具有专业化的优点，但是对横向协调要求高。

（2）按地区分类，即按照分店所在经营地区的不同来划分职务。这种方法有利于协调连锁事业管理的集中统一性与各地区分店适应当地具体环境的灵活性之间的矛盾，在连锁公司由区域性向全国性，由全国性向国际性发展的过程中应用较多。

（3）按商品或服务种类分类，即根据经营类别来划分职务。这种分类法的理由是，经营不同种类的商品或服务对工作人员的要求各不相同；职务按经营类别划分也有利于提高商品管理的水平。如商品零售业分为生鲜部、百货部、家电部。

（4）按职能、经营类别、地区三项因素综合分类。这是实践中常用的方法。建立连锁经营公司的组织机构，通常既按职能又按经营类别还按地区划分职务，只是三者的重要程度和相对地位因连锁事业的规模、发展阶段、经营商品结构等因素的不同而有所区别。

任务一旦归集完毕，职务说明书就形成了。职务说明书概括了每个职务的名称、目标、工作责任和工作具体内容。它们是对员工进行聘用、监督和评价的工具。表 3-2 是某连锁酒店分店厨房厨师长岗位工作说明书。

表 3-2　某连锁酒店分店厨房厨师长岗位工作说明书

岗位名称：厨房厨师长	
隶属于：分店经理	指挥到：砧板、冷拼、炒锅、面点
班次：正常班	工作时间：8:50～14:00/16:20～21:30
工作职责： 1．协助营运经理检查和控制厨房的日常工作，严抓食品卫生与环境卫生，督导厨师为客人提供色、香、味、型俱佳的菜品； 2．完成上级交办的其他任务。	
工作内容： 1．接受上级领导； 2．接受上级的检查及评估； 3．参加部门工作例会； 4．汇报班组工作； 5．完成上级交办的其他任务。	
6．餐厨房内部管理工作。 （1）制定餐厨房的工作计划和总结； （2）主持餐厨房例会； （3）根据营业情况，合理安排班次、各个岗位厨师的分工； （4）定期组织厨房内部的员工沟通会； （5）审阅员工上交的各种表格； （6）处理员工上报事件； （7）检查及评估厨房厨师的工作； （8）组织、安排厨房厨师的培训； （9）组织厨房厨师进行企业文化的学习，组织厨房厨师参加酒店的各种活动； （10）管理厨房内部的各项物资、设备设施、各种工具用具； （11）管理厨房使用的各种原料，尤其是高档原料的管理； （12）控制厨房的成本，杜绝跑、冒、滴、漏； （13）审查厨房的每日审购原料计划； （14）处理突发事件； （15）处理客人对菜品的投诉； （16）与外聘大厨及本地的厨师进行菜品分析； （17）与外聘大厨及各班组领班进行菜品创新。	
7．协作其他部门。 （1）与采购部协调每日的原材料进购； （2）协调每日原材料领用； （3）配合财务部做好成本核算； （4）做好各种设施设备的使用及维护； （5）配合保安人员做好厨房的防火工作；	

续表

（6）做好食品卫生预防工作； （7）与酒店其他营业部门协作，共同做好酒店全员营销； （8）配合酒店职能部门的检查工作； （9）协作各部门处理突发事件； （10）协助落实各部门提出的要求。
8．对客服务管理。 （1）督导、检查面客厨师对客操作的质量，查缺补漏； （2）充分满足顾客提出的或潜在的各种需求； （3）受理客人意见、建议和投诉； （4）建立客人喜欢的菜品档案； （5）与餐厅服务员及时联系，正确控制上菜秩序。

4．建立组织机构

连锁企业在建立组织机构时应明确地规定和划分各项职务及其相应职责，还必须规定各项职务之间的关系。也就是说，不应该孤立地看待各项职务，而应该从系统观点出发，把它们看作整体中有机联系、相互作用的各个组成部分。这样，就能按照综合、协调的方式，根据各项职务及其相互关系的要求建立相应的组织机构，形成健全统一、有机协调的公司组织。

任务 3　认识连锁企业组织结构的类型

根据连锁经营活动的需要和企业的实际，连锁企业组织结构的基本形式主要有三种类型。

（1）直线型组织。这是连锁企业最早和最简单的组织结构形式，其结构如图 3-1 所示。这是指连锁企业各级行政单位从上到下实行垂直领导，下属部门只接受一个上级的指令，各级主管负责人对所属单位的一切问题负责，总部不另设职能机构（可设专业人员协助主管人工作），一切管理职能基本上都由行政主管自己执行。

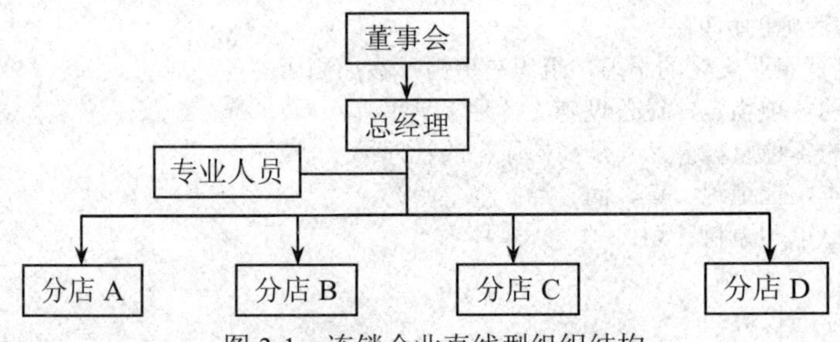

图 3-1　连锁企业直线型组织结构

这种形式的主要优点是结构比较简单，责任分明，命令统一。主要缺点是要求行政负责人通晓多种知识和技能，亲自处理各种业务。在业务比较复杂、企业规模比较大的情况下，把所有管理职能都集中到经营者一人身上，显然是难以胜任的。此种形式比较适用于连锁企业的创业阶段或企业规模较小时。

（2）直线职能型组织。随着连锁企业规模的扩大，分店数量逐渐增多，经营管理的事务将会越来越多，也越来越复杂。经营者由于知识、能力和体力等的限制无法独立完成所有管理职能，势必会增加职能管理部门来协助经营者进行管理，直线职能型的组织结构形式就应运而生了，如图 3-2 所示。

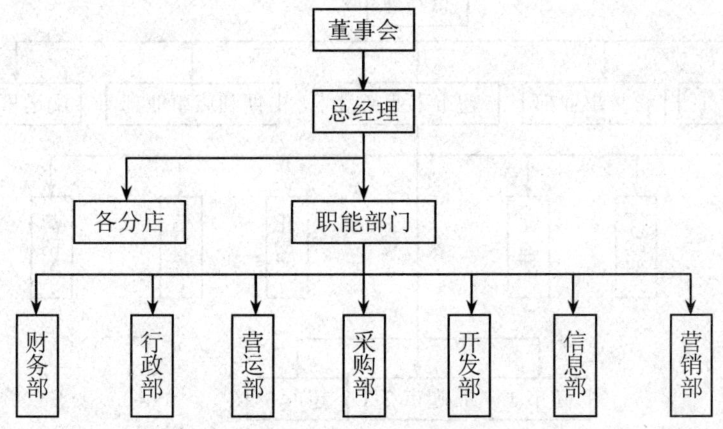

图 3-2　连锁企业直线职能型组织结构

换句话说，直线职能型组织结构是指按连锁经营管理的职能设立管理部门来协助经营者工作，并对各分店进行专业指导的组织结构形式。其优点是：分工明确，易发挥专业优势；指挥统一，易调度资源；规模经济效益较好。缺点是：部门间协调困难；不利于调动部门积极性；不利于关注整体利益。此形式主要适用于环境较稳定、市场较集中、中等规模的连锁企业。图 3-3 为典型连锁酒店的组织结构图，为直线职能型组织结构。

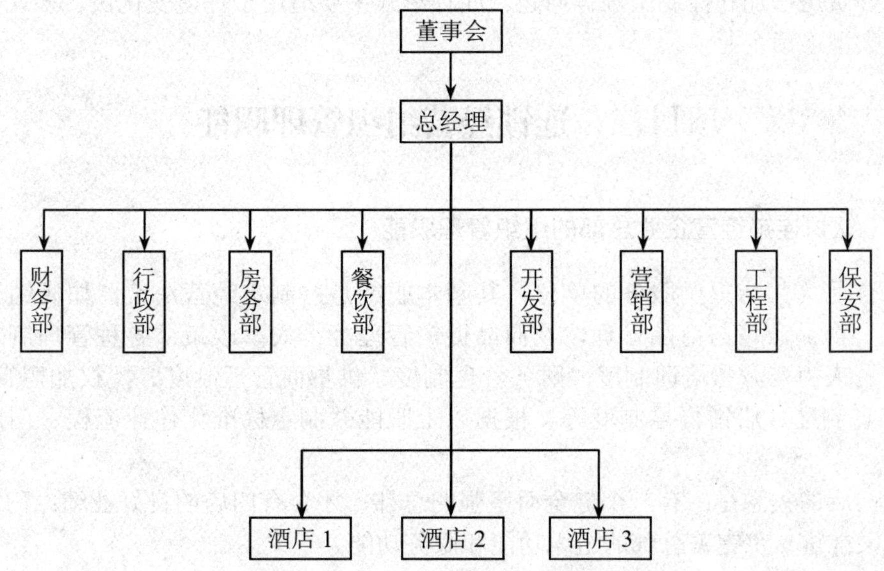

图 3-3　典型的连锁酒店直线职能型组织结构

（3）事业部制组织。当连锁企业的规模扩张到一定程度后，连锁企业管理的范围越来越大，内容越来越复杂，许多运作已很难完全由总部进行直接控制，为了适应企业扩张的需要，许多大型连锁企业大都采用事业部制的组织结构形式，如图 3-4 所示为大型商品零售连锁企业事业部型组织结构图。

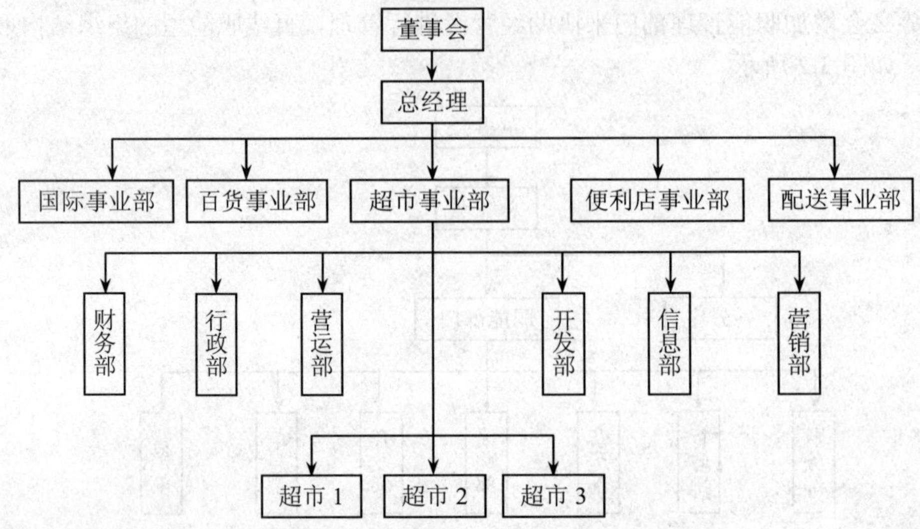

图 3-4　商品零售连锁企业事业部制组织结构

这是以最终利润形成的内在联系为依据，将各自相关的研究开发、信息、营销等部门结合成一个相对独立的利润中心，实行分权管理的组织结构形式，主要有业态事业部和地区事业部两种模式。这种形式的主要优点是：有利于调动部门积极性，便于事业部内部的协调，适应力和竞争力加强，有利于培养整体管理人才，有利于高层领导有精力研究企业发展的战略问题。但也存在着易滋长本位主义，资源调动困难，易产生短期经营行为，机构重复设置，总编制与管理费用增加和控制困难等问题。此种形式主要适用于环境变化快、多元化经营和地域分散的大型连锁企业。

项目二　连锁经营组织管理职能

任务 1　认识连锁经营企业总部的组织管理职能

连锁总部是为门店提供服务的单位，其基本职能是：制定经营决策，如店铺开发政策与店铺开发、商品政策与商品管理，及商品促销管理等；人事政策；各种管理制定，如采购管理制度、人力资源与培训制度、财务管理制度、供货商管理制度、授权加盟管理制度、各类管理信息制度、店铺督导制度等。根据以上职能并制定标准化作业流程、门店作业流程等。

总部与门店的关系是：有一个健全而坚强的总部，才会有门店的良好业绩；门店有良好的经营业绩又能进一步完善总部的组织功能和服务功能。

1. 连锁总部的主要功能

（1）经验积累功能。连锁企业运作成败，总部责无旁贷。市场竞争依靠个人的经验恐难取胜，总部担负着连锁企业长期可持续发展的重任，有责任积累各种成功经验，明确未来发展方向，并将不断成熟的管理技巧传递给门店管理者，以便使所有门店的管理水平达到一致。

（2）教育培训功能。连锁店运作成败的关键在于如何将连锁运作的精华传递给每一个门店管理者和员工，即让每一个员工都能掌握连锁运作成功的经验。教育培训扮演了非常重要的角色，培训机构让企业的每一个员工接受企业的经营理念和岗位操作技巧，成为熟练的执行者。

（3）指导功能。在门店的运营中难免有问题出现，仅靠教育培训的课程训练是远远不够的，也无法解决这些实际问题，最有效的方法是：总部安排专业人员持续地指导门店运作。一是可以将总部的最新经营技术和政策及时传递给门店；二是可以及时解决经营中出现的各种问题，协助门店运作更有绩效。

（4）营销功能。营销概念，它是指涵盖商品采购、价格制定、整体形象塑造、服务设计等为一体的一系列活动，是一个相当广义的概念。总部应该从战略的角度安排各种营销方案的工具和组合，从根本上提升企业的竞争力。营销是连锁总部必须长期研究的内容。

（5）展店功能。不断扩大门店数量是连锁扩大经营规模的重要表现。要达到高质量的开店成功率，总部必须设计出真正属于自己的开店策略，包括全面开店计划、市场潜力分析、商圈调查与评估、开店流程制定与执行、开店投资与效益评估等，以保证连锁事业蓬勃发展。

（6）物流服务功能。连锁企业总部物流配送服务一般是以配送中心为核心，集中采购、统一配送，高效率地将门店销售的商品及经营所需的原料和用具送达各连锁店，从而达到降低成本、提高门店运作效率的目的。连锁企业的规模效益有很大一部分是通过总部的物流服务功能实现的。

（7）研发功能。研发功能对连锁总部是非常重要的。企业应根据目标市场上变化的顾客需求，持续不断地进行研发，研发出适合顾客需求的产品和服务，研发出更有效的运作体系，才能保证企业发展的活力。

（8）财务功能。财务功能包括连锁企业资金的筹集与有效运用，该功能的发挥正常，能有效避免企业出现运营危机，甚至会因为资金的灵活调度而增加非营业方面的收入。

（9）信息功能。信息功能主要是指收集顾客消费信息、经营环境变化信息、国内外行业发展趋势信息、新观念和新技术及企业内部的信息，并进行必要的信息重组和整合。及时有效地收集与处理信息，对连锁企业制定科学的经营决策具有重要作用。

2. 连锁总部各职能部门的职责

（1）企划部的职责。企划部是公司的参谋部。主要职责是把握公司经营现状和宏观环境动态，就公司的组织发展与经营事业制定和协调战略目标与规划，供总经理及其他部门参考。

（2）发展部的职责。

①新开店址调查，包括人口数、家庭结构、收入水平、消费偏好、行业竞争状况等。

②编制新开店投资预算，估算投资回收期和投资收益率，交财务部审核以申请店面开发资金。

③制定店面建设、装修、设计统一标准，以此建设新店，进行内、外部装修，或者包给外单位承建，但要对工程进度和质量进行严格监督和控制。

④店面营业设备的采购和安装。

⑤制定店面营业设备的使用和保养制度，并监督和不定期检查执行情况。

⑥店面及店面营业设备的维修和保养。

（3）店面经营部的职责。

①店面经营业绩的考核制度的制定和执行。

②店长工作绩效的考核与人事变动的建议。

③店面岗位责任、作业规范、服务规范的制定与执行情况的监督与考核。

④将物流部制定的商品销售计划，根据区域各分店的具体情况（主要是市场环境、经营规模、经营状况与潜力等）分解后下达任务，指导店长执行与实现。

⑤店面经营指导，包括商品陈列、POP 广告设置、店员培训。

⑥推广先进店面的经营经验，督促和帮助落后店面改进经营状况。

⑦分店、分区域促销计划的制定和执行。

（4）营销部（或企划部）的主要职能。

①分店商品配置、陈列设计、商品销售分析、利润分析与改进措施。

②促销策略的制定，促销活动的计划与执行。

③企业广告、竞争状况的调查与分析。

④店铺形象的设计。

⑤店铺广告计划的制定与执行。

（5）采购部的职责。

①采购制度的制定和执行。

②制定全公司分品种商品销售计划并制定和执行相应商品采购计划。

③制定产品开发政策，开发新产品，调整经营商品结构。

④定价策略的制定和各种商品价格的制定及执行情况监督。

⑤商品配送制度、仓储管理制度的制定与执行。

⑥物流活动的开展与管理，包括到货商品的验收、保管与维护，适当的流通加工（如分装、分等、配组），库存控制，对各分店的商品配送服务等。

（6）财务部的职责。

①资金筹措、分配与使用等管理制度的制定。

②审核各部门开发项目的投资预算或经费预算，负责筹措资金，保证供给或提出预算修改方案。

③经营费用管理制度的制定与执行情况监督，营业成本控制工作的监督。

④总店与分店财务核算制度的制定与执行。

⑤公司的财务收支，包括供应商货款结算、税金缴纳等。

⑥提供会计财务报表。

⑦开展内部审计。

（7）行政部的职责。

①公司劳资、福利、岗位考核、人事变动等制度的制定与执行。

②劳动人事合同和档案管理。

③人力资源的开发。

④公司人际关系与员工士气调查、分析、发扬或改进。

⑤公司后勤服务。

⑥保持和促进良好的公共关系。

⑦接受消费者投诉，做出回复，监督有关部门处理，或上报总经理。

⑧交有关人员或部门处理。

⑨公司安全制度的制定与执行。

⑩公司办公用品采购与管理制度的制定与执行。

（8）信息部的职责。

①连锁企业信息的收集与处理。

②连锁计算机网络系统的维修与养护。

③商品代码、企业代码、条形码的打印处理。

④各种数据、影像资料的存储与保管。

⑤数据资料的加密与解密。

以上是连锁总部各部门的基本职能。实际上，由于业态或行业的不同，决定了连锁企业的具体产品与服务不同，而产品与服务的不同就需要连锁企业进行适当的组织调控。在连锁经营的发展过程中，随着连锁企业经营网络的扩张和经营项目的变化或增加，连锁总部管理部门的组织结构也是不断变化的，需将各部门的权限范围、行使方式以及部门之间的功能合作方式进行必要的调整，但各部门的基本功能不会改变。

任务 2 认识连锁经营企业分店的组织管理职能

门店是连锁经营的基础，主要职责是按照总部的指示和服务规范要求，承担日常销售业务。门店是连锁总部各项政策的执行单位，应把连锁企业总部的目标、计划和具体要求体现到日常的作业化管理之中。由于各行业不同，其职能也有所不同，下面介绍商品零售连锁企业分店的组织管理职能。

1. 门店的主要职能

门店是连锁企业直接向顾客提供商品和服务的单位，因而其主要职能是商品的销售与服务，以及相关的管理作业。下面介绍商品零售连锁企业门店的主要职能。

（1）环境管理。环境管理主要包括店头的外观管理与卖场内部的环境管理。

①店头的外观管理。由于交通、住宅动迁、调职等原因，门店的老顾客都会有一定比例的流失，同时又会有新的潜在顾客进入门店的商圈范围内。所以，门店必须每日对店头进行检查，并加强维护与管理。

②卖场内部的环境管理。卖场内部环境包括走廊、货架、各种设备、场内的气氛等。

（2）商品管理。商品管理包括对商品陈列、商品质量、商品损耗、商品销售状况等方面的管理。

①商品陈列管理。商品陈列管理首先必须严格按照连锁总部所规定的统一标准进行陈列；其次要做到满陈列，以便最有效地利用店内空间；再次要注意陈列商品的及时整理，使商品陈列的方式、高度、宽度、陈列量、排面等符合商品陈列表的要求。

②商品质量管理。商品质量管理首先必须重视商品的包装质量及商品的标签；其次要加强对商品保质期的控制；最后要对生鲜食品进行鲜度管理。

③商品损耗管理。商品损耗管理首先要防止商品的动碰损耗；其次要加强防盗、防窃工作；再次要重视商品盘点。此外，对商品保质期的有效控制，以及与促销活动的有效配合，也是控制商品损耗的有效办法。

④商品销售状况管理。商品销售状况管理首先必须掌握商品的销售动态；其次要根据销售动态及时作出反应，如及时补充货源，及时处理滞销品，在总部的指导下及时调整商品的陈列位置及价格，等等。

（3）人员管理。人员管理包括员工管理、顾客管理和供货者管理。

①员工管理。对员工的管理是人员管理的核心，其管理的重点是：按公司规定控制人员总数及用工时数；培养全体店员的团队合作精神；合理分配工作任务，并要求员工严格执行连锁总部所制定的作业规范；树立全体员工的礼仪精神，做好服务工作；根据营业状况排定班次，做好考勤工作，并应照顾到员工的身体状况及应有的权利。

②顾客管理。对顾客的管理主要是指对顾客的了解、引导和适当的控制。如了解顾客的类型、各类顾客的需求特征；通过调查掌握社区内常住顾客的基本资料；在卖场内设置醒目的指示性标志，以便于顾客选购商品；对顾客的行为依法实施必要的限制，如明确告示顾客"店内不准吸烟，不准饮食，不准拍照，不准抄价，进入卖场必须存包"等；妥善处理顾客的投诉。

③供货者管理。无论是厂方人员还是公司内部的配送人员，不管是送货或是洽谈业务，都必须在指定地点按规范程序进行，如需要进入卖场，也必须遵守有关规定，如佩戴特殊的标志。

（4）财务管理。财务管理包括收银管理及凭证管理。

①收银管理。收银作业是门店销售服务管理的一个关键点，收银台是门店商品、现金的"闸门"，商品流出、现金流入都要经过收银台，稍有疏忽就会使经营前功尽弃。从现金管理角度来看，收银管理应把握以下重点：控制收银差错率；防止收入假币及信用卡欺诈行为，分清各班次收银员的经济责任；及时结算并上缴营业款；要严防内外勾结侵吞货款。

②凭证管理。对连锁超市门店而言，会计工作由总部负责，但对于基本的凭证仍需要妥善管理，如销货发票、退货凭证、进货凭证、现金日报表、现金投库记录表、交班El报表等。有些凭证（如退货凭证、进货凭证）是日后结算付款的依据，与现金具有同等的效力，更应妥善保管与处理。

（5）信息管理。连锁门店既是各类经营信息的发送者（信源），又是各类经营信息的接收者（信宿），因此，加强信息管理便成了连锁门店的一项重要工作。连锁门店的信息管理主要包括下列三类。

①店内经营信息管理。这是连锁门店情报管理的重点，内容包括销售日报表、商品销售排行表、时间销售报表、供应商销售报表、异常销售分析表、促销商品分析表、销售毛利分析表、ABC分析表等。此外还包括员工的意见、建议以及他们的心理和行为状态等情况。

②竞争店信息管理。连锁门店有责任对附近的竞争店情况进行调查，内容包括与竞争店的距离、竞争店的交通条件、商品质量及价格、商品结构、门店规模、顾客购买行为等。

③消费者需求信息管理。消费者需求情报包括消费需求的总体趋势、社区内消费者的总体规模、收支水平、购买特征等。其中，顾客投诉情况的分析应作为了解消费者需求的一个重要方面。

2. 门店主要岗位的管理职责

（1）店长工作职责。店长是门店的第一责任人，是门店的总管，主要职责如下。

①监督商品的要货、上货、补货，做好进货验收、商品陈列、商品质量和服务质量管理

等有关作业。

②执行总部下达的商品价格变动。

③执行总部下达的销售计划、促销计划和促销活动。

④掌握门店的销售动态，向总部建议新商品的引进和滞销品的淘汰。

⑤掌握门店各种设备的维护保养知识。

⑥监督和审查门店会计、收银和报表制作、账务处理等作业。

⑦监督和检查理货员、服务员及其他人员作业。

⑧负责对职工考勤、仪容、仪表和服务规范执行情况的管理。

⑨负责对职工人事考核提出职工提升、降级和调动的建议。

⑩负责对员工的培训教育。

⑪妥善处理顾客投诉和服务工作中所发生的各种矛盾。

⑫监督门店内外的清洁卫生，负责保卫、防火等作业管理。

⑬监督门店商品损耗管理，把握商品损耗尺度。

⑭做好与门店周围社区的各项协调工作。

（2）理货员工作职责。理货员是在超市和便利店中间接为顾客服务的销售人员，其工作质量的好坏直接影响门店的销售额和形象，其工作职责如下。

①熟悉所在商品部门的商品名称、产地、厂家、规格、用途、性能、保质期限。

②遵守连锁店仓库管理和商品发货的有关规定，按作业流程进行工作。

③掌握商品标价的知识，正确标好价格。

④熟练掌握商品陈列的有关专业知识，并把它运用到实际中。

⑤搞好货架与责任区的卫生，保持清洁。

⑥随时对顾客挑选后的货架剩余商品进行清理并做好商品的补充工作。

⑦保证商品安全。

（3）收银员工作职责。收银员是门店的一个重要岗位，收银员的素质和能力直接影响门店的效率与服务水平，其工作职责如下。

①为顾客提供咨询和礼仪服务。

②为顾客提供结账服务。

③现金作业和损耗的预防。

④配合超市安全管理。

⑤营业前的准备工作。

⑥清洁、整理收银作业区。

⑦整理补充必备的物品及面售商品。

⑧准备好找零用钱。

⑨收银机的日常维护与设置。

⑩收银机的检查。

⑪了解当日促销商品及促销活动注意事项。

（4）防损员工作职责。一般的连锁门店都设有专业的防损员，但门店外的防损员通常称为保安。下面主要介绍店内防损员的工作职责。

①维护门店秩序，保护门店的财产安全。

②对责任区内的重点防护区（包括收银台、贵重商品、危险物品存放地）严密守护、巡逻，如发现异常情况，应果断处理，同时应立即上报保安部。

③对发生在门店内的一切有损门店形象、影响门店正常经营秩序的人和事，应及时加以制止，如制止无效应立即上报保安部及门店经理，以便协调解决。

④熟悉责任区的地理环境、商品分布情况、各柜组负责人情况，以利于开展工作。

⑤加强巡逻检查，发现火险隐患应在立即排除的同时向门店负责人和保安部报告，监督、检查处理方法和结果。

⑥发生火灾时，应在门店负责人的统一指挥下，积极组织扑救、抢救工作，并妥善疏散群众。

⑦发生治安、刑事案件时，应采取积极有效措施，抓捕肇事人、犯罪嫌疑人、保护现场，及时向保安部报告，配合公安机关开展工作。

⑧完成门店及保安部临时指派的各项任务。

项目三　连锁经营组织文化管理

任务1　认识组织文化及其作用

1. 组织文化的含义

组织文化是处于一定社会经济文化背景下的组织在长期发展的过程中，逐步生成和发展起来的日趋稳定的独特的价值观，以及以此为核心而形成的行为规范、道德准则、群体意识、风俗习惯等。组织中不同背景和地位的人在描述组织文化时基本上用的是某种特定的语言和方式，比如仪式、规章制度、习惯等。一般来说，一个组织的组织文化主要体现在整体意识、协作意识、沟通模式、纷争容忍度、对风险的态度、管理者与员工的关系、目标导向性等方面。

连锁企业的组织文化与其他企业一样，是从总部到分店，从管理人员到分店工作人员共同接受的价值观、基本信念及行为准则。

2. 连锁企业组织文化的作用

由于组织文化涉及分享期望、价值观念和态度，它对个体、群体及组织都有影响。组织文化除了提供组织的身份感之外，还有稳定感。对于连锁企业，由于组织结构庞大，基层人员多，需要依赖组织文化实现对企业的认可，从而产生归属感，具体来说有以下几个方面的作用：

（1）激励作用。传统的科学管理法或科学管理职能约束住员工的行为，但不能赢得员工的心。而强有力的组织文化，却能成为激发员工积极性、使员工全心全意工作的动力。在一个富有凝聚力的组织文化中，组织价值观念深入人心，员工把组织当成自己的家，愿意为了组织目标共同努力，贡献自己的力量，使得员工和组织融为一体。

连锁企业基层员工多，组织文化能尽快改变员工的旧有价值观念，建立起新的价值观念，使之适应组织正常实践活动的需要，一旦组织文化所提倡的价值观念和行为规范被接受和认同，成员就会做出符合组织要求的行为选择，并积极工作。倘若违反了组织规范，就会感到内疚、不安或者自责，会自动修正自己的行为。

（2）提升绩效作用。企业的本质，即决定企业性质的最重要的原则，是经济绩效，如果组织文化不能对企业绩效产生影响，那么也就凸显不出它的重要性了，组织文化不仅在组织内部发挥着积极作用，而且它能够激励员工，提高工作绩效，从而最终提高企业的经济效益。

【案例点击】

西尔斯公司的员工－顾客－利润链

1992 年是西尔斯有史以来最糟糕的一年，其销售额为 523 亿美元，净亏损达 39 亿美元。然而，1993～1998 年，西尔斯将自己转型为一家以顾客为中心的企业。运用一种持续的数据收集分析的方法，公司创造了一套总体绩效指数 TPI，以测定公司与顾客、员工及投资者的关系。通过公司所做的广泛的分析，可以了解每项指标对其他指标的影响，并以 TPI 为基础运营企业。在初期，西尔斯公司认识到每个人——经理和员工，必须在此项行动方案中有主人翁意识。在团队中做了大量工作后，经理人员们进行联合，因为他们创造的是建立系统要遵循的模式，称为 3C 和 3P。3C 表示三种“强烈的吸引力”：使西尔斯公司成为“一个对工作、购物和投资具有强烈吸引力的地方”。3P 表示公司的三种共同的价值观：“对顾客的热爱，员工创造价值，以及绩效占主导地位”。公司制定几组特定的目标和指标可用来实现 3C，并根据这些目标和指标进行管理，如顾客忠诚度和最棒的服务。由于认为这些目标只能通过员工的参与才能实现，所以，针对内部顾客也建立起相应的目标和指标。西尔斯公司管理层就有关价值观和顾客的价值等问题与员工沟通交流并对其进行教育，花费了很多时间和精力。1998 年，公司宣布该模式成功了。公司在每个层次、每个商店、每种设施中都运用 TPI，几乎每位经理都有一定比例的薪酬依据非财务指标确定……在过去的 12 个月里，员工对西尔斯公司的满意度增长了大约 4%，顾客满意度增长了 4%……如果我们的模式明确，而且其预测力足够好，那么顾客满意度 4%的增长可解释为在过去的 12 个月里，公司营业收入增加了 2 亿多美元。

思考：西尔斯公司的 3C 和 3P 模式是否可广泛运用于其他连锁企业？

（3）完善企业组织作用。连锁企业在不断的发展过程中所形成的文化积淀，通过不断地强化，会不断地随着实践的发展而更新和优化，推动企业文化从一个高度向另一个高度迈进。也就是说，组织文化不断的深化和完善会持续地推动连锁企业本身的良性上升发展，反过来，组织的进步和提高又会促进企业组织文化的丰富、完善和升华。国内外成功组织和企业的事实表明，组织的兴旺发达总是与组织文化的自我完善分不开的。

（4）社会辐射作用。良好的组织文化不仅对内部成员产生影响，而且通过各种渠道向社会辐射和传播。一方面，可以树立组织在公众中的良好形象；另一方面，优秀的组织文化也可以在一定程度上推动社会文化的良性发展，起到以点带面的辐射作用。

任务 2　分析连锁企业组织文化的层次及分类

1. 连锁企业组织文化的表现层次

连锁企业组织文化划分为四个层次，即物质层、行为层、制度层和精神层。

（1）物质层。这是连锁企业组织文化的表层部分，它是组织创造的物质文化，是一种以物质形态为主要研究对象的表层组织文化，是形成组织文化精神层和制度层的条件。优秀的连锁企业组织文化是通过重视商品或服务的质量和员工工作的环境、生活环境、文化设施等物质现象来体现的。

（2）行为层。即连锁企业组织行为文化，它是员工在工作、学习、娱乐中产生的行为表现，包括组织经营活动、公共关系活动、人际关系活动、文娱体育活动中产生的文化现象。行为文化可通过员工的语言、沟通过程、行为细节表现出来。连锁企业组织行为文化是组织经营作风、精神风貌、人际关系的动态体现，也是组织精神、核心价值观的折射。

【案例点击】

沃尔玛的行为文化

语言是行为文化的表象之一，许多公司使用别致的谚语、口号、歌曲或其他形式的语言向其员工传递特定的含义。在沃尔玛，无论什么时候，总部经理参观他的任何一家店铺时，他或她会带领员工高呼 Wal—Mart 的口号："给我一个 w!给我一个 a!给我一个 l!给我一个波线（横线经常以波线的形式出现），给我一个 m!给我一个 a!给我一个 r!给我一个 t!这能拼写出什么？Wal—Mart!这能拼写出什么？Wal—Mart!谁是第一?是顾客!"这种口号加强了员工之间的联系，加强了他们对共同目标的认同。

每个沃尔玛商店都贴有一个"十步规则"（或称"三米原则"），这是创始人山姆·沃尔顿在他无数次访问商店的时候鼓励员工们承诺："无论什么时候，在你离顾客 10 步远时，你要看着他的眼睛，招呼他，并问他你能帮他做些什么。"这是他自小就这么做的。他从小就有远大的志向，上大学时他就想成为学生会主席。用他的话来说："我很早就明白校园的领袖是最简单的：在路上走时，在别人还没有说话前先说话。如果你认识他们，就称呼他们的名字，即使你不认识他们，我仍然和他们说话。别人都以为我是他们的朋友。"山姆不仅被选为学生干部，而且把他的理念带到了零售界。现在，全世界的沃尔玛员工每天都在实践这个"十步规则"。

问题：举例说说在你身边看到的企业行为文化的具体表现。

（3）制度层。这是连锁企业组织文化的中间层次，把组织物质文化和组织精神文化有机地结合成一个整体。主要是指对组织和成员的行为产生规范性、约束性影响的部分，是具有组织特色的各种规章制度、道德规范和员工行为准则的总和。它集中体现了组织文化的物质层和精神层对成员和组织行为的要求。制度层规定了组织成员在共同的生产经营活动中应当遵守的行为准则，主要包括组织领导体制、组织机构和组织管理制度等三个方面。

（4）精神层。即组织精神文化，它是组织在长期实践中所形成的员工群体心理定势和价值取向，是组织的道德观、价值观即组织哲学的总和体现和高度概括，反映全体员工的共同追求和共同认识。组织精神文化是组织价值观的核心，是组织优良传统的结晶，是维系组织生存发展的精神支柱。这主要是指组织的领导和成员共同信守的基本信念、价值标准、职业道德和精神风貌。精神层是组织文化的核心和灵魂。

【案例点击】

21 世纪中国不动产的经营理念

21 世纪不动产自 2000 年 3 月进入中国，并定位为以房地产经纪事业为主，包括住房、金融、保险及其他相关衍生业务的综合服务提供商。21世纪中国不动产的信念是为想租赁或者买房的所有消费者提供高质量的服务。

为了向中国大陆的消费者提供国际水准的房地产经纪服务，协同政府和业界促进行业规模发展，真正实现与国际接轨，21世纪中国不动产集合了一支国际化的专家队伍，凭借21世纪不动产全球近40年的先进管理经验，致力于以房地产中介特许加盟的方式组建全国市场营销网络，考察并接纳合适的房地产中介机构及投资者加入21世纪不动产特许经营体系。

21世纪中国不动产不仅要为消费者提供国际水平的服务，还要协同政府和业界促进行业规范发展。

21世纪中国不动产的核心价值是：提供消费者放心、省心的服务！

21世纪中国不动产的理念是：致力于在中国大陆发展特许加盟事业；为公众提供优质的中介服务。

21世纪中国不动产的目标是：顾客高度满意、中介行业领先、促进房地产事业平衡发展和从业人员自我价值的实现。

21世纪中国不动产的宗旨是：真诚服务，始终如一！

思考：连锁企业的经营理念是否是精神层的具体表现，如何评价它在企业组织文化所扮演的角色？

2. 连锁企业组织文化的分类

根据不同的标准和不同的用途，理论界对组织文化有着不同的划分方法，由于连锁企业是以总部领导下的分店经营为特征，地域分散，经营形式多样，因此组织文化多按照权力的集中或分散分类。

（1）权力型组织文化。也叫独裁文化，由一个人或一个很小的群体领导这个组织。组织往往以企业家为中心，不太看重组织中的正式结构和工作程序。随着组织规模的逐渐扩大，权力文化会感到很难适应，开始分崩离析。一般连锁企业在发展初期多为权力型组织文化。

（2）作用型组织文化。也叫角色型组织文化，在这样的组织里，你是谁并不重要，你有多大能力也不重要，重要的是你在什么位置，你和什么人的位置比较近，做每件事情都有固定的程序和规矩，人们喜欢的是稳重、长期和忠诚，有的甚至是效忠。这种文化看起来安全和稳定，但是当组织需要变革的时候，这种文化则会受到较大的冲击。对于区域型和经营单一业态的连锁企业可采用这种组织文化。但对于跨区域的大型多业态事业部型的连锁企业这种组织文化会限制企业的发展。

（3）使命型组织文化。也叫任务文化，在这种文化中，团队的目标就是要完成设定的任务。成员之间的地位是平等的，这里没有领导者，唯一的老板就是任务或者使命本身。对于连锁企业这是最理想的组织模型之一，但这种文化要求公平竞争，而且当各各分店或部门争夺重要的资源或特别有利的项目时，很容易产生恶性的紊乱。

（4）个性型组织文化。这是一种既以人为导向，又强调平等的文化。这种文化富于创造性，孕育着新的观点，允许每个人按照自己的兴趣工作，同时保持相互有利的关系。在这样的组织里，组织实际上服从个人的意愿，但是很容易被个人左右。对于大部分连锁企业这样的组织文化都不利于企业的健康发展，因为连锁企业员工多以基层为主，为了实现标准化，员工必须保持行为的一致性，而个性的行为往往引发消费者对企业整体形象的误解。

任务 3　建设连锁企业组织文化

所谓组织文化建设，是指组织有意识地发扬其积极的、优良的文化，克服其消极的、劣性的文化过程，亦即使组织文化不断优化的过程。连锁企业应当重视和强化现有企业文化中那些支持企业竞争战略的方面，而消除或弱化与竞争战略相矛盾的方面。大量研究表明，企业采取的新竞争战略往往是被市场所驱动的，并受到竞争力量的支配。因此，改变企业的文化使其适应新的战略通常比改变竞争战略使其适应现有文化更为有效。建设连锁企业组织文化主要包括以下几方面的关键内容。

1. 制定组织文化系统的核心内容

（1）企业价值观和企业精神建设。

首先，企业价值观体系的确立应结合本企业自身的性质、规模、技术特点、人员构成等因素。

其次，良好的价值观应从企业整体利益的角度来考虑问题，更好地融合全体员工的行为。

第三，一个企业的价值观应该凝聚全体员工的理想和信念，体现企业发展的方向和目标，成为鼓励员工努力工作的精神力量。

第四，企业的价值观中应包含强烈的社会责任感，使社会公众对企业产生良好的印象。

要想建立一个适应企业竞争战略的组织文化，首先必须告诉员工怎么做是对的，怎样的行为是不允许的。一部价值准则陈述了那些为管理者所期望的和那些不会被管理者容忍或支持的行为和价值观。准则表明了公司对员工行为的期望，阐明了公司的理念，即公司希望其员工能认识到公司鼓励的价值观与行为伦理方面。这是建立健康的强势文化的基础工作。

（2）进行组织文化表层的建设。

主要指组织文化的物质层和制度层的建设。组织文化的表层建设主要是从企业的硬件设施和环境因素方面入手，包括制定相应的规章制度、行为准则，设计公司旗帜、徽章、歌曲，建造一定的硬件设施等，为组织文化精神层的建设提供物质上的保证。

2. 建立组织架构和激励机制

设计并建立符合组织文化的组织架构，是建设组织文化的另一个关键。即使公司的组织架构图只是表示方式的改变，它也意味着一种被鼓励的价值观。

另外，建立健全有效的激励机制也是不可缺少的一环。连锁商店由于专业化和标准化的管理，使得许多制度在组织内盛行，这些制度很容易压抑员工的创造性和主动性。如何提高员工的士气，使其感觉自己真正是组织的一分子，组织的事业也是自己的事业，这里有效的激励机制将起到极大的作用。

在这方面，沃尔玛同样做得十分到位。在国内的沃尔玛商店，有这样一个制度，每个员工（即使是商店经理）在每个月都必须认领一种商品，然后在这个月想方设法地促进该商品的销售，每个月末进行评比，看谁认领的商品销售量上升幅度最大，上升最大的那位员工被评为冠军，然后全店的员工为他庆祝。另外，在国内已开设的十多家沃尔玛商店中，还实行“店中店”制度，每个店中店即是一个团队，负责某一类商品的销售，这些团队的员工都可以从公司网络上查到不同商店的经营状况，并进行竞赛活动，如果该团队在国内商店中的同类商品销售得到第一名，这家“店中店”同样将上光荣榜，获得全体员工的尊敬。

3. 组织文化核心观念的贯彻和渗透

组织文化的核心理念与价值观需要企业通过多种途径加以贯彻和渗透，帮助员工在工作中不断认识和领会组织的文化氛围。这些途径主要包括：员工的选聘和教育；英雄人物的榜样作用；礼节和仪式的安排和设计；组织的宣传口号的设计传播。

大型连锁企业可建立专门的组织文化办公室，主要负责日常的伦理问题和两难选择，并征询意见，也负责根据价值观原则培训雇员，以指导其行为。同时还负责倾听抱怨、调查伦理指控、指出员工所关心的问题或高级管理者可能的伦理败坏行为。

在组织文化的渗透过程中，领导者扮演着重要角色。领导者必须牢记他的每一个表述和行动都会对组织文化和价值观产生影响。员工通过观察他们领导者的一言一行来学习组织价值观、信念和目标。如果领导者一直是基于正确的价值观来领导下属，尤其是在为组织价值观做出个人牺牲时，他就可以赢得员工的高度信任和尊重，利用这种尊重和信任，领导者可以激励员工追求优异的工作绩效并使他们在实现组织目标中获得成就感。对员工而言，他就是一个英雄，他象征着勤奋工作和正直，他的一举一动深深地影响着那些追随他的人，正因为有了领导者的榜样，组织文化才得以在员工中被贯彻和发展。

单元小结

组织结构是指一个组织内各构成要素以及它们之间的相互关系，主要涉及企业部门构成、基本的岗位设置、权责关系、业务流程、管理流程及企业内部协调与控制机制等。

连锁企业的组织结构建立过程可以分为以下四个步骤：弄清楚公司要履行的商业职能；将各职能活动分解成具体的工作任务；设立职务，明确职责；建立组织机构。

根据连锁经营活动的需要和企业的实际，连锁企业组织结构的基本形式主要有：直线型、直线职能型、事业部型。

连锁总部是为门店提供服务的单位，其基本职能是：制定经营决策，如店铺开发政策与店铺开发、商品政策与商品管理，及商品促销管理等；人事政策；各种管理制定，如采购管理制度、人力资源与培训制度、财务管理制度、供货商管理制度、授权加盟管理制度、各类管理信息制度、店铺督导制度等。

连锁企业的组织文化与其他企业一样，是从总部到分店，从管理人员到分店工作人员共同接受的价值观、基本信念及行为准则。

组织文化建设，是指组织有意识地发扬其积极的、优良的文化，克服其消极的、劣性的文化过程，亦即使组织文化不断优化的过程。

建设连锁企业组织文化主要包括以下内容：制定组织文化系统的核心内容；建立组织架构和激励机制；组织文化核心观念的贯彻和渗透。

核心概念

连锁企业组织结构　连锁企业组织结构设计　连锁企业组织管理职能　连锁企业组织文化

实训设计

项目：以小组为单位从前一阶段选择的三个连锁企业中再选择其中一家分析其组织结构

类型，并为其分店的工作人员设计岗位说明书。

训练题

1. 简述连锁企业组织结构设计的原则。
2. 简述连锁经营企业总部的组织管理职能。
3. 简述连锁企业组织结构的类型。
4. 阐述连锁企业组织结构设计流程。
5. 分析连锁企业组织文化的层次及分类。
6. 阐述如何建设连锁企业组织文化。

综合案例分析

喜达屋的用人文化

美国三大酒店业巨头——喜达屋酒店与度假村集团拥有喜来登、威斯汀、瑞吉、至尊精选、福朋饭店和W饭店等6个品牌，在世界80多个国家与地区，拥有700多家酒店。名列世界500强企业，喜达屋如何做到在大举扩张的同时坚守五星级服务品质呢？

1. 喜达屋关爱：企业文化创造内在凝聚

喜达屋酒店与度假村集团正加速在中国高消费酒店市场的投资规模，从而使其麾下几大品牌酒店在中国扩张到29家。如何保持这个庞然大物的内在和谐统一？是“喜达屋关爱”的力量让全国的喜达屋酒店凝聚在一起，并自始至终地保持强盛的竞争力。

提到企业文化，每一个喜达屋人都会脱口而出：喜达屋关爱。这是集团2001年推出的服务理念，概括起来就是关爱生意、关爱客人、关爱同事。三者的关系看起来如同食物链一样简明：没有满意的员工就没有满意的客人，没有满意的客人就没有令人满意的酒店收入；回到起点，丰厚的收入又是培养优秀员工的物质保证。

作为喜达屋关爱计划在中国的执行总监，俞羿芳对“关爱”文化的进展深感自豪。“我们的文化理念已经得到延伸，6个品牌的酒店都在展示各自鲜明的特色。例如“关爱客人”做得最好的上海瑞吉酒店，搜集顾客的不同喜好并提供个性化服务：通常瑞吉在酒吧间提供可乐，但如果事先了解到顾客偏爱柠檬汁，顾客就会发现尚未开口柠檬汁已经摆在桌前。”

三个关爱中，员工关爱是顾客满意、生意兴隆的起点。关爱强调真诚，喜达屋酒店为员工提供的独树一帜的周详考虑和安排，这也是喜达屋企业文化的核心。

2. 关爱课程：喜达屋培训的重点

为喜达屋员工进行培训的，有部门经理、培训总监，甚至还有跨酒店的经理。“我们还为每个员工配备导师计划，一个普通员工的导师，有可能就是他的总经理。”喜达屋的员工培训主要有三大块：“第一是核心企业文化课程，即关爱课程；第二块是不同岗位员工的技能培训，第三块关注个人成长计划，主要针对企业的储备领导人选进行特别培训。”而关爱课程是培训关注的重点。一个实例可以充分证明，喜达屋最迫切希望员工提高的是什么。

“喜达屋关爱”对客服务计划，即喜达屋明星服务四大标准：微笑与问候（Smile&Greet）；交谈与倾听（Talk&Listen）；回答与预计（Answer&Anticipate）；圆满地解决客人问题（Resolve）。这四条标准的第一个英文字母连起来刚好就是STAR，即“明星”的意思，它言简意赅地涵盖了酒店行业服务的精髓。

喜达屋集团下属六个品牌酒店的每一名员工都必须参加这一服务标准的培训。喜达屋总部为实施这四条服务标准的培训准备了丰富的教材，每一堂培训课都安排有丰富的游戏活动、录像片断、角色扮演、集体讨论，让参加培训的员工在轻松的气氛当中通过个人的体验来掌握卓越服务的标准。

而类似“培训者培训”这样的课程则是企业文化得以传播的中继站。在这个课堂里喜达屋文化培训者们的素质也在不断提高，他们的成长带动了“喜达屋关爱”乃至整个集团的长盛不衰。

3. 关爱员工的成长空间

关注员工的职业成长是“喜达屋关爱”的另一个重要组成部分。俞羿芳表示，每个喜达屋人都同时拥有横向、纵向的广阔发展空间。

6 大品牌遍地开花的经营模式使得喜达屋集团可以采取内部交叉培训的方式，让员工有机会到全国各地甚至国外的姐妹酒店去学习。喜达屋尤其重视为具备潜力的员工提供异地管理培训，例如每年都有大学毕业生作为储备人选，以管理培训生的身份赴海外深造。同时集团对预开酒店内部人力支持的方式，让能力适当的员工更拥有大量机会去选择最适合自己的岗位和工作地点。

喜达屋关爱每个员工的职业生涯成长。每个员工的成长分为四个阶段：普通员工——主管，主管——部门经理，经理——进入行政委员会，乃至最后升为总经理。对处于不同阶段的员工，喜达屋会有不同的关爱计划，以帮助员工顺利成长。

问题：

1. 从喜达屋案例分析连锁企业的用人文化与组织文化的内在关系。
2. 喜达屋的组织文化属于哪种类型？分析这种组织文化的优缺点。

单元四　连锁经营网店布局与选址

通过本单元的学习，学生应能够理解连锁企业的网点布局及意义；明确连锁企业进行网点布局的原则；掌握连锁经营网店的布局要点；区分不同的商业形态；理解商圈及商圈形成；学会划定连锁门店的商圈方法；会进行全面商圈调查与分析；会运用两种具体选址评估方法。

（1）连锁企业网店布局及意义；
（2）连锁经营网店布局要点；
（3）连锁经营商圈及商圈形成含义；
（4）连锁门店的商圈形态。

（1）掌握连锁门店的商圈划定方法；
（2）学会全面商圈调查与分析；
（3）学会连锁经营选址具体工作；
（4）运用两种具体选址评估方法。

情境引入

现在我们见到的和听到的所有大型连锁零售集团，都是从最初的一个商店发展起来的，且往往设在创业者家乡或居住地附近。例如第一家沃尔玛商店设在美国阿肯色州的罗杰斯，之所以设在这里，不是因为这里对沃尔玛这样的折扣商店来说最具吸引力，而是因为这里靠近山姆·沃尔顿的家，而且租金也能承受。当沃尔顿的经营理念在这里获得成功之后，他便接着开设第二家、第三家……其经营理念也不断得到检验和完善。当沃尔玛商店克服了最初的困难，企业开始腾飞，自然而然地向更大范围扩张——首先遍及全美，进而走向世界。于是，一套成熟的企业扩张战略和选址策略便形成了，成为该零售商不断扩张的指导思想。

几乎所有成功的连锁企业都意识到，任何连锁企业的成功都离不开特定的地点优势，但幸运之神不会永远眷顾于你，只有坚持相同的理念才可能获得不断的成功。因此，店铺开发不再是一个简单的寻找店址的工作，而是经过一系列周密调查、科学论证的严谨而程序化的过程。

项目一 连锁经营网店布局

任务 1 理解连锁企业的网点布局及意义

追求规模扩张是连锁经营的一种内在和本能的冲动，没有规模的连锁企业很难有效提升自己的竞争力。人们经常会将规模与企业的成功联系在一起。连锁企业的规模扩张主要指网点扩张，这里不仅指网点数量的扩张，同时也指网点质量的提升。连锁网点的建立与定位就像下棋布局一样，必须具有长远的眼光，能够从大局着想，要“招招皆慎”，以免“一步走错，全盘皆输”。连锁企业网点布局具有重要的战略意义。

1. 网点布局关系着企业的发展

连锁经营谋取的是规模效益，这需要有相当规模的门店数量作为保证。目前中国的消费者对价格购买因素比较敏感，假如在某个领域中，价格成为竞争的焦点，而企业的网点数量不够规模，就无法实现以薄利多销来累积目标利润。产品价格过高则失去客户，而降低产品价格又无法消化成本，因此网点规模决定销售规模，只有形成一定的网点规模才能使连锁经营集中采购、分散销售的优势得以发挥。

2. 网点布局是影响连锁企业经济效益的重要因素

在西方国家，选址被视为连锁店开业前所需的三大主要资源之一，一个店面经营成功的第一要素是选址，第二要素是选址，第三要素仍然是选址。因为分店是连锁企业服务、营销的场所，是维护客户关系、发掘客户资源、实现企业收益的重要所在，特定的开设地点决定了连锁店可以吸引有限距离或地区内顾客的数量，从而反映出该网点作为一种资源的价值大小。在规模相当、商品构成和服务水平基本相同的情况下，好的网点必然取得好的经济效益。

3. 网点布局是连锁企业制定营业方案的重要依据

连锁企业实行标准化经营，门店的运作与制造业有些相似，严格的专业化分工使每一个门店、每一个员工都必须按照标准完成作业活动。但这并不意味着各个网点的经营活动会失去创造性。因为不同地区有不同的商业背景及消费特征，这决定了连锁门店商品、服务和促销方案的不同。

任务 2 明确连锁企业进行网点布局的原则

1. 以充分市场调查为基础

网点布局的好坏直接影响着连锁店以后的经营效益，布局合理会使得后面的工作事半功倍；布局不好的话，即使花费大量的精力，往往也达不到预期的收益。只有经过周密的市场调查，才能够面对千变万化的市场环境而不致迷失了方向，从而为企业发展指明正确的方向。所以市场调查作为网点布局里一个至关重要的步骤，应该得到足够的重视。在市场调查中，顾客调查和竞争对手调查是两项最为重要的调查内容。

2. 统筹规划，合理布局

连锁网点布局要充分考虑企业发展方向和长远利益，根据周边地区的人口数量和结构、消费水平和发展趋势、市场环境和现有商业网点布局、旅游景点和交通条件等因素，进行统筹规划。应以满足消费需求、提升商品流通业竞争力为目标，以商业功能区、人口分布、快速轨道和快速干道交通网络等要素为依托，与现代服务业的发展相结合，优化连锁网点业态结构，合理规划布局。

3. 顾客至上，以人为本

连锁经营网点既是一个商业场所，又是大众活动的公共空间。网点的选择要充分体现以人为本的思想，本着“方便顾客”的原则，选择贴近顾客、交通方便的地点，充分考虑不同消费人群的特点，加强服务功能。网点不仅要提供满足消费者需求的商品和服务，而且要提供良好的购物环境和完善的配套设施，以利于更好地发挥不同零售业态的商业功能，提高消费者的消费满意度，尽可能满足顾客一次购足的心理，以节省顾客的购买时间。假如只注重内部空间的营造，忽视外部环境的完善，饮食、娱乐、休息、停车场等配套设施建设落后，就会降低总体的功能档次。

4. 依托行业背景，凸显特色

从事不同行业的连锁企业应结合自身的行业特点进行网点规划，凸显特色，以适应不同层次、不同需求的消费者，注重塑造品牌形象，增强网点的吸引力和辐射力。

如快餐连锁受到人流动向影响，应选择流动人口密集的地区；美容美发连锁店最好设在固定人口密集的地区；服装专营店适宜设在闹市区；日用品超市可以选择缺乏商业网点的城乡居民区；大型百货店、大型综合超市、购物中心、仓储式商场及大型专业店等连锁网点的定位就不应局限于社区，而应考虑区域、全市甚至周边地区的大商业圈，同时从“繁荣大都市商品流通业”的角度出发进行网点的布局，打造现代化、高层次、大规模、多功能的大型连锁网络。

5. 符合连锁企业的长远发展

网点建设是一项长期投资，关系企业的发展前途。网点一旦确立便难以改动，因此连锁企业在规划网点时，必须具有发展的眼光，从长计议。有的网点现在看来是最佳选择，但随着城市的改造和发展渐渐变得不适合设点；而有的网点现在并不理想，但可能具有商业发展潜力，会成为未来的商业中心。比如，以前上海浦东地价一直低于浦西的，一些企业购买下浦东地区地价较低的土地兴建商业设施和其他不动产。随着浦东新区的快速发展，地价成倍上升，这些企业就卖掉地产赚取差价，商业设施则变成其经营网点。

任务 3　掌握连锁经营网店布局要点

网店布局是开店计划的具体执行，应提出明确的要求：年度开店数、开店范围界定、设店条件制定、商业区选择、立地选择及零售网络联结等方面，都是主要的布点战术要求。

1. 年度开店数量

根据公司的各项资源及市场的需求分析，可以订出一个年度开店目标。由开店目标的多少，可以看出本企业开店策略是保守还是开放。当然，这里需考虑一下实际开店数减去关闭店数而形成的净开店数。

2. 范围选择战术

开店范围的选择有两大类，一种是全面性选择，一种是部分性选择。全面性选择是面向全部市场空间，随着顾客群的发展而发展。部分性选择有三类，第一类是选择城市繁华区；第二类是选择城乡结合部；第三类是选择交通要道处。

3. 开店条件的要求

连锁店铺的发展，必须对所开店铺的面积、交通、招牌、内外卖场、装潢设计有一定的标准规格，不同的店铺规格会影响到开店各项策略的选择。为了应对不同的建筑形式、规格，有的公司具有3～5种不同面积的店铺设计，进行菜单式选择。除了面积外，开店还要考虑楼层、建筑材料、店宽、水电等需要。

4. 商业区选择

依店铺、商品、服务内容、客户层来找有特定功能或属性的商业区。如美容沙龙应选择在商住混合区，位于次干道或交通方便、立地标志明显、停车方便的地方。如超市应选择在有一定商业功能的居民区开店，以中下收入阶层为主，交通相对方便。

5. 立地布点战术

店铺立地指确定设立店铺的理想开店场所。这里会牵扯到两个问题：立地条件和布点顺序。

立地条件指店铺所在地周围的环境条件。如交通状况、公共设施、停车空间、商店密集度、办公室、住宅密集度、社会稳定状况等。连锁企业必须确定店铺的最佳立地条件。

开店布点顺序指各项立地条件的优先顺序。主要有三种顺序：全面布点、中心放射及包围布点。全面布点多半在强攻据点或各类立地条件差异不大时使用；中心放射布点是以一个特定区域为范围，先占中心点后再分别扩展到边区；进驻城市繁华地段就是代表方式。包围型布点的典型作法就是以“乡镇包围城市”。如大城市先沿着边缘环形公路进行新城（卫星城）布点，然后根据情况向中间渗透。

6. 零售网联结战术

零售网联结战术主要考虑单一业态店铺通路还是多业态店铺通路。对于多业态店铺连锁经营者，不但要考虑每个单店的经营，更要考虑到整体销售网互相支援呼应的效果。所以在同一商业区中，客源重叠的店铺或政策性布点都要有一定的规律，以避免造成互相制约失去连锁的优势及产生布点不均的现象。

任务4 区分不同的商业形态

网店布局中很重要的工作之一是商业区选择，商业区根据功能以及目标消费群不同分为不同类型。连锁企业须根据长远的网店布局选择适宜的商业区类型。

1. 独立式

此类商店主要分布于郊区或城镇，在都市中心较为少见，其特色为可放置较大型而醒目的招牌，且可设停车场和较具弹性的活动空间，但是必须具备独立吸引客源的能力。这种形态在国外大型连锁企业相对应用较多，如大型零售超市、建材超市。

2. 商业街

此类商店大部分位于商业区的街道上，型态上可能会与许多他种商店一起营业，如餐饮、精品店、服饰品等。店与店之间以墙加以分隔，公交车停靠站较多，是下班以及节假日人潮聚集的地点之一。其特色为缺少停车空间且顾客多半以骑车及逛街方式光临。商业街由于功能齐全，商业氛围浓厚，成为三大行业几乎所有业态重要的驻店选择。

3. 购物中心

特点是较具规模并具开放式，满足消费者一站式购物需求，其缺点是无法设立明显的独立招牌，但拥有较为固定的客源，节假日的人较多，因此交易次数较高，营业额也会相对随之提升。随着城市化的进一步扩大，购物中心的功能与商业街日趋相同，成为商品零售、餐饮零售连锁企业驻店的重要选择。

4. 居民社区

进入21世纪，我国居民的生活条件日渐改善，社区或小区式生活形态在城镇越加成熟。居民社区的消费能力有保障，顾客群体稳定。许多服务和餐饮连锁企业以居民社区作为重要选择。

5. 大专院校

这类连锁店大部分设于学校内，主要顾客均来自于学生及教职员工，营业时间和学校上课时间也相适应。目前全国各大城市新建大学城，各大院校相对集中，商业气氛日渐成熟。

6. 交通枢纽

主要指机场、车站、码头等为旅客服务的场所。由于客源量大，有固定的客源、顾客群初步可认为以中、老年龄层居多，且淡旺季分明。须权衡店面面积较小、客源流量大、停留时间短等。多采取招投标方式取得经营权，且必须考虑产品与店铺组合的市场影响程度。

7. 写字楼

底商多半设立于地下或最初几层，以吸引大楼本身及过往人为主，但店铺必须配合大楼外观及与管理委员会协商，来规划店面，因属商业区域，故店面面宽很重要。

8. 医院

速度、品质、卫生等是医院内店面的常规。因拥有固定客源，较不易产生同业竞争的情形，但需考虑产品配合顾客导向的需求问题。

9. 公园、动物园、博物纪念馆、游乐区、古迹区

此类地点是封闭式的商业区形态，仅节假日呈现颠峰营业状况，因此淡旺季区别大，客源不稳定。适合于连锁餐饮企业在此驻店。

【知识拓展】

根据人口数量的网点设置和业种选择

按照国外的经验和我国城市发展的实践，一般按照人口的数量规模和集聚程度进行零售业种的配置。

（1）5000 以下居民：应设置小型超市、生鲜食品店、普通饮食店、书报亭、医药店、肉菜市场、服务类商店（如美容美发、照相冲印、洗衣、家电钟表及日用品维修、代理购票送票、影碟影带出租等）等网点，满足居民的日常需求。

（2）达到2万居民：应增加设置中型超市、超值折扣店、各类专业店（如服装店、医药店、家电店、书店等）等购物网点；餐饮店、咖啡屋等餐饮网点；影剧院、文体设施等文体娱乐场所。

（3）达到 10 万居民：应增加设置大型超市；百货商店；儿童游乐园，中大型书店、银行、邮局等。

（4）达到50万居民：应增加设置区域购物中心；超大型超市（货仓式商场）；商业街；各类中高档食肆酒楼、宾馆酒店等餐饮住宿网点；图书馆、博物馆、体育馆、大型文体娱乐设施等文化、体育、娱乐场所。

（5）达到100万居民：应增加设置大规模的购物中心，内设有2个以上大型超市或百货

店、150个以上中型专卖店和专业店、30个以上餐饮店及20个以上室内室外娱乐休闲场所；大型百货商厦；高级酒店等。

项目二 连锁经营商圈分析

任务1 理解商圈及商圈的形成

1. 商圈的概念与形态

商圈是指以商店所在地为中心，沿着一定的方向和距离扩展，吸引顾客的辐射范围，即店铺吸引顾客的地理区域。店铺的绝大部分顾客购买力都来自该区域，因此商圈的良好与否足以影响一个店铺的兴衰。

商圈一般由主要商圈、次要商圈和边际商圈构成（如图4-1所示）。主要商圈的顾客占店铺顾客总数的55%～70%，是离门店最近、顾客密度最高的地方，市场占有率在30%以上，占本店销售额的70%左右；次要商圈的顾客占本店顾客总数的15%～25%，位于主要商圈的外围，顾客较为分散，市场占有率在10%以上，占本店销售额约25%；边际商圈包括余下的顾客，顾客最为分散，市场占有率在5%以上，占本店销售额的5%。

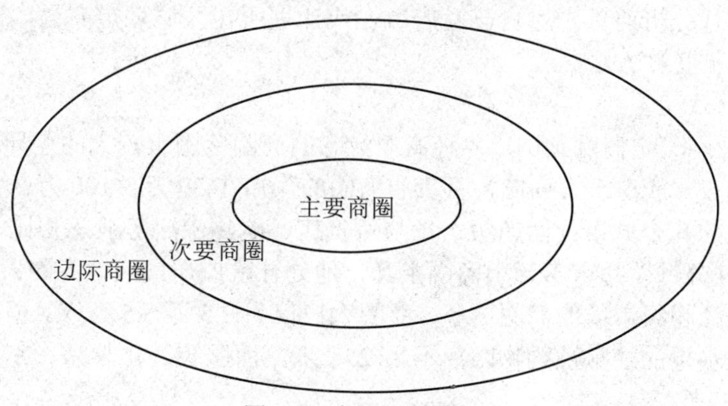

图4-1 商圈示意图

2. 影响商业商圈形成的因素

（1）家庭与人口因素。企业所处外部环境的人口密度、收入水平、职业构成、性别、年龄结构、家庭构成、生活习惯、文化水平、消费水平，以及流动人口数量与构成等，对于企业商圈的形成具有决定性意义。

（2）产业结构。一个企业的外部环境是工业区还是农业区，是市区还是郊区，对商圈的形成有着重要意义。如果一个农业区域发现了丰富的矿藏，将要开发成一个新兴的工业区时，有利于扩大企业的商圈领域。

（3）交通状况。交通状况对于商圈形成十分重要。要考虑道路状况，是否有公共汽车或电车停车站，是否有地铁站连接等。

（4）城市规划。城市门店网点的规划建设要受到城市整体规划的制约。城市的市级商业中心规划区，其商圈范围大，可能涉及全市；区域性商业中心，则商圈范围为区域性的地域。

（5）门店聚集状况及商业区的形成。零售企业的聚集状况可分为以下几种情况：一是不同业态零售企业的聚集，比如百货商店同专业店、超级市场等的聚集；二是同种业态的店铺的聚集，如服装一条街、古玩一条街等。

3. 影响商店商圈大小的因素

（1）商店规模。商店规模越大，其市场吸引力越强，就越有利于扩大其销售商圈。

（2）经营商品的种类。食品和日用品的商店和经营选择性、技术性强、需提供售后服务的商品以及满足特殊需要的商品商圈不一样。超市的商圈就明显比百货公司的商圈要小。

（3）商店经营水平及信誉。具有颇高的知名度和信誉度，会吸引许多慕名而来的顾客，因而可以扩大自己的商圈。

（4）促销策略。经常开展促销活动的商店比一般商店的商圈更大。

（5）家庭与人口因素。商店所处外部环境的人口密度、收入水平、职业构成、性别、年龄结构、家庭构成、生活习惯、消费水平以及流动人口数量与构成等，对于商店商圈的形成具有决定性意义。

（6）竞争对手的位置。一家商店比两家商店的商圈要小。

（7）交通状况。收费桥梁、隧道、河流、铁路等严重影响商店商圈大小。

任务 2　划定连锁门店的商圈

在对商圈进行分析前首先对自己商店所在或计划所在区域划定商圈，对于连锁门店商圈的划定主要有以下几种方法。

1. 定性分析法

（1）根据业态设定商圈范围。各种商业业态的商圈范围有较大的差异。百货商店、高级专卖店、购物中心一般追求大商圈，百货店商圈的人口在 30 万～100 万；大型购物中心的商圈则可包括周边的几个城市；而超级市场与百货店、购物中心等业态相比，商圈偏小，来店单程时间约为 10 分钟。超市奉行小商圈主义，地处社区或居民区，商圈人口 7 万～12 万人；以经营食品为主的超级市场的商圈更小，商圈人口仅为 3.5 万～5 万人。据调查表明，人们对肉、鱼、蔬菜、水果的经常性购物距离不足 2 千米，而服装、化妆品、家具、耐用消费品购物距离为 4～5 千米。

（2）根据门店所处位置设定商圈范围。以超市为例，一般位于都市中的超级市场商圈要大大小于位于城郊的超级市场的商圈范围。对于居民区类店铺来说，如社区型超市商圈仅为社区范围，便利店常常没有边缘商圈的顾客。对于商业中心区类店铺来说，核心商业圈的顾客较少，次级和边缘商业圈的顾客较多，商圈范围较大。以超市为例，日本超级市场的调查统计表明超级市场的位置与商圈范围之间的关系如表 4-1 所示。

表 4-1　超级市场位置与商圈范围

商圈范围 / 位置	徒步商圈范围（米）	自行车商圈范围（米）	小汽车商圈范围（米）
都市	300～500	700～800	2000～3000
郊外	500	1500	3000

（3）根据零售店市场规模设定商圈范围。一般店铺市场规模越大，商圈范围越大，反之

则越小。除了不同业态店铺的经营规模不同，商圈的范围不同外，同一业态由于规模的不同，商圈的范围也不同。以超市为例，法国超级市场调查统计表明超市规模与商圈范围的关系如表 4-2 所示。

表 4-2　超级市场规模与商圈范围

规模	面积（平方米）	商圈范围
小型超市	120～399	不行 10 分钟之内
中型超市	400～2499	不行 10 分钟或开车 5 分钟
大型超市	2500	驱车 20 分钟左右

（4）根据顾客购物出行方式设定商圈范围。相同条件下的店铺，根据人们购物出行的方式不同，其店铺商圈范围不同。出行方式的现代化、机械化程度越高，商圈越大；反之则越小。例如表 4-1 所反映的日本的情况，郊外超级市场的徒步商圈范围为 500 米，自行车为 1500 米，而小汽车达 3000 米。

（5）根据顾客购物频率设定门店商圈范围。一般来说，顾客购买的频率越高，商圈范围越小；反之则越大。不同的商品购买的频率不同，人们出行的范围也不同。如食品、日用品，购买的频率较高，出行的范围较近；而耐用品的购买频率低，人们购买出行的距离较远。受收入水平及消费习惯的影响，居民购物频率显示出不同的特征，即使是对同一种商品也会出现购物频率的差异。以超市为例，顾客购买频率与超市商圈范围的关系如表 4-3 所示。

表 4-3　顾客购买频率与超市商圈范围

商圈范围 位置	每天购买	每周 3～4 次	每周 1 次
都市	300（米）	500（米）	700～800（米）
郊外	500（米）	700～800（米）	1500（米）

2. 定量分析方法

西方一些零售专家对商圈理论进行了长期的研究，总结出一些带有规律性的分析方法。

（1）雷利法则。

雷利法则也被称为零售引力法则，是由美国学者威廉 • J • 雷利提出的。雷利用了 3 年的时间，调查了美国 150 多个城市，在 1931 年发表了《零售引力法则》。雷利法则的基本内容是：在两个城镇之间设立一个中介点，顾客在此中介点上可能前往任何一个城镇购买，即在这一点上，两城镇商店对此地居民的吸引力完全相同，这一点到两城镇商店的距离就是两商店吸引顾客的地理区域。其公式为：

$$D_{AB}=\frac{d}{1+\sqrt{P_B/P_A}}$$

公式中，D_{AB} 为 A 城镇商圈的限度（中介点到 A 城镇的距离），P_A 为 A 城镇人口，P_B 为 B 城镇人口，d 为 A、B 两城镇之间的距离。

例如，A 城镇人口为 16 万人，B 城镇人口为 4 万人，A、B 两城镇之间的距离 30 公里，则两城镇的商圈为：

$$D_{AB}=\frac{30}{1+\sqrt{4/16}}=20\text{（公里）}$$

$$D_{BA}=\frac{30}{1+\sqrt{16/4}}=10\text{（公里）}$$

则该中介点与A、B两城镇的相对位置如图4-2所示。

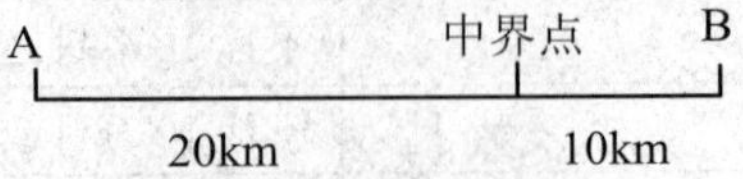

A 中界点 B

20km 10km

图4-2 中介点位置示意图

计算结果表明，A城镇吸引与中介点距离20公里以内的顾客，B城镇吸引与中介点距离10公里以内的顾客。这就划定了A城镇与B城镇中商店的商圈范围。

利用雷利法则来划定商圈简单易行，特别是在资料不全时尤为适用。但它只考虑到两区域的人口和距离，而未考虑交通时间和网点的集散顾客能力，且该法则并不是确定某一网点的商圈，而是确定某一区域的商圈。此外，若存在广告的影响，或顾客对某特定商店的忠诚和某些商店有特殊吸引力时，会减弱雷利法则的有效性。

（2）赫夫法则。

20世纪60年代，美国零售学者戴维·赫夫（David Huff）提出了在城市区域内商圈规模预测的空间模型——赫夫法则。赫夫法则从不同地区商品的种类、顾客从家庭住所到购物区所花的时间及不同类型顾客对路途、时间的不同重视程度三个方面，对商圈进行了分析。赫夫法则考虑到网点的营业面积、顾客的购物时间、顾客对距离的敏感程度等，经统计计算可得出消费者从不同距离到目标店购物的概率，再根据企业的不同情况设立不同的概率标准，选择一定概率下的距离划定商圈范围。其数学模型为：

$$P_{ij}=\frac{\dfrac{S_j}{(T_{ij})^{\lambda}}}{\displaystyle\sum_{j=1}^{n}\frac{S_j}{(T_{ij})^{\lambda}}}$$

公式中，P_{ij}为i地区的消费者到商店j购物的概率，S_j为商店j的规模（营业面积），T_{ij}为i地区到商店j的时间距离或空间距离，λ为通过实际调研或运用计算机程序计算的消费者对时间或空间距离的敏感性的参数，$\dfrac{S_j}{(T_{ij})^{\lambda}}$为$j$商店对$i$地区消费者的吸引力。

例如，某一消费者有可能去城镇三个商店中的任何一个购物，已知这三个商店的规模（营业面积）和商店与这个消费者居住点的时间距离如表4-4所示。

表4-4 商店规模与消费者居住点的时间距离

商店	时间距离/分钟	超市规模/平方米
A	40	50000
B	60	70000
C	30	40000

如果$\lambda=1$，每个超市对这个消费者的吸引力是：

A 的吸引力是：50000/40=1250

B 的吸引力是：70000/60=1166.67

C 的吸引力是：40000/30=1333.33

该消费者到每个超市购物的概率分别是：

到 A 的概率：1250/(1250+1166.67+1333.33)=0.333

到 B 的概率：1166.67/(1250+1166.67+1333.33)=0.311

到 C 的概率：1333.33/(1250+1166.67+1333.33)=0.356

【案例点击】

肯德基商圈的划分与选择

1. 划分商圈

肯德基计划进入某城市，就先通过有关部门或专业调查公司收集这个地区的资料。有些资料是免费的，有些资料需要花钱去买。把资料买齐了，就开始规划商圈。

商圈规划采取的是记分的方法，例如，这个地区有一个大型商场，商场营业额在 1000 万元算 1 分，5000 万元算 5 分，有一条公交线路加多少分，有一条地铁线路加多少分。这些分值标准是多年平均下来的一个较准确经验值。

通过打分把商圈分成好几大类，以北京为例，有市级商业型（西单、王府井等）、区级商业型、定点（目标）消费型，还有社区型、社区商务两用型、旅游型等。

2. 选择商圈

即确定目前重点在哪个商圈开店，主要目标是哪些。在商圈选择的标准上，一方面要考虑餐馆自身的市场定位，另一方面要考虑商圈的稳定度和成熟度。餐馆的市场定位不同，吸引的顾客群不一样，商圈的选择也就不同。例如马兰拉面和肯德基的市场定位不同，顾客群不一样，是两个“相交”的圆，有人吃肯德基也吃马兰拉面，有人可能从来不吃肯德基专吃马兰拉面，也有的反之。马兰拉面的选址也当然与肯德基不同。

肯德基与麦当劳市场定位相似，顾客群基本上重合，所以在商圈选择方面也是一样的。可以看到，有些地方同一条街的两边，一边是麦当劳，另一边是肯德基。

商圈的成熟度和稳定度也非常重要。比如规划局说某条路要开，在什么地方设立地址，将来这里有可能成为成熟商圈，但肯德基一定要等到商圈成熟稳定后才进入，例如说这家店三年以后效益会多好，对现今没有帮助，这三年难道要亏损？肯德基投入一家店要花费好几百万，当然不冒这种险，一定是比较稳健的原则，保证开一家成功一家。

思考：不同行业与不同业态的连锁企业在商圈划分上存在哪些差异？

任务 3　进行全面商圈调查与分析

划定商圈后，接下来连锁企业应组织人力开展全面的商圈调查与分析。商圈调查与分析的内容主要包括几个方面。

（1）人口规划及特征分析。调查分析的内容包括人口总量和密度、年龄分布、平均教育水平、居住条件、总体可支配收入、人均可支配收入、职业分布、人口变化趋势和消费习惯等。人口数量是衡量商圈内需求大小的重要参数。网点的顾客可分为居住人口、工作人口和路过人口，这三部分人口的消费特点各有不同：了解商圈内不同顾客的年龄分布特点、教育水平、收入支配情况、职业分布，可使连锁企业掌握消费者的惠顾倾向，安排设立适应这些惠顾倾向的连锁门店，以获取最好的布局效益。此外，根据商圈内居民的消费倾向和生活习惯可以预测特定商业行为对现有市场引力的大小。

（2）经济状况分析。主要分析商圈内的主导产业和产业多元化程度对连锁门店经营活动的影响。连锁企业需要掌握商圈内是否存在主导产业、是什么产业以及会给商圈带来什么影响。若商圈内居民多从事与主导产业相关的工作，那么该主导产业的前景就会直接影响商圈内居民的收入和消费水平，进而影响商圈的市场容量；如果商圈内产业多元化，则消费市场一般不会因某产业市场需求的变化而发生大的波动；如果商圈内居民从事的工作行业分散，则居民购买力总体水平的波动就不明显，对连锁门店营业额影响相对也就较小。

（3）竞争状况分析。这包括现有竞争者的商业形式、位置、数量、规模、营业额、营业方针、经营风格、经营商品、服务对象；所有竞争者的优势与弱点分析；竞争的短期与长期变动；饱和程度。

竞争并非一无是处，零售店的店址还是应尽量选择在商店相对集中且有发展潜力的地方，对经营选购性商品的商店尤其应该如此。如果一个城市里有三家商店竞争销售相同的商品，那么集中在一起的两家商店比离开一段距离的另外一家商店更具有优势。当店址周围有多种商店类型协调并存，形成相关商店群时，往往会对经营产生积极影响。

（4）基础设施分析。主要是分析地域类型与数目、交通网络状况、区位规划限制等因素；商圈内交通的顺畅程度，公交车的路线安排、站位设置和道路过往限制等。

（5）城市发展计划。除了城市基础设施的现状外，城市将来的发展计划，如交通网的开发计划、社区发展计划与商业区的建设计划等，对于将来商圈变动有很大影响，因此也是商圈调查与分析必须考虑的要点。特别是连锁分店以连锁经营的方式发展，不仅要考虑单店的选址，还要考虑连锁网点的发展。

（6）相关法规。最后，还要考虑税收、执照、营业限制和劳动力保障、最低工资法等。

【知识拓展】

商圈分析工具——地理信息系统

今天，越来越多的零售商利用地理信息系统软件。地理信息系统能够提供绘图资料，从而能形象地描述商圈特点，包括人口特点、顾客购买情况以及当前和潜在竞争对手的位置等。过去，零售商进行商圈分析，不得不搬来一叠厚厚的地图，对考察区域以及竞争对手的位置进行手工资料收集和分析，现在，他们可以借助地理信息系统，将人口统计等诸多数据纳入地理数据中的自然地理要素、行政区划和有关的地理位置数据，使零售商很直观地对区域内各方面条件做出综合判断和分析，并对不同区域内的情况进行比较，对零售商的投资与开发产生积极的作用。全球最大的零售商——沃尔玛就是地理信息系统的最大受益者。

CIS 软件的用途很广。例如，零售商可以利用 GIS 软件考察目前哪些分店的商圈内家庭年均收入超过 5 万元；零售商在开店前利用该软件预测新店的销售额及其对原有商店销售额的潜在影响；零售商还可以通过 GIS 软件确定最佳位置上的顾客特点，据此设计模型，以便在全国范围内找到最好的店址；零售商甚至还可以利用 GIS 软件考察市场渗透率，明确其地理位置的优势和劣势。

项目三　连锁经营选址方法

任务 1　理解连锁经营选址工作

选址是连锁企业在商圈分析的基础上进行的更为深入的具体工作。商圈分析是对商圈内整体情况的把握，而选址则必须具体地落实连锁分店的驻点。例如通过商圈分析一家中式快餐连锁店认为进入广州的天河商业区是适宜的，但到底在天河商业区的哪条街、哪个门店开店就是选址工作必须解决的问题。或者可以说商圈分析是选址工作的前期准备。选址工作最重要的环节就是意向店面的对比分析。

【案例点击】

日本伊藤洋华堂为兴建大型超市选址调查

该公司选址调查的做法是：

第一步：一个时期内每天派人从上班时间起整天在地铁站、汽车站和主要公路口记录每天从本地区出发上班的不同性别的人数，白天定时外出、归来的家庭主妇（可视为计时工）的人数和进出高峰时间段；晚上回到住宅生活区和途经本地区出站用餐、购物，离开本地区的人数等。把握本地区内实际消费人数、就业人数和大致的收入水平。

第二步：企业调查人员分散到本地区现有各店铺，实地记录消费者购物的时间段、店铺的商品结构，收集购买者遗弃在店铺废纸箱里的收款机凭条存根，了解本地区居民的购物时间表，不同时间段内所购商品的种类、品牌和每次购物数量及购买频率。对这些信息综合分析，又可得到比较准确的本地区居民对日常购物的距离要求及购物成本——支付价格、花费时间、消耗体力与不同商品的替代情报。

第三步：观察家庭垃圾。从 20 世纪 70 年代起日本城市居民的垃圾袋处理，已全部实行由居民自己按规定的垃圾袋分类，集中置于公共垃圾箱的制度。翻阅垃圾的目的，是通过对各家各户的各种废弃物，如食品清洗过程中的遗物、空瓶罐、日用品外包装、旧物品等的分类统计，整理本地区对深加工、半加工、不加工食品的需求比例和不同品牌的饮品、日用品、穿着品的需求状况。该公司尤其重视对本地区现有店铺中未陈列商品的记录，以避免因店铺不经营就误认为不需求的错误。

该公司原计划从拆迁旧建筑到新店铺建成耗时 11 个月，但因调查未结束，店铺晚开业 4 个月。就是说，为设计新店铺的商品构成、品种结构、价格体系等，店铺减少了 4 个月的营业时间。但该店铺开业两年半来，一直保持着基本无脱销、无库存、适销达 90%以上的记录。当负责此项调查工作的公司企划部长被问及为了这样的调查而使店铺晚开业 4 个月，经济上是否值得时，回答是：这样做得大于失，值得。理由是，这种连锁店的市场是一个变化缓慢的市场，一开始就给消费者以信赖的印象极为重要。因调查不充分而对市场把握不准所换来的提前几个月开业所得到的利润，根本无法弥补由此造成的开业以后的巨大损失。原因有三：一是市场把握不准确，店铺开业后经营结构必然要不断调整，调整过程所耗时间将远远超过 4 个月，而这期间商品的积压、脱销损失不可避免；二是与此相关的整个连锁集团进货、配送、加工体系也必须相应调整，损失也无法避免；三是再吸引对店铺不信任而离去的购买者所花费的时间和人力、财力难以估量。

问题：

1. 日本伊藤洋华堂的选址调查的基本过程是怎样的，它有什么优点？
2. 日本伊藤洋华堂的选址调查案例对我国连锁企业有何借鉴作用？

任务 2　明确连锁经营选址具体工作

1. 门店客流分析

客流量的大小是门店成功的关键因素，客流包括现有客流和潜在客流，除固定商圈内居民以外，流动的消费者也是门店一个重要的客户来源。随着交通的便利和生活方式的改变，流动人口的消费比例有所增加，如果所选择的店址交通便利、人员来往频繁，无疑会给零售店带来可观的经济收益，所以门店客流调查不容忽视。具体请参见表 4-5 和表 4-6。

表 4-5　主要路段客流调查表

调查人：　　　　　　　　　　　　　　　　　　　　　　　调查时间：

项目名称	节假日				平时				备注
	方向	机动车	自行车	行人	方向	机动车	自行车	行人	
	东—西				东—西				
	西—东				西—东				
	南—北				南—北				
	北—南				北—南				

表 4-6　道路截点流量登记表

道路名称：　　　　地点：　　　　调查人：　　　　时间：　　　　年　　月　　日

时 段	机动车流量（辆）		自行车流量（辆）		人流量（人）		备注
	上行	下行	上行	下行	上行	下行	
7:00～8:00							
8:00～9:00							
9:00～10:00							
10:00～11:00							
11:00～12:00							
12:00～13:00							
13:00～14:00							
……							
合计							

在客流分析过程中不可盲目只关心客流量而忽略客流性质。在客流分析过程中，首先要了解行人的年龄结构，有些过路者如儿童、青少年不一定是顾客；其次要了解行人来往的高

峰时间和稀薄时间；再次要了解行人来往的目的及停留时间。

2. 店面调查分析

店面调查分析是对意向店面的全面分析，包括对店面类型、店面大小、店面所处地段、街道类型、公交车站情况、竞争对手距离等进行的全面调查，以便于进行所有意向门店的定量分析比较，为店面的具体选择作准备。如表4-7所示为店面调查的日常工具表。

表4-7 店面调查分析表

店面位置： 日期： 调查人：

序号	审核内容	分属类型	评分
1	店面类型	A. 独立门面 B. 店中店 C. 居民楼	
2	店面面积	A. 150～12平方米 B. 120～100平方米 C. 100～80平方米	
3	店面宽度	A. 10～8米 B. 8～6米 C. 6～4米	
4	店面朝向	A. 南 B. 东 C. 北 D. 西	
5	店面所处地段	A. 十字路口 B. 正街 C. 侧街门市	
6	店面街道类型	A. 步行街 B. 单行道 C. 双行道	
7	店面所处街道档次	A. 高档 B. 中档 C. 低档	
8	店面周围的环境	A. 天桥附近 B. 通道口附近 C. 施工现场	
9	店面周围公交车站	A. 10米 B. 50米 C. 100米以上	
10	店面门前有无停车位	A. 有 B. 无	
11	店面附近有无相似经营机构	A. 有 B. 无	
12	店面附近有无大型商业机构	A. 有 B. 无	
13	店面与大型商业机构的距离	A. 50米 B. 100～50米 C. 100米以上	
14	店面附近大型商业设施的类型	A. 超市 B. 批发市场 C. 建材类 D. 水产类 F. 其他	
15	店面所处人流走向	A. 阳街 B. 阴街	
16	店面附近有无大型居民社区	A. 有 B. 无	

3. 店址经营效益评估

（1）新店营业潜力。通过预测商店销售额来确定，可以根据过去在类似环境中的经验、同行业的一般水平，或者经过调查后采用统计分析方法计算出来。例如，根据已知的商店商圈内消费者的户数、离店的远近、月商品购买支出比重及新商店在该区域内市场占有率四个因素来估算。

（2）开店投资与经营费用测算。

开店前期投资预估开店投资主要包括：

①设备，如冷冻冷藏设备、空调设备、收银系统、水电设备、车辆、后场办公设备、内仓设备、卖场陈列设备等。

②工程，如内外招牌、空调工程、水电工程、冷冻冷藏工程、保安工程等。

③商业建筑和停车场费用。

开店后经营费用预估经营费用可分为固定费用和变动费用。固定费用是指与销售额的变动没有直接关系的费用支出，如工资、福利费、折旧费、水电费、管理费等。变动费用是指随商品销售额的变化而变化的费用，如运杂费、保管费、包装费、商品损耗、借款利息、保险费、营业税等。

（3）损益平衡点分析。盈亏均衡点又称为保本点，是待建连锁分店必须实现的最低销售额。如果达不到该指标，就表明该连锁分店没有建立的必要，必须放弃或另择地点，否则必须使销售额增加或使费用率下降。

【案例点击】

店面选址：大中电器掐表测车流客流定址

出色的市场表现背后，店面选址功不可没。大中电器是全国著名的家电连锁企业之一。作为其战略重镇，截至 2007 年 6 月，大中在北京已经拥有近 70 家门店，分布于二、三、四环等主干道，并深入高密度住宅社区、远达周边郊区。

大中电器拓展部严迎从事选址工作已多年，据他介绍，大中目前在北京共有 60 余家门店，其中业绩最好的中央电视塔店年营业额达 10 亿元以上。

对于大中来说，选址工作最重要的就是考察周边是否有商业氛围，交通是否便利，以及顾客购物和消费习惯。为此，拓展部的工作就是分组调研、实地测量。通常，他们会到所选区域的街道上掐表测算车流、客流，获得本地区车辆流动的数据以及行人的分析资料，甚至深入社区居委会调查人口数量、年龄结构、职业分布和收入水平等，据此设定营业面积和范围。

严迎说，选址是一项非常琐碎的工作，考察的范围多种多样。大中拥有专门的选址部门和人员，他们对于城市的熟悉程度，不亚于统计部门的调查队。而这是以长年累月在外奔波为代价的。大中已引进了“综合数据分析”系统，将前述调查的数据输入，测算租金与销售预估的比例，作为能否开店的重要标准。严迎还总结出了“严氏定律”，代表大中特殊的选址技术。

思考：连锁企业选址工作的组织工作如何实现?

任务 3　运用两种具体选址评估方法

1. 市场需求与供应密度分析方法

这种选址方法是通过对一个区域市场的零售潜力（需求密度）状况，结合当地已有的零售商店情况和可供选择的店址（供应密度）进行综合分析，最后在合适的商圈确定可选用的合适店址的一种选址方法。对于不同业态的零售商而言，其需求潜力的影响因素是不同的。

例如，某个连锁百货公司正在对某个地区开设商店的可能性进行评估。这家百货公司确定的影响潜在需要的最主要因素有三个，分别是：中等家庭收入超过 40000 元；每平方里的住户数超过 2 万户；最近三年每年人口平均增长率至少 2%。

图 4-3 所示是整个地区的商店密度和可供选择的开店地点。从中可以发现，两个户口区（10 和 17）最具有立地建设的潜力，这两个区需求密度大而无竞争商店。此外，有的户口区的需求密度是相当有吸引力的，在那里，现今还无竞争商店进入（如1区、5区）。

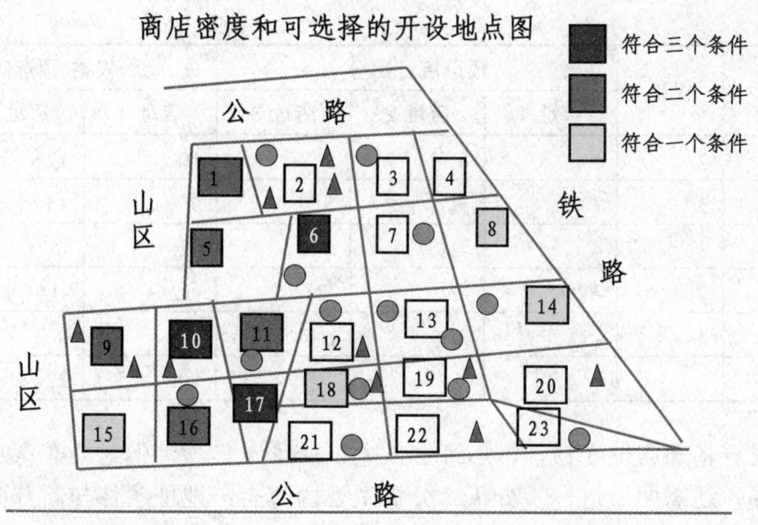

图 4-3 商店密度和可供选择的开店地点

当然，在某些户口区需求超过供应，并不意味着马上就可以在这些户口区开设商店。要开设商店，一定要有可用的场所。从图中也可以看到在条件最好的 7 个户口区（按需求密度划分，有第 6、10、17、1、5、11、16 区）中，仅第 10 户口区有可用的场所；在第 1、5 和 17 户口区，现在没有零售商店，也没有开设商店的可用场所，这可以说明现在这些地区没有商店，或许是因为这些地区全部供应居住使用。

2. 多因素组合分析法

这种方法是先确定影响商店位置的各种因素及其重要程度，然后对各个备选店址进行评分，最后确定最佳店址的方法。

零售商根据各种因素影响商店的重要程度确定权重，并对各备选选址进行因素评分，然后计算出各店址评价结果的总数。如下例，影响商店位置的因素主要有 14 项，每个备选店址各因素的评分及计算结果如表 4-8 所示。

表 4-8 备选店址各因素的评分及计算结果

选址因素	权重	预选店址得分			权重*预选店址得分		
		店址 1	店址 2	店址 3	店址 1	店址 2	店址 3
商圈内人口多	5	8	7	9	40	35	45
商圈内收入高	5	5	7	6	25	35	30
接近目标顾客	5	6	5	6	30	25	30
机动车流辆大	3	7	8	7	21	24	21
非机动车流辆大	3	5	5	6	15	15	18
行人流量大	5	5	6	6	25	30	30
与邻店关系融洽	2	-4	3	4	-8	6	8
物业费低	4	6	5	-3	24	20	-12

续表

选址因素	权重	预选店址得分			权重*预选店址得分		
		店址 1	店址 2	店址 3	店址 1	店址 2	店址 3
广告费低	2	5	6	3	10	12	6
商店能见度高	3	3	5	5	9	15	15
营业面积合适	3	4	-2	6	12	-6	18
店面可扩充	2	-6	-2	-2	-12	-14	-4
停车位充足	3	-5	3	6	-15	9	18
合计					190	226	231

从计算结果看备选店址 3 最佳，店址 2 次之，店址 1 最次，但这并非意味着店址 3 是事实上的最佳选择，还需要做进一步分析。分析主要内容有：地址条件与新开商店相符程度；销售前景分析；竞争地位分析；与周围其他类型商店的相容能力分析。在相关分析后，零售商可以找到预期获利最佳的店址，这实际上是一个优化决策问题。

从备选店址的得分中可知：①店址 1 竞争激烈，进入这一市场可能会因竞争过度而无利可图，甚至可能会拖垮企业；②店址 2 位于流动人口多、居住人口少的商业区，如果新开商店是便利店的话，则与该业态接近居民区的要求相差较远；③店址 3 的流动人口大，人口分布集中，竞争者少，交通运输和场地条件较好。相比之下店址 3 是最优店址。

单元小结

网店布局是开店计划的具体执行，应提出明确的要求：年度开店数、开店范围界定、设店条件制定、商业区选择、立地选择及零售网络联结等方面，都是主要的布点战术要求。

商圈是指以商店所在地为中心，沿着一定的方向和距离扩展，吸引顾客的辐射范围，即店铺吸引顾客的地理区域。商圈一般由主要商圈、次要商圈和边际商圈构成。

雷利法则的基本内容是：在两个城镇之间设立一个中介点，顾客在此中介点上可能前往任何一个城镇购买，即在这一点上，两城镇商店对此地居民的吸引力完全相同，这一点到两城镇商店的距离就是两商店吸引顾客的地理区域。

赫夫法则从不同地区商品的种类、顾客从家庭住所到购物区所花的时间及不同类型顾客对路途、时间的不同重视程度三个方面，对商圈进行了分析。

商圈调查与分析的内容主要包括：人口规划及特征分析；经济状况分析；竞争状况分析；基础设施分析；城市发展计划；相关法规。

连锁经营选址的具体工作主要包括：门店客流分析；店面调查分析；店址经营效益评估。

核心概念

网店布局　商圈　商圈分析　雷利法则　赫夫法则　选址

实训设计

项目：以小组为单位选择一家连锁企业，假设该企业将在你所在的地区开设一家分店，请为该企业选择一商圈并进行商圈分析，最后运用所学的方法进行具体选址。

训练题

1. 简述连锁经营的网点布局的概念及意义。
2. 简述连锁经营网点布局的原则。
3. 简述主要的商业形态以及特征。
4. 阐述影响商业商圈形成的主要因素。
5. 划定连锁门店商圈的主要方法有哪些？
6. 阐述商圈调查与分析的主要内容。
7. 描述市场需求与供应密度分析方法。
8. 描述多因素组合分析法。

综合案例分析

速 8 连锁店选址要求

地点是经济型酒店经营的首要因素，连锁店的正确选址，不仅是其成功的先决条件，也是实现连锁经营标准化、专业化的前提条件和基础。速 8 酒店连锁客源主要是国内差旅、商务、会务及旅游、休闲人员，选址不仅要以方便、舒适、经济、实惠为出发点，而且要综合考虑该地区长远发展。良好的位置可以帮助酒店降低经营成本，提高营业收入，因此，选址非常重要，速 8 的选址按照如下原则进行:

A. 地区选择（可以参考以下顺序进行）

1. 首都、国家经济中心城市、直辖市。

2. 省会城市、计划单列市、经济特区或区域经济中心城市。

3. 经济发达的城市，国内生产总值（GDP）在 400 亿，城镇居民人均收入在 9000 元/年，市区人口数在 100 万，市区流动人口数在 40 万以上的城市。

4. 沿海开放城市、经济带中重要的辐射城市，交通枢纽城市。

5. 交通便利，有核心支柱产业，商业流动发达的城市、全国经济 100 强县级市。

B. 地理位置（以下位置最佳）

1. 位于 A-1 类城市的市级、区级或其他城市的市级商务区、商业中心、会展中心、物贸交易中心、交通中心、大型游乐中心、中高档（大型）居民住宅区、成熟开发区。

2. 邻近火车站、码头、长途汽车站、公路高速客运中心区域。

3. 邻近地铁沿线、高速公路城市入口处、主要道路交叉道口、交通枢纽中心、市郊结合部、商业网点、汽车终点站、大型停车场附近区域。

4. 邻近城市知名的大学或在校学生数量在 20000 人以上的教育区。

5. 具有良好的可见性，最好是“金角银边”（十字路口），最好有一定的广告位。

6. 最好邻近城市某个标志建筑、知名建筑或历史文化、旅游项目。

C. 交通条件

1. 交通条件是选址需要考虑的首要条件，一般以地铁站附近为上佳条件，因为地铁的覆盖面广、客流量大。

2. 在没有地铁的地区或城市中，在选址点的300米方圆内有5条以上能通达商业中心、机场、车站、码头的公交站线为好。

3. 邻近城市交通枢纽道路、大桥、隧道、高架、城市环线，车流大，具有可停留性。

4. 交通流动性好，进出口便利宽敞，快速路无隔离带，最好不是单行线，有良好的可视性和可进入性。

D. 市场情况（周边环境）

选址时必须考虑作好周边市场的调研。

1. 该城市酒店业全年经营情况（全年没有明显淡旺季，全年平均出租率在70%左右，客源情况稳定，客源分类情况）。

2. 方圆3公里内可能的竞争对手情况（饭店、旅馆，其等级、客源结构、出租率、平均房价、经营情况等），选址时一定要考虑客流的主要动线会不会被竞争对手截住。

3. 选址区域内具有相当的客流量，具有可停留性，1公里范围内是否有相应的配套（连锁超市、药店、银行、餐厅、咖啡店、茶艺馆、酒吧、学校、邮局、洗衣店、冲印店、加油站、综合休闲娱乐场所、购物中心或百货商场等）或与公共场所相邻。

4. 附近的企事业单位、学校的情况，如单位种类、单位数量、基本经营情况，具有的流动性客源情况等。

5. 经营区域人口状况、结构层次、经济收入、流动人口数量、客源流量。

6. 选址区域周边市容环境整齐干净（最好毗邻公园或大型绿地）。

7. 所在道路有一定知名度、有较大的市场潜力和良好的市场前景。

E. 市政规划情况

因为投入较大，经营时间很长，需要对所在区域的规划有非常细致的了解。

1. 在确定选址之前，必须咨询潜在地点的区域建筑规划，了解和掌握哪些地区被分别规划为商业区、文化区、旅游区、交通中心、居民区、工业区等资料。

2. 选址所在位置一定要在红线内，在合同经营期内，无动迁可能。

3. 选址所处区域的规划情况，是否有对宾馆经营有利的市政规划（如未来的商业中心、产业中心、行政中心、交通干线建设，未来是否成为临街店等）。

F. 建筑、改造条件

建筑物的建筑面积约3000~8000平方米为宜，但由于开发合作的方式不同，因此选址时需考虑到与建筑、改造的配合。

基本条件如下：

1. 利用旧厂房、旧旅馆进行改造。

（1）建筑物为长方体，建筑面积在3000~8000平方米（京、沪、穗、深以外的城市面积最好在5000平方米以内）的范围内，宽度或进深以16米左右为最佳。

（2）建筑物结构为框架结构，外观整齐，允许进行改造。

（3）周边有一定回旋余地，可以合理分布对客区域与员工区域。

（4）周边有一定的空地，出路通畅并可停车，车道一般为5.5~6米宽，要考虑通向停车场的流程，有回车路线，停车位在10个左右。

（5）基础设施情况（最佳）：水——用水额度不低于3600吨/月，电——用电不低于400kVA，煤气——有煤气管道接入或可以接入，排污——纳入市政排污管网，有化粪池，通讯——最好留有总机或一定的直线电话，有线电视、供暖（北方地区）等设施到位。

（6）房屋使用性质最好是商业服务业或厂房使用性质可以改变为该用途。

（7）该房产产权清晰，最好不是银行抵押物业。

2. 小块空地建造或购买土地。

（1）熟地，至少三通一平，市政配套到位，位于红线内。

（2）占地面积 2000 ~ 3000 平方米左右，具体面积视地理位置与价位而定。

（3）该区域已经有一定的商流，土地性质最好不是划拨土地。

（4）该地块容积率符合改造后的需要，建筑面积能够达到 5000 ~ 6000 平方米。

G. 可能的合作方式

房屋或土地租赁，需符合以下基本要求：

（1）房屋租赁价格合理，潜在的位置优势，租赁期不低于 15 年。

（2）房屋性质为商业服务业用地或可改变为该用途。

（3）产权清晰，出租人是房屋或土地的产权人。

（4）房屋结构完好，布局合理，有较高的出房率。

速 8 从以上六个方面来综合确定选址，同时在每一个项目里，也细化了具体的要求，项目的选址是一个弹性很高的综合性的工作，速 8 以上所列的只是确定选址的最佳条件，如果有很好的位置，很合理的租金或购买价格，而选址的项目在规模、配套设施上略有不足，那么也不失为一个好的投资项目。总之，在项目选址过程中，速 8 既严格细致，又灵活运用，综合考量，最终选择最适合的开店位置。

问题：作为服务连锁企业，速 8 的选址策略与餐饮连锁如麦当劳等存在哪些差异？

单元五　连锁经营店铺设计与布局

通过本单元的学习，学生应能够理解连锁店铺总体设计的原则；学会设计连锁店的标识系统和连锁店铺的招牌；理解连锁店铺营业现场环境设计的意义；学会设计连锁店铺营业现场色彩和设计连锁店铺营业现场辅助设施；掌握商品布局重要理论；学会商品零售连锁店的商品布局和商品陈列。

（1）连锁店铺总体设计的原则；

（2）连锁店铺营业现场环境设计的意义；

（3）商品布局重要理论。

（1）设计连锁店的标识系统和连锁店铺的招牌；

（2）设计连锁店铺营业现场色彩和营业现场辅助设施；

（3）商品零售连锁店的商品布局和商品陈列。

情境引入

某女士去一家百货商店为自己六岁的女儿购买生日礼物，当她乘扶梯上儿童部时，看见一个塑胶模特身上穿着一件别致的风衣，于是下来的时候她仔细试穿了这件风衣，决定买下，转身又见不远处陈放着各款颜色鲜艳的丝巾，于是便上前为新买的风衣选择相衬的丝巾。走出百货商店时，这位女士不仅购买了计划内的生日礼物，还额外购买了一件风衣、一条丝巾和一支口红。她只是偶然地穿过商店顺手买下这些物品吗?当然不是，这些看似偶然的举动实际上是零售商精心设计的结果。

为了吸引尽可能多的顾客前来，让顾客尽可能多地逗留一些时间，并产生尽可能多的冲动性购买，零售商们可谓煞费苦心，绞尽脑汁。他们需要研究顾客的购买心理，了解顾客的喜好，恰当地安排商品所处的位置和空间，分析不同商品的陈列方式，甚至连通道的宽窄、颜色的搭配、灯光的明暗、音乐的大小、气味的类型等方方面面都要仔细考虑到。也许一个细节的疏忽就会使零售商的所有努力前功尽弃。

项目一　连锁店铺外观设计

任务 1　理解连锁店铺总体设计的原则

连锁店铺是企业与顾客以货币和商品（或服务）进行交换的场所，是供顾客消费的营业场所。店铺应充分地利用有限的空间资源，合理规划和实施店面的总体布局，最大限度地吸引顾客消费和便利顾客消费，并实现重复性消费，最终实现企业利润最大化。卓有成效的店铺布局是从合理的店铺外观布局开始的。虽然不同零售行业及不同的业态店铺对布局有不同的要求，但归纳起来主要有以下几条重要原则。

1. 让顾客想进来，让顾客容易进来

连锁店铺是为顾客购买商品服务的，如果连锁门店的通道出入拥挤，顾客出入不方便，即使店内商品丰富、价格便宜、服务周到，仍然很难招揽消费者入店消费，门店的营业收入肯定也会减少。所以，连锁企业在进行门店设计时，应切记成功生意的第一步是让顾客想进来，第二步是让顾客方便进来，保持进入通道的开放畅通，吸引更多的顾客入店购买。

2. 让顾客方便地体验到所有的产品

经过几十年的变革，开放式的销售形式已成为当今零售的主流。但由于商品或服务的品种繁多，店面的空间有限，如何让顾客更方便地接触或体验到尽可能多的产品是快速达成交易的先决条件。餐厅里的菜单是否足够真实，超市里的物品是否摆放得太高以至于消费者没办法触及，这些均是在连锁店铺的总体设计中重点考虑的问题。

3. 尽量延长顾客在店内的停留时间

据一项市场调查资料表明，我国不少消费者属于随机性消费和冲动性消费。因此如何合理设计店铺布局，增强商品或服务的存在感和真实感，进而吸引顾客停留更长的时间，最终实现冲动消费，便成为店铺布局必须注意的一个关键性问题。所以，连锁企业应通过合理设计消费环境，充分运用和安排有效空间内的灯光、音响、摆设、色彩，使之相互配合，营造出令顾客心旷神怡的物质、精神双重消费场所的氛围。

任务 2　设计连锁店的标识系统

连锁店铺的总体设计首先从外观开始，而连锁店的标识部分则是整体外观的最重要的环节。连锁店的标识系统主要由连锁店店名与连锁店店标两大要素构成，两者可相互统一又可相互独立。

1. 连锁店店名的设计原则

（1）易读、易记原则。易读、易记原则是对店名的最根本的要求，店名只有易读、易记，才能发挥它的识别功能和传播功能。店铺命名不能一味追求其与众不同，而忽视其主要的功能。这样反而会让消费者只是当时有一点印象，过后就很快忘记。

（2）暗示商店经营属性原则。连锁店铺名称应具有暗示商店经营属性的特征，如“小肥羊”、“马兰拉面”等。但是，店名越是描述某类经营商品的属性，这个名称就越难向其他经营范围上延伸。因此，店铺经营者在为店铺命名时，要充分考虑企业未来的经营战略和品牌延伸问题。使店名过分暗示经营商品的种类或属性要谨慎。

（3）启发店铺联想原则。它是指店铺名要有一定的寓意，让消费者能从中得到愉快的联想，而不是指消极的商店联想，如“人人乐”、“乐购”、“家乐福”使顾客联想到家庭欢乐购物的快乐场景，“真功夫”让人从蒸的功夫联想到“真”的功夫。

（4）支持店标的原则。店标是连锁店铺经营者命名的重要目标。当店名能够刺激和维持店标的识别功能时，店面识别系统的整体效果就加强了。例如当人们听到“麦当劳”店名时，立刻就会想起红色的“M”形店标。店名和店标相辅相成，加强了整体识别效果。

（5）适应市场环境原则。连锁店铺命名不仅要考虑经济方面，还要考虑文化、风俗、民族感情等地区环境。不同的地区具有不同的文化价值观念。因此，连锁店铺经营者要想使店铺能被新市场所接受，首先必须入乡随俗，有个适应当地市场文化环境并被消费者认可的店名。

（6）受法律保护原则。连锁店铺经营者还应该注意，绞尽脑汁得到的店名一定要能够注册，受到法律的保护。现在我国工商局的名称核准就起到这一作用。如美国有一种叫“伊丽莎白·泰勒热情”专卖香水的连锁店，销售业绩非常好，但其连锁专卖店发展到第 55 家时，就被迫停卖。因为它的一家竞争者的产品叫“热情香水”，对方向法院起诉。最后“伊丽莎白·泰勒热情”连锁店不得不改弦易张，重新命名，前之努力付诸东流。

2. 连锁店店名的字体设计

连锁店店名的字体是其店面识别系统的构成要素之一，它是将企业经营活动中的规模、价值观念、经营理念，通过可读性、说明性、鲜明性、独特性的组合字体，在目标市场上进行传播，以达到识别的目的。与普通字相比，连锁店店名的字体在书写方面除了造型与外观上的差异以外，更在于文字间的配置关系，它强调连锁企业的个性形象与整体风格。

（1）连锁店店名的字体特征及类型。连锁店店名的字体具有以下特征：识别性、造型性、易读性、系统性。店名字体作为一种符号，它是连锁店铺店面识别系统的组成部分，能表达丰富的内容。设计专家发现：“由细线构成的字体”易让人联想香水、化妆品、纤维制品；“圆滑的字体”易让人联想到香皂、糕饼、糖果；“角形的字体”易让人联想到机械类、工业用品类。由此可见，不同的字体其含义各不相同，连锁店经营者有必要在店名字体上下一番功夫。

不论英文店名字体或汉字店名字体，其字类均可粗分为印刷体、美术体和书写体三类。

（2）店名字体的性格属性。不同的字体有不同的性格属性，连锁店名字体的性格属性一般可分为如下几点：方饰线体、新魏碑等显示粗犷、豪放；古罗马体、仿宋、黑体等显示庄重、典雅；意大利斜体、行书等显示潇洒、飘逸；结构型、草书体、隶书等显示纤巧、秀丽；正圆形罗马体显示古拙、稚气。由于不同企业具有不同的经营属性，与不同的店名字体相吻合，在实践中就形成了一些约定成俗的法则。例如，经营化妆品的连锁店，其店名字体多用纤细、秀丽的字体，以显示女性的柔美秀气；经营手工艺品的连锁店，多用不同感觉的书法，以表现手工艺品的艺术风味和情趣；经营儿童早教或儿童食品的连锁店，其字体多用充满稚气的“童体”，活泼的字形易与童心相通。

（3）店名字体与色彩。连锁店的店名字体与店面标志多为几种颜色组合，其色调的设计与应用要注意调和。例如补色调和、明暗调和、纯法阔和等。著名色彩设计专家鲁凯茨依照文字与底色的配合，根据明视度的顺序将两者的搭配关系排列，如表 5-1 所示，以供参考。

表 5-1　标志底色与店名字体色的理想搭配

序号	底色	文字色	序号	底色	文字色
1	黄色	黑字	7	绿色	白字
2	白色	绿字	8	黑色	白字
3	白色	红字	9	黄色	红字
4	白色	青字	10	红色	绿字
5	黑色	黄字	11	绿色	红字
6	红色	白字			

3．连锁店店标设计

连锁店店标与连锁店名称都是构成完整的连锁店标识系统的要素。连锁店店标自身能够创造店铺认可、店铺联想和消费者的店铺偏好，进而影响店铺体现出的质量与顾客的店铺忠诚度。连锁店店标是一种“视觉语言”。它通过一定的图案、颜色来向消费者传输店铺信息，以达到识别店铺、促进消费的目的。

店标分类有助于人们加强对店铺的认识，更有助于设计者根据各地的文化设计符合民族特色或通用特点的标识。店标主要有：表音式标识、表形式标识、图画式标识、名称式标识、解释性标识、寓意性标识等 6 种。

（1）表音式标识——表示语言音素及其拼合的语言的视觉化符号。大小写字母、汉字、阿拉伯数字、标点等日常用的文字或语素、音素等都是表音标识。如 OK 便利店、屈臣氏的标识设计。

（2）表形式标识——指通过几何图案或形象图案来表示标识。表形标识靠形不靠音，因而形象性非常强，通过适当的设计，能以简洁的线条或图形表示一定的含义，同时利用丰富的图形结构来表示一定的喻义。缺点是没有表音标识，不利于消费者将商店店标与商店企业的模拟过程联系起来，因此在使用表形标识的时候，最好能配以企业名称。如麦当劳的标识就具有这种特点。

（3）图画式标识——指直接以图画的形式来表达零售店铺经营特征的标识。早期有些商店用图画来表示，后来日渐简化，逐步向形象标识靠拢，特点是画面复杂，一般不利于传播。如有些企业以人物的照片作为标识就是此类。

（4）名称式标识——指商店的店标就是企业的名称，直接把商店名称的文字、数字用独特的字体表现出来。这类商店店标通常将其名称的第一个字母或文字艺术化地放大，以使其突出醒目。如7天连锁酒店就是将7放大突出，谭鱼头将三个字并入一个字并艺术化。

（5）解释性标识——指对商店名称本身所包含的事物、动植物、图形等，用名称内容本身所包含的图案来作为商店的标识。如小肥羊火锅、永和豆浆等。

（6）寓意性商店标识——指以图案的形式将商店名称的含义间接地表达出来的标识。这种标识根据文字、图形等组合因素的不同，又可分为名称字母式标识、名称线条式标识、图画标识三种。名称字母式标识是在商店名称里加上一个字母，以构成独特的商店店标。名称线条式标识即在名称周围艺术化地加上一段线条的标识。图画标识即对商店名称进行加工和提炼，然后再以一定的图画形式将其表现出来的标识，许多世界性的连锁店多采用这种商店店标。

任务 3　设计连锁店铺的招牌

招牌是以实物为载体，力求通过精心设计来展示店名标识的一种店铺外观显示物，包括在建筑和店铺的设计中，为了显示建筑和店铺的形象和增加店铺的吸引力，而在店铺外观（上、下、前、后、左、右、墙壁）设计的有字体和店标的各种宣传设施。成功的店铺招牌无一例外会重视其外观形象的塑造和设计，而店铺的招牌往往就是吸引流动的潜在顾客上门的第一诱因，更可作为店铺所在地的地标。其功能是明确地告诉消费者店铺的所在，并加深顾客对该店的印象，且有助于使店铺风格更为清晰，不失为令店铺崭露头角与渐显锋芒的最好的方法之一。

1. 店铺招牌的类型

常见的招牌大体上可以分为以下几种类型：

（1）直立式招牌。直立式招牌是在店门或门前树立的带有店名的招牌。直立式招牌可设计成各种形状，有竖立长方形、横列长方形、长圆形、四面体形等。为增加可见度，招牌的正反两面或四面体的四面都应设计店铺名称。这种招牌比贴在门上或门前的招牌更能吸引顾客。

（2）造型招牌。这里的造型主要指人物或动物的典型造型，以他们为内容而制作的招牌叫造型招牌。这种招牌具有较大的趣味性，能吸引人。店门口树立人物、动物招牌，明显地活跃了店面气氛，增加了店铺的趣味性，如民航售票处的空姐造型。同时可在招牌上列出店铺的名称与特色。人物和动物的造型要明显地反映店铺的经营风格，使人在远处就可以看到前面是什么类型的店铺。

（3）霓虹灯和荧光灯招牌。在晚间，霓虹灯和荧光灯招牌能使店铺明亮醒目，增加店铺在晚间的可见度。比起一成不变的静态灯光来说这种灯光更能活跃气氛。

（4）悬吊式招牌。这是挂在店门口的招牌，悬吊式招牌挂得比较高，比较突出。并且一般双面都印上店铺名称，可使两边过往的行人远远地就看到招牌。它是一种常见的店铺招牌类型。

2. 招牌设计的注意事项

为了更好地突出店铺名称，体现店铺的个性特征，便于消费者识别，需要对招牌进行科学设计，主要需注意以下几点：

（1）内容准确。作为向顾客传递信息的一种形式，招牌的设计不仅要追求艺术上的美感，更重要的是内容要准确。店铺招牌要包括的内容是设计的核心部分，其内容主要为店铺的名称、店铺的标志、店铺的标准特色、店铺的营业时间，尤其是店名和店标（店徽）不可或缺。店名和店标要避免重复、雷同。

（2）色彩搭配合理。一般来讲，选择的色彩一定要协调，要有较强的穿透力。例如，交通指挥灯之所以采用红黄绿三色，就是因为这三种颜色穿透力最强，从很远的地方就能看到。色彩协调给人产生一种视觉的舒适感，而穿透力则能从很远的地方让公众注意到。法国的家乐福是以红蓝为主色调，深圳天虹商场则采用红蓝绿进行搭配。

（3）选材要得当。招牌的制作材料一定要慎重选择，材质既要经久耐用，也要能在不同环境下产生良好的视觉识别效果。木材、水泥、瓷砖、大理石及金属材料可作为招牌的底基材料，而招牌上的文字、图形可用铜质、瓷质、塑料材料来制作。这些材料各有利弊，可根据实际情况进行选择，趋利避害。

（4）摆放要适当。招牌制作好后，还必须摆放适当，才能够产生预期的效果。招牌的摆放主要有以下 4 种形式：①横置屋顶型，即在店铺顶部横向设立长方形招牌；②广告塔型，即在店铺的顶部设立一个柱形招牌；③壁面型，即在店铺外墙的一侧设立长条形招牌；④突出型，即在店铺墙角摆放不附墙体的招牌。

（5）要与周边环境相协调。在招牌的设计中，一定要考虑招牌摆放时的周边环境，要考虑与周围的建筑环境、风格是否匹配，与相邻建筑的招牌是否会发生冲突，能否在店铺林立的环境里凸显出来。

任务 4　设计连锁店铺的店门

店门是顾客进入店铺内部的必经之处，好的店门能让顾客产生整体的舒适感，并成为连锁店识别系统的重要补充。一般而言，在繁华地段建起来的连锁店铺不像有些企业那样有极大的空间来表现外观，通常外观设计的资源空间有限。因此在整体外观设计上，更要极力凸显所经营店铺的特色，通过图像、色彩等表现方式的运用来建造一个具有吸引力的门脸。

1. 店门的基本类型

（1）封闭型。这种类型的店铺面向大街的一面用橱窗或有色玻璃遮蔽起来，入口尽可能小些。采用这种形式的多是一些经营高档商品的店铺，如珠宝、影像设备的专卖店。这类店铺的接待对象为少数有钱人，所以橱窗设备不必太突出，要让行人难以看到店堂内部，从而营造一个优雅、安静的购物氛围。封闭型门脸突出了所经营贵重商品的特点，设计别致，用料精细、豪华，使进店的顾客产生一种与众不同的优越感，觉得在这样的店铺买东西自豪，体现了自己的身份地位。

（2）半封闭型。店铺入口适中且玻璃明亮，顾客能一眼看到店内的情景，然后被引入店内。这种店铺外观的吸引力是至关重要的。经营化妆品、服装等中高档商品的店铺多采用这种形式。他们的顾客预先都有购买商品的计划，当看到橱窗陈列时，便会径直走入店内进行选购。

（3）开放型。这种门脸正对大街的一面全面开放且没有橱窗，顾客出入方便，没有任何障碍。在我国南方实行全开放型的店铺多而北方则少些。这是由南北两地不同的气候决定的。出售食品、水果、蔬菜和小百货等低档日常用品的商店常采用这种形式。

2. 店门的设计要点

在店面设计中，顾客进出门的设计是重要的一环。店门的作用是引导人们的视线并使其产生兴趣，激发人们想进去看一看的参与意识。怎么进去、从哪进去，需要正确的引导来告诉顾客，使顾客一目了然。

（1）店门位置。将店门安放在店中央还是左边或右边，这需要根据具体人流情况而定，一般大型商场的大门可以安置在中央，小型商店的进出部位安置在中央是不妥当的。因为店堂小，直接影响了店内实际使用面积和顾客的自由流动。一些餐饮连锁店往往设在临街的二楼，店门就必须设在一楼，并且尽量显眼。

（2）店门性格。从商业经营观点来看，店门应当是开放性的，所以设计时应当考虑到不要让顾客产生“幽闭”、“阴暗”的不良心理，从而拒客于门外。因此明快、通透的门面才是最佳设计。传统的木门、金属门的封闭性早已不适应时代的发展。

（3）店门与环境。店门设计还应考虑店门前面的路面是否平坦，是水平还是斜坡；前面是否有隔挡及影响店门形象的物体或建筑，采光条件、噪声影响及太阳照射方位也是考虑的因素。

（4）店门材料。店门所使用的材料，以往都是采用较硬质的木材，也可以在木质外部包铁皮或铝皮，制作较简便。后来我国开始使用铝合金材料制作商店门，由于它轻盈、耐用、美观、安全，富有现代感，所以得到普及。无边框的整体玻璃门属于豪华型门扉，由于这种门透光性好，造型华丽，所以现在被首饰店、电器店、时装店、化妆品店、超市等各种类型的连锁店使用。

（5）店门的精神。主要是指连锁店将连锁企业的经营宗旨、经营战略、企业精神赋予到店门设计中。如有的连锁店门口设有坡道，是为了消费者推购物车方便，体现了服务第一、顾客第一的理念。有的连锁店门口摆了两个大狮子，这主要体现了连锁企业战无不胜、开拓进取、力争第一的霸气。有的店铺则在门口摆上了人物，如麦当劳。

项目二　连锁店铺营业现场环境设计

任务 1　理解连锁店铺营业现场环境设计的意义

连锁店铺营业现场环境的好坏直接影响到顾客的消费欲望。一个好的营业现场环境能吸引源源不断的顾客，而一个不好的营业现场环境却能使人产生望而却步的感觉。对于一个零售店来说，如何营造一个好的营业现场环境直接影响到其是否能有好的业绩，甚至是否得以正常营业。

好的营业现场环境设计不仅体现了一定的艺术美，也反映了连锁店铺独特的经营理念与风格，它们属于连锁店铺形象设计中视觉形象范畴，不仅要求方便顾客购物消费，而且要求独特新颖，在众多的竞争者中能够卓然出众，给消费者留下深刻的印象，使他们产生重复购买行为。

任务 2　设计连锁店铺营业现场色彩

色彩可以对消费者的心情产生影响和冲击。彩色能把商品的色彩、质感、量感等表现得极近真实，因而也就增强了顾客对销售商品的信任感。连锁店铺的色彩主要由店铺外观色彩、内部环境色彩和商品色彩构成。

1. 连锁店铺营业现场色彩搭配原则

连锁店营业现场色彩是由多个物品、物件的颜色综合构成的颜色，每一个细微的角落都应该以营业现场的主体颜色搭配相吻合，否则就会使得色彩紊乱，影响消费者的总体感知。

总体来说应讲求几大原则。

首先是内外结合。连锁店铺外观的色彩与内部，包括商品的色彩搭配应尽量一致，如果快餐店的门面以红、黄为主，里面就餐环境也应以这些颜色为主，而提供的快餐本身也应以这些色彩为主。

其次是考虑季节。有的连锁店的销售有淡季和旺季的区分，在色彩上应以旺季的需求为主。如火锅店通常旺季是在冬天，而冬天人们往往喜好暖色调，因此蓝色、白色等色调就尽量不要出现在火锅店里。

再次是考虑目标顾客。每个连锁店都有自己确定的目标顾客，在色彩的选择上也应尽量迎合目标顾客的喜好。如以青年为主要顾客群的时尚服装店，其内部装修及色彩搭配都应更现代而非传统，黑色可能成为选择之一。麦当劳快餐厅的内部环境设计就是以暖色为主，它能创造出温暖、活跃、热烈的心理感受，这主要是基于吸引快餐店的主要顾客——儿童、少年而考虑的。

2. 色彩冷暖与选择

不同的连锁店、不同产品有各自独特的色彩语言，对顾客心理产生的影响不同，这种作用在连锁店铺里特别明显。

红色、黄色、橙色被专业人士认为是“暖色”，这是在希望有温暖、热情、亲近这种感觉时使用的色彩。店铺应该运用这些色彩以及烛光和壁炉，以便对顾客心境产生影响，使他们感到温暖、亲切。大部分快餐店、儿童早教机构、儿童摄影店、婚纱连锁店等多选用暖色，以让顾客感觉到温暖和亲切。

蓝色、绿色和紫罗兰色被认为是“冷色”，通常用来创造雅致、洁净的气氛。在店铺中希望使人感到比较舒畅、明亮、环保的地方，或光线比较暗淡的走廊、休息室应用这些色彩，效果比较好。许多冷饮店、医药连锁店、洗衣连锁店等多选用这些颜色。

棕色和金黄色被认为是泥土类色调，可以与任何色彩配合。这些色彩也可以给周围的环境传播温暖、热情的气氛。传统的工艺品店或黄金首饰店多采用这些颜色。

黑色是吸光的，能给人以暖和的感觉，同时也给人以现代、时尚感，因此许多服装连锁店和美容美发机构会选择黑色作为店铺环境的主色调。

白色使人想到冰天雪地，给人以洁净、纯洁的感觉，选用单一白色的连锁店比较少，它往往与其他颜色搭配，使其更好地发挥它的调和作用。

3. 商品形象色

商品的色彩是做给消费者看的，消费者也有自己的色彩审美、色彩心理、色彩感觉、色彩感情，两者的统一将大大提高连锁店的销售额。商品形象色是指不同大类商品上，经常使用的能促进销售和便利使用的色彩或色调。有些色彩会给人以酸、甜、苦、辣等不同的味觉感受，以致不同的嗅觉感受。如淡红色、奶油色和橘黄色，点缀少量的绿色等，是促进食欲的颜色，因而食品类的陈列普遍采用暖色系的配色，反之则让人厌恶。

不同的商品具有不同的色彩形象，在设计连锁店铺卖场时，一定要正确处理一些商品的特点和习惯色调同连锁店铺环境的关系。比如服装讲求时尚与适合，除普通成人服装和童装外，均取高雅的色调。男性明快的色调显示活力强，有气魄；女性和谐、柔和的色调，烘衬温柔女性美。食品讲求安全与营养，多采用暖色系列。化妆品的功能是护肤美容，多用中性色调和素雅色调，例如淡淡的桃红色，给人以健康、优雅与清香感。玩具和儿童文具讲求兴趣与活泼感，多用鲜艳活泼的对比色调。药品讲求安全与健康，多采用中性色彩系列。偏冷色调给人以安宁冷静之感。

任务3　设计连锁店铺营业现场辅助设施

1. 营业现场照明设计

灯光照明是对店铺的“软包装”，体现着店铺在一定时期内的经营思想，也可以向顾客传递信息。现场内明亮柔和的照明，可以准确地传达产品与服务信息，美化环境，同时还可引导顾客入店，便于顾客选择产品或服务，缩短选购时间，增进效率，加速周转。所以，照明是营造店铺现场气氛的一种经济有效的装饰手段。

营业现场照明一般有以下类型：

（1）基本照明。这是为了使整个店铺各个部分能获得基本的亮度而进行的照明，也是店铺最重要的照明。由于许多店铺是开放式的，采用消费者自我体验方式。店铺对基本照明的要求就是明亮。只有灯光够亮，才能吸引顾客。一般来说，通常选用日光灯，日光灯管应安装在天花板内，使天花板形成光面，可以使店内灯光通明。店内照明度不一定平均分配，一般在出入口、主要通道以及营业场所最里面的地方，照明度要有所增强。出入口的照明主要为了达到吸引一般过往行人的注意，诱导他们进入店内；营业场所最里面的照明是为了把诱导入店的顾客进一步诱导到商店的深处，使他在行走过程中产生消费冲动。

（2）重点照明。这是为了突出某一特定商品而设置的照明，多采用聚光灯、探照灯等照明设备。特殊照明是为了突出显示商品，因而要考虑如何吸引顾客注意力，与商品色彩协调烘托。一般来说，白光易展示商品本色，色光易调节视觉的丰富感；灯光的近效果，使顾客观看清晰，易展示商品的品质，灯光的远效果，易于引起视觉注意，渲染商品外形美。在百货商店，以聚光光束强调珠宝玉器、金银首饰，不仅有助于消费者观看欣赏、选择比较，还可以显示出商品的珠光宝气，给消费者以强烈的高贵稀有的感觉。而在超级市场，特殊照明主要用于生鲜食品，尤其是瓜果蔬菜和鲜花等，在柔和的有色灯光照明下，既能起到装饰作用，又能让顾客产生丰富联想，爱不释手。

（3）装饰照明。装饰照明对商店光线没有实质性的作用，主要是为了美化环境、渲染购物气氛而设置的，多采用彩灯、壁灯、吊灯、落地灯和霓虹灯等照明设备。一般大型百货商店、大型连锁酒店、大型餐饮连锁企业多使用装饰照明来显示富丽堂皇。在设计连锁店铺的照明时，并不是越明亮越好。在连锁店铺的不同区域，如橱窗、重点商品陈列区、通道、一般展示区等，其照明光的强度是不同的，设计要求也不一样。

【案例点击】

NIKE专卖店——撷取奢侈品和运动品照明之长

传统的奢侈品照明，要求低照度，希望营造出高端和品位的吸引力；而传统的运动品牌照明，则要求的是让灯光反映出受众需要的青春和活力；在如何撷取两家之长方面，NIKE店堂的灯光设计一直延续着全球运动品牌专卖店的经典。

在NIKE专卖店，使用了在业内被誉为“商业场所照明之王”的飞利浦陶瓷金卤灯。其准确分布的灯光，不仅能很好地揭示陈列商品的独特性，而且具有防强烈反射光线的功能；在这样的光线下，消费者能够充分用眼睛来感受NIKE商品的高档质感。

NIKE 店堂的另一个显著特点是让从店堂外到店堂内光线的过渡流畅，且层次分明。为了做到这点，设计师有许多匠心独运：从进门开始，明亮的光环境和不同区域有层次感的照度分布，能帮助消费者产生愉悦的购物心情，并达到刺激消费者的购物欲，这些都构成了 NIKE 的活力的源泉。

专业的照明设计和实施，有力地推动了 NIKE 系列商品的销售业绩，更让 NIKE 的品牌形象更加深入人心。

思考：NIKE 专卖店使用的飞利浦陶瓷金卤灯主要用于什么照明？

2. 营业现场声音设计

声音在各种连锁店铺营业现场中经常运用。如果一家零售店在入口处经常有悦耳的音乐，往往会吸引顾客进入店内。一项调查结果表明：有 77%的调查对象在其购物活动中偏爱有背景音乐的伴随。一些轻松柔和、优美动听的乐曲能抑制噪音并产生欢愉、轻松、悠闲的浪漫气氛，使店内顾客有一种舒适的心情，放慢节奏，甚至流连忘返。商店在大拍卖时，就可以播放一些节奏比较快、旋律比较强劲的乐曲，使顾客产生不抢购不罢休的心理冲动。

【案例点击】

用音乐滞留你

进入星巴克，会感受到空中回旋的音乐荡在你的心魄。店内经常播放一些爵士乐、美国乡村音乐以及钢琴独奏等。这些正好迎合了那些时尚、新潮、追求前卫的白领阶层。他们天天面临着强大的生存压力，十分需要精神安慰，这时的音乐正好起到了这种作用，确确实实让你在消费一种文化，催醒你内心某种也许已经消失的怀旧情感。

一位顾客反映，星巴克人对此显得很会算计，他们会尽量选一些舒缓、优美的轻柔音乐，使人们沉醉其间，增加消费，这一点和一些快餐店截然相反。那些快餐店的音乐一般都是快节奏的，以期在音乐的暗示下，让你吃完快点走人。天津一位星巴克店长也直言不讳地说，星巴克期望你久坐在店中，然后用音乐来俘获你的心。不少人本来呆不上一小时就走的，结果为美妙的乐曲所诱，于是一下子呆了两三个小时，咖啡也从一杯可能增加到三四杯。人流量不增，咖啡销量却有可能翻番。如果店内的气氛不好，人家喝不完一杯就想走人，而且很可能再不会来了。

思考：是否所有的连锁店都适合用音乐？以你身边的连锁店举例说明。

声音是营业现场气氛的重要组成部分，声音的种类和密度可对店铺气氛产生积极的影响，但店内的各种声响一旦超过一定的限度不仅使顾客心情烦乱，注意力分散，还会使顾客反感。有些声音从局部看是必不可免的，如顾客与营业员的交谈，挑选时的试听、试用、试戴等产生的声音。但各种声音的相互交织极易变为噪音，形成对其他顾客的干扰，使顾客形成该商店购物环境差的印象。对于这类声音的利用与消除，一般通过商品合理布局的方式解决。如需要一个安静的购物环境的商品，应集中摆布或布局在高层或深处，以使其有一个相对安静的购物空间。

连锁店铺在选择背景音乐时一定要结合店铺的特点和顾客特征，以形成一定的店内风格；同时，还要注意音量高低的控制，既不能影响顾客用普通声音说话，又不能被店内外的噪音淹没；另外，音乐的播放也要适时有度，如果音乐给顾客的印象过于嘈杂，使顾客产生不适感和注意力被分散，甚至厌烦，这样不仅达不到预期，反而会影响销量。

3. 营业现场收银台的设计

大部分的连锁店都设有专门的收银台，不管是服装连锁店、药品连锁店、连锁家具卖场、百货公司还是连锁餐厅、连锁美容美发店、连锁酒店等，收银台成为连锁店与消费者产生金钱交易的场所，也是一个重要的服务窗口。

收银台的设计最重要的原则就是考虑顾客的方便。如大型超市收款台的数量应以满足顾客在购物高峰时能够迅速付款结算为出发点。大量调查表明，顾客等待付款结算的时间不能超过 8 分钟，否则就会产生烦躁的情绪。大型超市卖场内人很多，无形中加大了顾客的心理压力。收银台的设计原则应是快速、安全的准确结算。

收银台的设计风格应尽量简洁，稍作装饰即可。除保证干净、整洁，不可有破损、变色、污渍外，不能有任何颜色过于鲜艳、用意夸张的装饰。在收银台上陈列一些简单的小玩意儿是适宜的，如一个小鱼缸、一些草木或小型雕塑等，一可美化环境，二与收银员唱收唱付的微笑服务相得益彰，拉近与顾客的距离。

另外收银台也是重要的促销和宣传的重要场所。如许多化妆品连锁店借助收银台摆放新到化妆品、库存化妆品、推广期化妆品、标志性化妆品、促销化妆品，许多餐饮店在收银台的后面摆放高档酒与香烟等。

【案例点击】

收银台——屈臣氏成功之道：惊人的细节管理

屈臣氏的收银台除了付款功能，还有服务台功能，包含开发票、广播中心、顾客投诉接待、商品退换，还是一个商品促销中心、宣传中心。这样一个多功能的枢纽之地，屈臣氏有一套完整的独特操作方案。

1. 收银台的设计

在屈臣氏的店铺中会发现，收银台不象其他超市，这里很特别，屈臣氏的收银台高度为 1.2 米，据说这是顾客在付款时感觉最舒适的高度，不会因太高而显得压抑，在每个收银窗口处有个凹槽，这个设计是专门给顾客买单时放置购物篮的，在收银台上装设有一些小货架，摆放一些轻便货品，如糖果、香口胶、电池等可以刺激顾客即时购买意欲的商品，一切都非常人性化。

2. 收银服务要求

屈臣氏研究发现，在收银服务中收银台的员工必须做到两个最重要的方面，第一就是与顾客打招呼时一定要做到眼神接触。第二是尽量减少顾客付款排队的时间，屈臣氏调查显示，顾客购物中最怕的是排长队等待付款，由于都市白领更是讲究效率，所以规定收银员与付款顾客数量比例是 1:4，在收银台前，出现超过 5 个顾客排队买单，就必须马上呼叫其他员工帮忙，为了满足这种要求，屈臣氏店铺的所有员工都能熟练操作收银机。

3. 收银台的商品陈列

前面提到，收银台是一个促销中心，在屈臣氏促销活动中，一直都保持着三种超特惠商品，顾客一次性购物满 50 元就可以多加 10 元超值换购其中任一件，所以在收银台前面摆放的三堆商品就是这三种，顾客付款的时候，收银员会在适当的时候向顾客推介优惠的促销商品，让顾客充分感受到实惠。

4. 宣传中心功能

屈臣氏收银台的布置，必须体现当期正在进行促销活动，如陈列大促销挂画、发放促销赠品、促销宣传手册，收银员稍微有时间时，必须安排广播促销商品推介。

屈臣氏赋予收银台如此多的功能，其主要目的就是为了尽量提高工作效率，做好销售服务工作。

项目三　商品零售连锁店商品布局与陈列

连锁经营企业主要由商品零售连锁、餐饮连锁与服务连锁三大行业连锁企业构成，由于商品零售连锁主要以销售实物为主，需要占用大量的卖场空间，因此如何有效地利用空间范围进行恰当的商品布局与陈列，实现利润最大化，成为商品零售连锁企业需单独重点考虑的问题。本部分内容主要针对商品零售连锁企业进行讲解。

商品零售连锁企业的营业现场商品布局，主要是指根据商品分类、销售状况、价格高低和顾客活动规律等因素对商品进行位置的摆放。如楼层、里外、前后、左右进行现场商品布置，最终有利于商品销售，有利于方便顾客，有利于店铺环境设计，有利于节省店铺经营者的人力和时间。

任务 1　掌握商品布局重要理论

1. 商品重要性递减规律

商品重要性递减规律也即消费者购买顺序。商品主要有两大用途：一是生产，二是生活。连锁店面对的主要消费对象是居民个人，其次才是团体采购。商品在居民生活中的地位和重要性是有一定规律的，其主要内容就是食品和副食在居民生活中的重要性最强，日常生活用品居中，厨房用品最弱。而顾客对食品的购买顺序显示了食品的不同重要程度，其顺序是生鲜食品－半生鲜食品－冷冻食品－调味品－一般食品－膨化食品－日用食品；顾客对生鲜食品的购买顺序是：蔬菜－水果－鱼类－加工肉类－加工半成品等。

商品重要性递减规律对于连锁店的商品采购、组合、配置、陈列具有重要的指导意义，可以产生商品布局连续性展示的感觉。

2. “磁石”理论

“磁石”理论的关键在于“磁石”商品。所谓“磁石”商品，就是商品对顾客的吸引力的一种形象化说法。虽然连锁店经营的品种以大众日常生活必需品为目标，但其中不同商品类型、品种由于种种原因构成对顾客不同程度的吸引力。根据这种吸引力的不同，可以分为不同的系列，相应地给予不同的位置安排，这就是磁石理论。

以超级市场为例，一般磁石点可分为四个。

第一磁石点，位于商店中主通道的两侧，这是顾客必经之地，也是商品销售最主要的部分，此处应布局的是主力商品，超级市场可布置购买量最多、购买频率最高的商品，这类商品大多数是消费者随时需要，又时常购买的，如蔬菜肉类、生活用品等都应放于主通道两侧。

第二磁石点，位于主通道顶端，通常处于商店最里面的位置。第二磁石点陈设的商品应能诱导顾客走入商店最里面，一般应配置最新的商品，因为消费者总是不断追求新产品，把新的商品布局在第二磁石点，就可以把顾客吸引到卖场最里面；其次可以配置部分季节性商品，利用商品的季节性差价形成对顾客的吸引力；另外，配置一些华丽明亮的流行和时髦商品还可以弥补第二磁石点位置偏暗的缺点。

第三磁石点，商店陈列架两端的位置或出入口处端架和出入口处（包括店内楼梯口），这是卖场中顾客接触频率最高的地方。布局在第三磁石点的商品，就是要刺激顾客，留住顾客，所以可布局下列商品：特价商品、高利润商品、季节性商品和购买频率高的商品等。

第四磁石点，商店中副通道的两侧，这是一个需要让顾客在长长的陈列中引起注意的位置，在商品布局上必须突出品种繁多，以单品规划为主，即以商品的单个类别、品种来布局。为了使这些商品引起顾客的注意，应下功夫在商品陈列技巧和促销方法上对顾客做刻意的表达诉求。

任务 2　进行商品零售连锁店的商品布局

1. 营业现场商品布局类型

目前，店面布局主要有三种类型，包括格子式布局、岛屿式布局和自由流动式布局。

（1）方格式布局。这是传统的店面布局形式，超市卖场一般呈格子式布局。格子式布局是商品陈列货架与顾客通道都呈长方形状分段安排，而且主通道与副通道宽度各保持一致，所有货架相互成并行或直角排列，如图 5-1 所示。主要见于小型超市、药店、便利店。

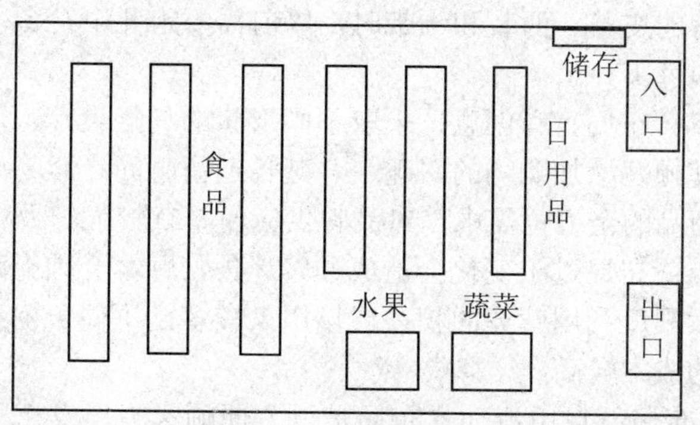

图 5-1　方格式布局

格子式布局的优点是：创造一个严肃而有效率的气氛；走道依据客流量需要而设计，可充分利用销售空间；由于商品货架的规范化安置，顾客可轻易识别商品类别及分布特点，便于选购；易于采用标准化货架，可节省成本；有利于营业员与顾客的愉快合作，简化商品管理及安全保卫工作。

格子式布局的缺点是：商场气氛比较冷淡、单调；当较拥挤时，易使顾客产生被催促的不良感觉；室内装修方面创造力有限。

（2）岛屿式布局。岛屿式布局是在营业场所中间布置成各不相连的岛屿形式，在岛屿中间设置货架陈列商品。这种形式一般用于百货商店或专卖店，主要陈列体积较小的商品，有时也作为格子式布局的补充，如图 5-2 所示。

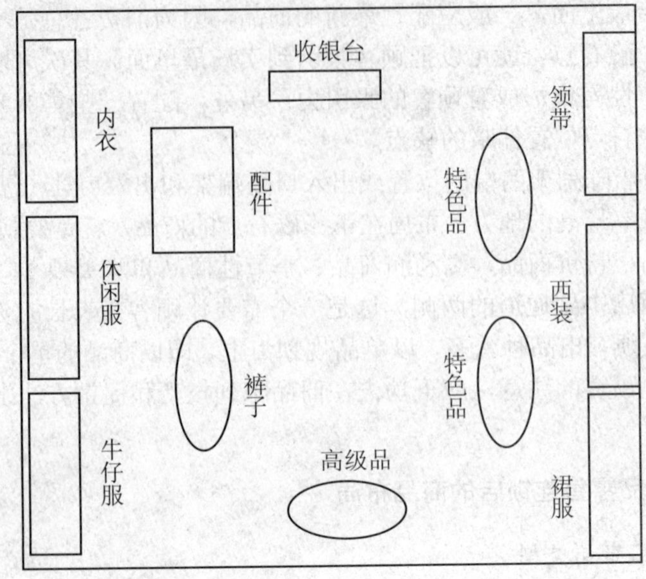

图 5-2　岛屿式布局

现在国内的百货商店正在不断改革经营手法，许多商场引入各种品牌的专卖店，形成“店中店”形式，于是，岛屿式布局被改造成专业店布局形式，并广泛使用，这种布局是符合现代顾客要求的。专业商店布局可以按顾客“一次性购买钟爱的品牌商品”的心理来设置。例如，在顾客买某一品牌的皮革、西装和领带时，以前需要走几个柜台，现在采用专业商店式布局，则在一个部门即可买齐。

岛屿式布局的优点：布局富有创意，采取不同形状的岛屿设计，可以装饰和美化营业场所；商场气氛活跃，使顾客增加购物的兴趣，并延长逗留时间；容易引起顾客冲动性购买；满足顾客对某一品牌商品的全方位需求，对品牌供应商具有较强的吸引力。

岛屿式布局的缺点：布局过于变化会造成顾客迷失，顾客会因无耐心寻找而放弃一些计划内购物；不利于最大限度利用营业面积；现场用人较多，不便于柜组营业员的互相协作；货架不规范，此布局的成本较高。

（3）自由流动式布局。自由流动式布局是以方便顾客为出发点，它试图把商品既有变化又较有秩序地展示在顾客面前。这种布局综合了上面两种布局的优点，根据商场具体地形和商品特点，有时采用格子形式，有时采用岛屿形式，是一种顾客通道呈不规则路线分布的布局。

自由流动式布局的货位布局多，顾客可以随意穿行各个货架或柜台；卖场气氛较为融洽，便于顾客自由浏览，不会产生急切感，增加顾客的滞留时间和购物机会，顾客感觉如在家中，比较放松。许多家具、建材、百货商店常用此法。

【案例点击】

宜家的商场布置

宜家的商场布局以消费者舒适购物为基础。进入商场后，地板上有箭头指引顾客按最佳顺序逛完整个商场。主通道旁边为展示区，展示区的深度不会超过4米，以保证顾客不会走太长的距离。展示区按照客厅、饭厅、工作室、卧室、厨房、儿童用品和餐厅的顺序排列。这种顺序是从顾客习惯出发制定的，客厅最为重要，饭厅是人们处理日常事物的地方，家庭办公室紧随其后，卧室是最后一个大型家具区。

在宜家的展示区中，有一个个分隔开来的展示单元，分别展示了在不同功能区中如何搭配不同家具的独特效果。每个宜家商场均有一批专业装修人员，他们负责经常对展示区进行调整。调整的基本要求是要符合普通百姓家居生活的状况。每个展示单元都标注实际面积。所有这些都是从顾客的需要出发，顾客可以原封不动地把展示区的摆设方式搬回家去，也会得到与商场中一样的效果。

在宜家没有亦步亦趋的销售人员，顾客可以自由地选择商品。宜家在所有商品上都贴有标签，这些标签上标明了产品的尺寸、采用的材料、价格、产地，可拿到产品的区域等，如果顾客还想了解其他信息，可以在咨询台得到帮助。

思考：哪些连锁企业适合采用自由流动式布局？

2. 营业现场商品布局方法

（1）多层连锁百货店卖场的商品布局。多层连锁百货店卖场的商品布置一般是：一层经营食品、化妆品、百货及妇女流行饰品等；二层、三层、四层经营时装、鞋帽、针织用品；再往上经营家电用品、文化用品、工艺品等；最上层安排各种风味小吃店、餐厅；屋顶则经营花卉、园艺、排挡等，并设有广场花园，供顾客休息、饮茶、娱乐等。

（2）单层超级市场的商品布局。

①面包与果菜品部：此部门的商品是主力商品，关联性较强，消费者在购买面包等食物时，也常会购买部分蔬菜水果。所以，这部分商品布局可沿着连锁店铺内墙的主通道布置，或采用岛屿式陈列。连锁店里的面包制作间，多位于内墙一侧，成为一大卖点。

②肉食品部：一般沿着连锁店铺的内墙摆放，方便顾客一边浏览一边选购。

③膨化食品部：饼干、方便面、儿童食品为主，多摆放在店铺卖场的中央位置，用落地式陈列，纵向布局为主，强调多种品牌的竞争。

④冷冻食品部：冷柜陈列，多摆放在一层或购物通道的后半段，这样可以缩短冷冻食品解冻时间，方便顾客携带，多和蔬菜靠近摆放。

⑤饮料部：以落地式货架为主，货架紧靠膨化食品区。有时和其他酒类相邻摆放。多为单独一个区域，甚至个别品牌在卖场中央搞堆头，形成展示区。

⑥奶制品：消费者多在购物的最后阶段购买奶制品，所以多以冷柜存放。靠近卖场一边，与冷冻食品和蔬菜相隔不远。

⑦日用品：一般放在连锁卖场的后半段，有时为最后部分，采用落地式货架，以纵向摆放为主。主要包括洗涤用品、卫生用品和其他日用杂品。

（3）进出口处商品的布置。这是顾客最先和最后接触的部位，主要布置色彩造型鲜艳美观的商品、挑选性不强的商品、购买频度大的商品、特色商品、即兴购买商品、儿童商品等，如化妆品、日用品、速食品、儿童膨化食品、饮料等。

（4）按顾客需求程度和选择要求布置货位。最畅销、最有利可图的商品放在最好的位置；利润少、销量小的商品放在较差的位置；销量大的商品放在中央位置或主通道；多层楼房时，一二层放销量大的商品，三四层放较贵的、单价高的商品。日常用品放在低层，耐用品放在较高的楼层。

（5）干扰性商品的布局。根据商品的性能和特点，选择适当位置，合理设计布局形式，如互有影响的商品分开摆放，比如面包和鲜鱼类、茶叶与医药类等。

【案例点击】

家乐福卖场布局

超市的规划设置仍是通过将高购买率、最吸引顾客的商品或区域放在门店的最深处或主要的通道上，以便吸引顾客完全将自己的门店光顾一遍。在家乐福二楼主要是展示一些非食品类商品。从二楼卖场入口进入的最右边主要是家电（如电视机、空调、电扇等）和手机售卖区。在卖场中部主要划分为四部分：音像制品（书籍、VCD 等）、家居用品（睡衣、拖鞋、拖帕等）、日常用品（电池、水杯、饭盒等）、衣物（有品牌和无牌子的成衣、内衣）。在卖场的最靠后的左手位置主要是卫生洗化用品等，如皂类、卫生纸、牙刷等；中间位置主要是 10 排左右的落地货架，主要放置化工品（如洗发水、洗面奶等类似品）；最右边（即最里面）主要是雅芳、美宝莲等化妆品的销售，有醒目的品牌标志。接下去是一楼食品类的布局。熟食、生鲜、速冻等最吸引顾客的区域设置在门店的最内部，一方面靠近后场的作业区，另一方面还可以吸引顾客走遍全场。果蔬区一般被认为是高利润部门，通常的布局是满足顾客的相关购物需求，安排在肉食品的旁边。由于奶制品和冷冻品具有易融化，易腐蚀的特点，所以一般安排在顾客购买流程的最后，临近出口，同时奶制品和冷冻品通常在一起，这样有利于设备的利用。烘焙品的主力商品是面包，销量大，毛利高，大多安排在第一货架和靠近入口的地方，这样不仅会刺激高价位的面包的出售，而且会避免顾客遗忘。杂品部分主要在超市卖场的中央，采取落地货架形式，布局为纵向陈列，这样顾客可以透视纵深。

思考：家乐福卖场布局遵循了什么布局理论？

任务 3　进行零售连锁店的商品陈列

商品陈列是为了最大限度地便利顾客购买，利用有限资源，在店铺总体商品布局指导下，实施货架顺序摆放、店内广告设计，合理运用照明、音响、通风等设施，创造理想消费空间的活动过程。

1. 商品陈列功效

法国有句很出名的经商谚语：“即使是水果蔬菜，也要像一幅静物写生画那样艺术地排列，因为商品的美感能撩起顾客的购买欲望。”有效的商品陈列可以引起消费者的购买欲，并促使其采取购买行动。总的来说，商品陈列主要有以下功效：一是增加销售机会，提高店铺销售业绩；二是弥补店面布局不足，改善购物环境，培育顾客忠诚；三是引导顾客、分散顾客、提示商品信息、宣传商品。

2. 商品陈列货架的上、中、下分段

一般都将货架依据重要性不同分为上、中、下三段。货架上好的陈列位置称为“上段”，是指与顾客的视线高度相平的位置，高度一般在 130～145 厘米之间；其次是“中段”，指与普通消费者腰的高度齐平的地方，高度一般为 80～90 厘米之间；最不好的位置称为“下段”，是指货架上 80 厘米到最低层的位置。三段与商品销售有密切关系。国外曾对某些商品进行测试，将商品在货架陈列中的纵向位置，进行上、中、下三段的调换，结果显示从上往下调整时，销售额减少，从下往上调整时，销售额增多。可见，商品在货架位置上的变化，会引起销售额的变化。

目前，在我国大陆、台湾、香港地区，普遍使用一种高 170 厘米、长 100 厘米的货架，这种货架非常适应东亚人的体型，货架高度比欧美的货架低 15～20 厘米。在这种货架上最佳的陈列位置是处于中段和上段之间的段位，即 80～130 厘米的位置，这一位置被称为货架陈列的黄金段。以高度为 170 厘米的货架为例，将商品的陈列位置细分为上段、黄金段、中段、下段。

（1）上段。货架最上层，高度一般为 130～170 厘米之间，主要陈列推荐商品和自有品牌商品或促销商品。

（2）黄金段。货架第二层，高度为 80～130 厘米，主要陈列高利润商品、有品牌商品、独家代理或经销的商品及其他重要商品。

（3）中段。货架第三层，高度为 50～80 厘米，主要陈列低利润产品或满足顾客需要不得不经营的补缺商品，目的是顾客在购买此位置商品时购买“黄金段”商品。

（4）下段。货架的最低层，高度为 10～50 厘米，主要陈列体积大、重量较重、毛利低、易破碎但周转较快的商品。如果某商品的顾客忠诚度较高，商品单价较低，无论陈列在什么位置顾客一定要买，那么这类商品也可以陈列在下段。

3. 商品陈列的主要方法

（1）柜台陈列法。指利用柜台陈列商品，包括柜面陈列和柜内陈列商品。柜面陈列可以放置一些小架子，也可以直接摆放有造型的商品，一般以小商品、香水为多。柜内陈列指在柜台里面陈列商品，以便选购。

（2）集中陈列法。集中陈列法是把同一种商品集中陈列在一个地方，这种方法是超级市场商品陈列中最常用和使用最广泛的办法，适合周转快的商品的陈列。使用集中陈列法时，周转快的商品给予好的陈列位置是一种有效提高销售额的手段。

（3）随机陈列法。随机陈列法是指将商品随意地摆放在固定货架上，不用讲求陈列造型与图案的方法。这主要是用来陈列特价商品的方法，给顾客留下随机品就是便宜品的印象，从而诱使顾客产生购买冲动。常见的随机陈列法的陈列用具主要有四角形和圆形的网状容器或带有凹槽的货架。

（4）盘式陈列法。盘式陈列法又叫割箱陈列法，指将商品包装箱底部以上的 2/3 部分剪掉，露出一排排的商品，以盘为底，以盘为单位，将商品一盘一盘地堆放上去。盘式陈列法也是为了突出商品的量感，提示消费者可以整箱购买。

（5）端头陈列法。端头是指双面的中央陈列架的两端。中央陈列架的两端是顾客通过流量最大、往返频率最高的地方，因此，端头是商品陈列的黄金地段，是最能吸引顾客注意力的重要场所。端头陈列的商品通常是高利润商品、推荐品、特价品、新产品或全国性品牌商品。端头陈列的可以是单一商品也可以是几种商品的组合。中央陈列架是非常引人注目的主要场所，如果将几种商品组合陈列就能够将更多顾客的注意力吸引过来。

（6）岛式陈列法。岛式陈列法是指在连锁门店的入口处、中部或底部不设置中央陈列架，而配置特殊陈列用的展台。岛式陈列的用具主要有直径较大的网状货筐、大型矮式冰柜和平台、木桶或塑料桶、屋顶架等，高度不能超过消费者的肩部。岛式陈列法可以使顾客从四个方面看到岛式陈列的商品，视野效果很好。岛式陈列的商品通常是颜色鲜艳、包装精美的特价品、新产品。

（7）悬挂式陈列法。悬挂式陈列法是指将一些没有立体感的扁平形或细长形商品悬挂起来的一种陈列方法。某些商品由于物理性能方面的限制，其外观很难打动消费者，通过悬挂，使商品变得生动起来，以增加商品销售的可能性。

（8）定位陈列法。定位陈列法是指某些商品一经确定了陈列位置后，一般不再变动的陈列方法。定位陈列的商品一般是经常使用和知名度高的名牌商品，由于消费者购买频繁、购买量大，因此需要给予固定位置陈列，以方便顾客（特别是老顾客）的购买。

（9）关联陈列法。关联陈列法是指将不同种类但相互补充的商品陈列在一起的陈列方法。关联陈列商品的类别应是按消费者需要进行划分，运用商品之间的互补性，确保顾客产生连带购买行为。

（10）比较陈列法。比较陈列法是指将相同商品按不同规格、不同数量予以分类，然后陈列在一起，使顾客通过数量和价格方面的比较来选择购买的一种陈列方法。

单元小结

连锁店铺外观设计主要包括标识系统的设计、店门的设计和招牌的设计等。标识系统主要包括店铺命名和店标设计。

营业现场环境设计不仅体现了一定的艺术美，也反映了连锁店铺独特的经营理念与风格，它们属于连锁店铺形象设计中的视觉形象范畴，不仅要求方便顾客购物消费，而且要求独特新颖，在众多的竞争者中能够卓然出众，给消费者留下深刻的印象，使他们产生重复购买行为。营业现场环境设计包括色彩的设计、音乐的设计、照明的设计、收银台的设计等。

商品零售连锁企业的营业现场商品布局，主要是指根据商品分类、销售状况、价格高低和顾客活动规律等因素对商品进行位置的摆放。营业现场商品布局主要有三种类型，包括方格式布局、岛屿式布局和自由流动式布局。

商品陈列是为了最大限度地便利顾客购买，利用有限资源，在店铺总体商品布局指导下，实施货架顺序摆放、店内广告设计，合理运用照明、音响、通风等设施，创造理想消费空间的活动过程。商品陈列的方法主要有柜台陈列法、集中陈列法、随机陈列法、盘式陈列法、端头陈列法、岛式陈列法、悬挂式陈列法等。

核心概念

连锁店铺外观设计　　标识系统　　营业现场商品布局　　商品陈列

实训设计

项目：选择感兴趣的连锁企业对其标识系统和招牌重新设计。

训练题

1．简述连锁店铺总体设计的原则。

2．连锁店的标识系统包括哪些组成部分？

3. 简述连锁店铺营业现场色彩设计的基本原则。

4. 简述营业现场照明的主要类型。

5. 举例说明商品重要性递减规律的具体运用。

6. 简述营业现场商品布局的类型。

7. 简述商品陈列的主要方法。

综合案例分析

7-11 连锁店：布局很精细

在日本，无处不在的 7-11 几乎已经成为人们生活中不可或缺的一部分。事实上，7-11 单个店面的营业面积较小，商品陈列有限，而且价格并不便宜，为什么还有那么多人趋之若鹜呢？7-11 的创始人铃木敏文认为，新兴零售业需要心理学。7-11 非常擅长研究消费心理，并最终操控了消费者的思维。然而，操控消费者思维绝非一日之功，它需要系统布局，合理运用能够对消费者心理产生影响的信息，然后整理组织成信息链，并通过整合行销形成思维轨迹的控制，一步步将消费者引入局中。

1. 开店布局——便民

为了创造一种良好的消费感受，“俘获”消费者的大脑和双脚，7-11 的布局在开店前就开始了。

出于便捷的考虑，7-11 只选择在消费者日常生活行动范围内开设店铺，如距离生活区较近的地方、上班或上学的途中、停车场、办公室或学校附近等，因为好邻居可以相互造势。

另外，为充分了解当地的消费心理和习惯，铃木敏文还规定，7-11 在开店前都要进行消费者实态调查，了解 7-11 形象的市场定位，发掘对便利商店功能及服务的扩张。这样的调查为 7-11 日后采取针对性的营销策略和手段提供了有效依据。

2. 店面布局——精细

店面布局是最直观、最能展现 7-11 形象的一面。到过 7-11 的人都有这样一种体会：店内地方虽小，却不显拥挤、杂乱，在里面购物感觉非常轻松和舒适。这一切，归功于 7-11 对有限空间的精雕细琢：7-11 便利店出入口的设计一般在店铺门面的左侧，宽度为 3～6 米，根据行人一般靠右走的潜意识的习惯，入店和出店的人不会在出入口处产生堵塞；7-11 的装潢效果最有效地突出了商品的特色，使用最多的是反光性、衬托性强的纯白色，给人感觉店里整洁、干净；7-11 店内通道直而长，并利用商品的陈列，使顾客不易产生疲劳厌烦感，不知不觉地延长在店内的逗留时间；7-11 在商品的陈列上下了很多功夫，使消费者马上就能看清楚商品的外貌；若商店的卖场一成不变，对顾客而言根本没有新鲜感，如果不能让顾客随时受到刺激，顾客不会一再地光临，因此 7-11 经常变换店内布置，以不断制造视觉上的刺激。

7-11 这种直观、整洁、宽松、新鲜的店内环境，在不断冲击消费者眼球的同时，也在日积月累中潜入人们的大脑，形成了一种美好的品牌感受。

3. 商品布局——激发冲动

在浏览了店内陈列商品后，人们总是会不由自主地产生这个想买、那个也想买的购物冲动。7-11 是怎样找到这些畅销商品并激起消费者购物欲的呢？提早消费者半步，满足他们的生活所需，是 7-11 各种热卖商品的成功关键。

因为年轻人对新产品信息的灵敏度特别高，是新消费趋势的导向者，7-11 就利用 POS 机收集的购买信息始终掌握消费新潮流的源头，从而开发出契合年轻人需求和喜好的各类产品。7-11 还曾推出以“你有 Say”为主题的活动，通过各种渠道，包括热线、网络意见箱收集顾客意见，全面了解顾客需要，从而推出更多创新的增值服务。

7-11 不仅提供有形商品，更是一个社区服务中心。在 24 小时零售服务的基础上，7-11 发展出许多便捷的服务，如“宅急便”（送货上门）、冲洗相片、代收电话费、代售邮票、代售音乐会票、代售飞机票、代办旅游事务、代售滑雪索道券、代售温泉券等。

现在日本 7-11 又增加了网上购物、查询、音乐节目下载、明星照片下载、旅馆预订、报纸订购、搬家公司预约、大学考试资料查询预订、订票等服务。另外，日本 7-11 还在店内设置银行自动取款机，基本上 365 天 24 小时随时可以存取现金、确认余额、汇款等。

总之，人们生活中常用的商品和服务，在 7-11 便利店基本上都可以得到满足，实际上，它已经具备一个社区服务中心的功能。

4. 服务布局——真诚

7-11 很清楚地知道，在购物空间和品种齐全方面，自己是没法与百货商店、超级市场相比的，所以必须扬长避短，在服务方面下功夫——对消费者体贴入微，让他们倍感亲切和舒适，以此来笼络人心。

7-11 一直坚持“商品和服务走在消费欲望的前头，让顾客感受超乎预期的满意”。在 7-11 购物不仅可以便捷地买到所需商品，购物过程也纯粹是一种享受。在这里，顾客不仅可以愉悦于良好的购物环境，也能充分领略亲切的服务，从而自在愉快地完成购物。

真正了解顾客心理的 7-11 不只是将问候语挂在嘴边，还包括其问候方式、问候时的情绪，连临时员工、勤工俭学的学生都必须接受指导，确实做好真心诚意的招呼。店员在使用这些寒暄用语时，必须面带笑容，真正让顾客体会到 7-11 的温暖和热情。7-11 还要求店员随时注意顾客的表情或行为，揣测顾客在想什么和想要什么。

天气的变化与门店的背景音乐会有什么关系？或许有人会发出这样的疑问。其实天气变化与门店的背景音乐有着十分重要的关系，日本 7-11 现在已经统一了门店的背景音乐，这形成了 7-11 独特的 CIS 的一个有机组成部分。而最具有人性化的是：通过软件企业将门店的背景系统整合进入门店的管理体系中，门店只需定时通过网络与总部系统联机，就能够更新门店的背景音乐信息。总部可以根据各地的天气情况将不同的背景音乐以及问候语、促销活动录制在背景音乐中，给顾客更为直接和便捷的服务。

单元六　连锁经营营销管理

本章导读

通过本单元的学习，学生应能够选择连锁经营企业目标市场；进行连锁经营企业的市场定位；明确连锁企业定价的影响因素；实施连锁企业的定价策略；运用连锁企业的定价方法；理解连锁企业的促销组合及目标和连锁企业的销售促进方法；理解商品零售连锁企业的品类及品种组合；掌握商品零售连锁企业的新产品引进过程；理解商品零售连锁企业的自有品牌开发的意义及方法。

知识点

（1）连锁经营企业的目标市场与市场定位；
（2）连锁企业定价的影响因素；
（3）连锁企业的促销组合及目标；
（4）商品零售连锁企业的品类及品种组合；
（5）商品零售连锁企业的自有品牌开发。

技能点

（1）实施连锁企业的定价策略；
（2）运用连锁企业的定价方法；
（3）连锁企业的销售促进方法；
（4）品零售连锁企业的新产品引进过程。

情境引入

2002 年 11 月 8 日，位于广州市的两家大型综合超市上演了一场激烈的价格大战，引起众媒体和市民的高度关注。此次激烈的价格大战从 11 月 8 日华润万佳天河北店开业拉开帷幕，并由“烤鸡争斗”引爆。首先是万佳的自制烤鸡打出了每只 5.9 元的“开业特价”，很快，仅隔 30 米的百佳金田店将同类烤鸡价格由每只 6.8 元降到 5.8 元。临近当日中午，万佳又将烤鸡价格猛降到每只 4.9 元，百佳再三犹豫，于当日下午 4 点，“咬牙”调低烤鸡价至 4.8 元……后来双方愈战愈勇，最终万佳将烤鸡价格降到了每只 8 角钱的超低价！

“战火”并未就此停歇，而是又从烤鸡蔓延开来，副食品、日化、家电等大批商品齐齐上演多个回合你来我往的价格“拉锯战”，两超市里相当多的同类商品连续 5 次降价。

华润万佳店里共有逾千种商品加入和百佳的低价比拼中，甚至有的商品以低于对手 50%的超低价出售。

低价引来抢购狂潮。闻讯而至的几十万消费者把两个经营面积都达 2 万平方米的大超市挤得水泄不通，烤鸡档前总是排着百米长龙，超市广播里不断地在疏导顾客。据悉，万佳店到晚上 12 点还有顾客排队结账，百佳的烤炉已坏了 4 台，还有 4 台也在满负荷运转。据粗略统计，仅 3 天时间里，消费者在万佳、百佳超市掷金逾千万元抢购低价货品！

价格战在大型零售连锁集团之间时有发生，以此延伸到广告大战、销售促进大战等一系列营销活动。成功的连锁企业应懂得营销的管理应有系统的思维，同时又要注意细节管理。营销是所有企业成功的重要手段，连锁企业也不例外。

市场营销是个人和群体通过创造，提供并同他人交换有价值产品，以满足各自的需求和欲望的一种社会活动和管理过程。连锁企业的营销活动需要识别顾客的需求与欲望，确定连锁企业所能提供的最佳服务的目标市场，并且设计适当的产品、服务和计划方案以满足这些市场需要。其目的是通过与重要的客户建立起特定的价值倾向关系，使顾客满意，并且获取利润。在新的历史条件下，连锁企业的营销策略必须要满足以顾客需求为中心的市场经济的要求。

项目一　连锁经营目标市场选择与市场定位

任务 1　选择连锁经营企业目标市场

为了适应经济的急速发展、商品的极大丰富、“买方市场”的形成及消费需求的差异化，连锁企业必须以市场为导向，围绕消费需求的变化和特点选择目标市场战略。目标市场选择需要经过两个步骤：市场细分与目标市场选择。

1. 连锁企业市场细分

市场细分化，是企业根据消费者需求的不同，把整个市场划分成不同的消费者群的过程。其客观基础是消费者需求的异质性。进行市场细分的主要依据是异质市场中需求一致的顾客群，实质就是在异质市场中求同质。市场细分的目标是为了聚合，即在需求不同的市场中把需求相同的消费者聚合到一起。就消费者市场而言，细分变量，归纳起来主要有地理环境因素、人口统计因素、消费心理因素、消费行为因素、消费受益因素等。表 6-1 展示了细分变量的具体因素。连锁企业的市场细分仍以这些变量为主进行细分。

表 6-1　主要市场细分变量

标准	因素
地理因素	国家、地区、城市、农村、气候、地形
人口因素	年龄、性别、职业、收入、教育、家庭人口、家庭类型、家庭生命周期、国籍、民族、宗教、社会阶层
心理因素	社会阶层，生活方式，个性，自我形象
行为因素	时机与场合，追求的利益，使用者，使用率，品牌忠诚度，购买的准备阶段，态度

【案例点击】

市场细分专家——“万豪酒店”

在“市场细分”这一营销行为上，“万豪”可以被称为超级细分专家。在早期，这家著名的连锁酒店针对不同的细分市场成功推出了一系列品牌：Fairfield（公平），Courtyard（庭院）、Marriott（万豪）以及Marriott Marquis（万豪伯爵）等。

Fairfield（公平）是服务于销售人员的，Courtyard（庭院）是服务于销售经理的，Marriott（万豪）是为业务经理准备的，Marriott Marquis（万豪伯爵）则是为公司高级经理人员提供的。后来，万豪酒店对市场进行了进一步的细分，推出了更多的旅馆品牌。

在原有的四个品牌都在各自的细分市场上成为主导品牌之后，“万豪”又开发了一些新的品牌。在高端市场上，Ritz-Carlton（凯撒·丽思）酒店为高档次的顾客提供服务方面赢得了很高的赞誉并倍受赞赏；Renaissance（新生）作为间接商务和休闲品牌与Marriott（万豪）在价格上基本相同，但它面对的是不同消费心态的顾客群体——Marriott吸引的是已经成家立业的人士，而“新生”的目标顾客则是那些职业年轻人；在低端酒店市场上，万豪酒店由Fairfield Inn衍生出Fairfield Suite（公平套房），从而丰富了自己的产品线；位于高端和低端之间的酒店品牌是TownPlace Suites（城镇套房）、Courtyard（庭院）和Residence Inn（居民客栈）等，分别代表着不同的价格水准，并在各自的娱乐和风格上有效地进行了区分。

伴随着市场细分的持续进行，万豪又推出了Springfield Suites（弹性套房）——比Fairfield Inn（公平客栈）的档次稍高一点，主要面对一晚75~95美元的顾客市场。为了获取较高的价格和收益，酒店使Fairfield Suite（公平套房）品牌逐步向Springfield（弹性套房）品牌转化。

思考：过度的市场细分可能给连锁企业带来哪些问题？

2. 连锁企业的目标市场选择

目标市场选定，即判断和选择要进入一个或多个细分市场的行为。连锁企业在选择目标市场策略时也有五种可供参考的市场选择模式。

（1）市场集中化。这是一种最简单的目标市场模式。即企业只选取一个细分市场，只销售或提供一类产品或服务，供应某一单一的顾客群，进行集中营销。例如儿童早教连锁机构主要针对1～6岁的婴幼儿提供早期教育培训服务，经济性酒店主要针对商务人士提供短期住宿服务等。

【案例点击】

“职达求职旅社”的目标市场

创办于2006年的“职达求职旅社”，在全国几个大城市设有连锁分店，这家旅舍以大学生求职群体为主要客户群体，不仅旺季的客房床位供不应求，部分门店更创下了近40%的利润率，与当前利润持续下滑的经济性连锁酒店形成鲜明对比。职达做过一项专门的调查，为了谋求较为满意的工作，中国高校学生在毕业前一年左右就开始奔走于北京、上海、广州等经济发达城市参加各种招聘会，参加企业的笔试、面试等。每年全国有500万应届大学毕业生，加上历届待业和跳槽者，每年有近1000万的大学生奔波在外。这些学生求职者一般经济比较窘迫，奔波求职的经历又比较漫长，因此他们很难有能力支付在一般酒店的长期住宿费用。对酒店行业而言，这其实是一个蕴藏着巨大需求，但过去少有人注意的细分市场。职达求职旅社就是瞄准了这一市场。

思考：市场集中化适用于什么类型的连锁企业？举例说明。

（2）选择专业化。指连锁企业选取若干个具有良好的盈利潜力和结构吸引力，且符合企业的目标和资源的细分市场作为目标市场，其中每个细分市场与其他细分市场之间较少联系。其优点是可以有效地分散经营风险，即使某个细分市场营利情况不佳，仍可在其他细分市场取得盈利。

（3）产品或服务专业化。指连锁企业集中销售或提供某一种产品或服务，并向各类顾客销售这种产品。如各种洗衣连锁店、美容美发连锁店、音像制品租赁店、房产连锁中介等，很多服务连锁企业具有这样的特征。再如重庆的“谭木匠”虽然只卖木梳子，却能在短短十年间发展成为拥有八百余家连锁店并且成功上市的连锁企业。可见产品专一化对于实现连锁企业的规模扩张具有重要的意义。

（4）市场专业化。指连锁企业专门经营满足某一顾客群体需要的各种产品或服务。如针对糖尿病人的食品连锁店、针对养宠物人士的宠物食品连锁店等。

【案例点击】

日本为老年人开便利店

为吸引新的顾客群，日本便利店经营商在日本冈崎市开设了第一批专为老年人服务的便利店。便利店的顾客群通常为二三十岁的年轻人，便利店之间的竞争十分激烈，许多商店生意不佳。

便利店经营商于是另辟蹊径，将新的目标客户群瞄准日本老年人，在日本各地少量开设专门为老年人服务的示范便利店。在这些便利店中，有专门为老年人设计的休息空间，放有桌子、液晶电视和按摩椅等。老年顾客购物之余，可以在此处自由地吃东西、聊天。货架之间的空间更大，方便老人推购物车行走。商店中卖的多为老年人偏爱的商品。便利店中所有的价格标签都是大号的，便于老人辨认，同时还配备有血压计。这项服务大受欢迎，老年便利店的营业额增长了50%。

思考：市场集中化与市场专业化的区别是什么？

（5）市场全面化。指连锁企业提供或销售多种产品与服务去满足各种顾客群体的需要。一般来说，只有实力雄厚的大型企业选用这种模式，才能收到良好效果。如百胜餐饮集团中国事业部在中国除了提供西式快餐——肯德基、必胜客欢乐餐厅、塔可钟墨西哥风情餐厅外，还开发了中式快餐——东方既白，以满足所有消费者对不同口味的需要。

【案例点击】

麦德龙在中国的市场选择

麦德龙集团有多种经营模式，如百货商场、大型超市、超级市场、专业店、仓储式会员店、大型装饰建材商场等。经过对中国市场长达 6 年的市场调研，他们决定率先引入仓储式会员店（目前仅这一种）。这种业态的主要顾客是小型零售商，他们对采购的要求是数量少、品种多，以有限的资金形成较丰富的商品结构，中国目前还较缺乏能满足这样要求的批发机构。据统计，上海地区商业系统中，从业100人以下的企业占97%，资金在100万元以下的企业占92.5%，市场潜力很大，具备实行低成本集聚战略的市场条件，但在中国大量的个人消费者成为其重要的目标顾客。为“有限顾客”提供高品质服务的主要做法有：

（1）麦德龙直接为企事业单位、中小零售商、宾馆等法人团体服务，顾客一律凭“会员证”入场购物，并可携带一名助手入内。

（2）商场的设计、商品的包装和经营管理都服从于为法人团体服务，并在商品信息和经营咨询上给予会员单位无偿的服务。如每两周向会员单位寄送邮报，提供商品特性、质量、规格和价格，便于全球客户作采购决策。

（3）公司和各商场均设立客户咨询服务部门，通过对收集信息的分析，针对各客户的经营情况进行业务咨询，提供有效的方案，帮助客户提高业绩。

（4）在周边竞争对手增加的情况下，麦德龙又推出了重点顾客服务制度，对采购量大的顾客进行特别的跟踪服务，始终保持密切联系。

（5）公司严格执行会员制，不允许社会个人入会，也不允许非会员进商场购物，以维护会员利益，维持正常的经营秩序。

思考：本案例告诉我们目标市场的选择应考虑哪些因素？

任务2 进行连锁经营企业的市场定位

连锁经营的市场定位包含两个方面：连锁企业的市场定位和连锁商品或服务的市场定位。

1. 连锁企业市场定位

连锁企业进行了市场调查、市场细分、选择目标市场后，下一步就是市场定位了。市场定位，即建立与沟通在市场上该产品关键特征的利益行为。对商业企业而言，选择什么层次、什么需求的消费群体为服务对象，明确这一目标或者说确立自己的目标市场就是市场定位，也就是企业以何形象去面对市场。主要有以下几点：

（1）连锁企业给行业内及相关企业的印象。在本行业内，企业的排名如何，企业是领跑者、竞争者还是跟随者，如苏宁、国美电器、上海华联集团等多年来一直是全国连锁企业百强的前几名，是市场的领先者。再如餐饮业，小肥羊、小尾羊、德庄、全聚德等成为全国餐饮连锁企业的佼佼者。

（2）企业在消费者心目中的位置。企业的经营以服务于消费者，服务于社会为最终目的。企业的市场定位是否得到消费者的认可是至关重要的，消费者对企业的认识主要包括以下几点：企业在国际、国内市场上的地位；企业在行业内的地位；企业的规模大小、人才素质、设施水平等；企业服务的商圈大小、人口多少；企业服务对象的宽窄、服务水平的高低；企业商品满足顾客需要的程度（消费者满意率）。

2. 连锁商品或服务的市场定位

连锁企业一旦选定了目标市场，除了进行企业的市场定位外，还要在目标市场进行产品或服务的市场定位。产品的市场定位是针对竞争者现有产品在市场上所处的位置，根据消费者或用户对该种产品某一属性或特征的重视程度，为本企业设计具有针对性的产品或服务。

产品或服务的市场定位是否准确，直接关系到营销过程的成败。尤其是在竞争比较激烈的市场上，准确定位几乎成为产品或服务能否为更多的顾客所接受，企业能否击败竞争对手的关键问题。图 6-1 是美国一个城市妇女服装零售商定位实例。

图 6-1　美国华盛顿妇女服装零售商定位图

项目二　连锁企业的价格管理

任务 1　明确连锁企业定价影响因素

连锁企业的定价行为并不是孤立地受某一种因素的影响，而是同时受多个因素共同影响下的行为，这些因素包括连锁企业自身特征、消费者价格心理、产品或服务的成本、竞争对手的价格策略等。

1. 连锁企业自身特征

连锁企业将产品或服务价格定在一定的价格水平上的决定，应当与连锁企业的经营品种、开设地点、促销活动、服务水平以及希望传播的关于商店的印象等因素互相配合。连锁企业首先需要确定的是它从经营的产品中实现什么目标。如果连锁企业已经认真选择好目标市场和市场定位，那么它的价格策略以及其他营销策略就会变得比较容易。

2. 消费者价格心理

连锁企业的价格水平既受消费者收入水平的制约，也受消费者价格心理的影响。消费者价格心理也就是消费者对商品价格水平的心理感知。它是消费者在长期的购买活动中，对商品价格认识的体验过程，反映消费者对价格的知觉程度及情绪感受。消费者对商品零售价格心理感知的速度快慢、清晰度强弱、准确度高低以及感知价格内容的充实程度，融入了消费者个人知识、经验、需要、兴趣、爱好、情感和个性倾向等因素，直接影响着消费者对价格水平的接受程度。

3. 竞争对手的价格策略

零售市场是一个高度竞争的市场，在这个市场中有众多的连锁企业经营同样的商品与服务，相互之间的竞争不可避免。价格竞争可以说是连锁企业之间的一种本能性的竞争形式。连锁企业在定价时需要考虑竞争者的定价。因为竞争者的定价影响着顾客对相同商品价格的选择。市场需求和商品的成本分别为连锁企业的商品价格确定了上限和下限，而竞争对手的成本、价格和可能的反应则有助于连锁企业确定合适的价格。连锁企业需要将自己的成本和竞争对手的成本进行比较，来分析自己是处于成本优势还是成本劣势。

4. 产品或服务的基本成本

连锁店在产品定价中，首先必须考虑的是产品的基本成本，包括产品的进货成本和服务的人工成本。它是产品定价的基础，也是定价的最低界限。连锁店只有使价格高于基本成本，才能收回总耗费并获得一定利润，保证商店正常运营。若连锁店以低于进货成本的价格出售商品，则不可避免地产生亏损，时间一长，经营必然难以为继。

对于商品零售企业，其产品的进货成本又与供应商有密切联系。与供应商的讨价还价能力以及双方的合作关系很大程度上决定了企业进货成本的高低及企业的竞争能力。

【案例点击】

麦德龙定价

麦德龙所有商品的价格都由上海总部采购制定，价格的制定有严格的规定，至少要满足以下几个条件：一是所有的商品不能出现负毛利。第二，整个麦德龙的商品销售必须达到一定的毛利，所以采购有很大的毛利压力。第三，麦德龙的所有商品都严格注明了含税价和不含税价，每一件商品都严格地纳税。

麦德龙的体制是采销分离，麦德龙所有商品的采购权全部集中在总部采购手里，采购对毛利负责；麦德龙对销售额负责。采购制定麦德龙所有商品的价格，所以，麦德龙与采购的合作至关重要。

麦德龙各销售部门以及超市高层管理人员都高度重视与采购的合作策略。首先是通过麦德龙内部邮箱，发邮件给采购，反映销售中遇到的商品价格问题，并提出建设性的建议。其次，通过电话、传真以及采购到巡视等途径与采购进行沟通，从而使问题能够及时解决。通过与采购的良好合作，麦德龙可以进行商品价格的调整，使麦德龙在大连市场更有竞争力。

以金石国际高尔夫有限责任公司到麦德龙的采购为例，2009 年 3 月，由麦德龙客户开发部开发的新客户金石国际高尔夫有限责任公司有意向与麦德龙合作。但是，由于金石国际高尔夫责任有限公司认为其中有几种商品的价格高于大连市场价格，希望能够适当降低价格。但是，麦德龙的所有商品都是由采购通过麦德龙的一套成熟的价格体系来制定价格的，所有的商品价格是不能随便变更的。

于是，酒水饮料部的主管首先收集竞争对手的价格，然后将客户的情况及竞争对手的价格通过麦德龙内部邮箱发给总部酒水饮料部的采购，同时附上一张有建设性的商品价格变更表。这份表格中的建议价格尤其重要，因为这一价格既要不高于甚至略低于竞争对手的价格又要满足客户的要求，更为重要的是使采购批准，采购要保证进行价格变更的商品是有毛利的，至少不出现负毛利。第二天酒水饮料部的主管通过电话与采购进行直接沟通，采购认为其中有一种单品的建议价格使该商品出现了负毛利，所以将其进行了更改。更改后的商品价格变更表经采购签字再传真给酒水部的主管。酒水饮料部的主管与金石国际高尔夫责任有限公司的采购进行沟通，双方达成采购协议后，麦德龙的电脑部才能及时地根据商品价格变更表进行商品价格变更。这实现了麦德龙与金石国际高尔夫责任有限公司的合作。

思考：本案例中连锁企业的定价受到以上哪些因素的影响？

任务 2　实施连锁企业的定价策略

连锁企业应综合分析以上定价影响因素，并结合自己定价目标来制定定价策略。同时，连锁企业各分店要遵循统一的定价原则。价格统一原则是连锁企业的特色之一。连锁企业价格权集中在总部，各个分店都执行总部统一的定价政策，执行统一的商品销售价格，不得随意变动。需要注意的是，统一的定价政策不是“统一的价格”，“统一”是指价格权的决定统一在总部，各个分店无权自行定价。随着连锁企业规模的扩大，连锁分店分布广泛，在各地区消费水平、消费习惯完全不同的情况下，强行实施绝对统一的价格，就有可能导致企业经营缺乏灵活性。

另外，连锁企业一般有三种定价策略可供选择：高/低价策略、稳定价格策略和低价策略。

1. 高/低价格策略

高/低价格政策是指零售商制定的商品价格有时高于竞争对手，有时低于竞争对手，同一种商品价格经常变动，零售商会经常使用降价进行促销。高/低价格政策目前在国内变得越来越流行，过去，零售商仅仅只是在季末降价销售，现在，一些商店几乎每天都有特价商品。一些新近成长起来的国内零售商已能熟练地运用该价格政策同强大的外资零售商展开竞争。

高/低价格政策主要有以下几方面的好处：刺激消费，加速商品周转；同一种商品价格变化可以使其在不同市场上具有吸引力；以一带十，达到连带消费的目的；对于以价格作为竞争武器的零售商而言，稳定的低价政策很难长期保持。

高低价格策略多见于各大超市连锁、家电连锁、建材连锁、IT 产品连锁店等。

2. 稳定价格策略

稳定价格策略是指连锁店基本保持稳定的价格，不在价格促销上过分做文章。当连锁企业已具有一定的市场份额，或不需利用价格来占领市场时，稳定价格策略可以尽量降低价格在营销手段中的地位，而更重视其他在市场上更有力或有成本效率的手段。

高/低价格政策主要有以下几方面的好处：稳定商品销售，有利于库存管理和防止脱销；减少人员开支和其他费用；为顾客提供更优质的服务；有利于品牌形象的塑造；保持顾客忠诚等。

稳定价格策略多见于百货连锁、高档服装品牌连锁、餐饮连锁和诸如洗衣店、美容美发店等服务连锁企业。

3. 低价策略

低价策略的最大特点是大多数产品长期保持同行业中最低的价格，这种策略与高价策略正相反，是将商品的价格定得尽量低一些，薄利多销，以量制价。目的在于使商品迅速地被消费者接受，打开和扩大市场，优先取得市场上的领先地位，并有效地排斥竞争对手加入，使自己能长期地占领市场。

但低价策略具有较大的风险，不是所有企业都可以实施的，这一策略应具备以下条件：规模经济、能大规模生产和销售；具有技术进步和技术创新能力；具有一流的管理水平、先进的生产设备、较低的负债率；能够抵挡来自同行业的压力；适用于长期价格需求弹性较大的产品。

低价策略多见于折扣店、平价药店以及一些餐饮连锁企业等。

任务 3 运用连锁企业的定价方法

定价方法是企业为实现其定价目标所采取的具体方法，可以归纳为成本导向、需求导向和竞争导向三类。

1. *成本导向定价法*

成本导向定价法又叫成本加成定价法。其优点是计算方便，而且在正常的情况，即在市场环境诸因素基本稳定的情况下，采用这种方法可以保证企业获得正常的利润，从而保证企业经营的正常进行。同时，同类商品在各商店的成本和加成率都比较接近，定出的价格相差不大，相互之间的竞争不会太激烈。此外，这种方法在心理上给人一种公平合理的感觉，容易被消费者接受。

成本加成法的计算方法是按商品的成本加上若干百分比的加成（预期毛利）。具体计算公式如下：

商品零售价格=商品进货成本×(1+毛利率)

例如，假设某一商品的进货成本为 100 元，零售商希望经营这种商品获得 30%的毛利，则该商品的零售价格为：

100×(1+30%)=130（元）

虽然成本加成定价法相对简单，但成本加成定价法注重的是成本，而忽略了市场需求的状况，缺乏灵活性，会使企业失去许多获得利润的机会。有些人将这种方法看作是一种导致平庸财务绩效的计划，因为任何定价方法如果忽视了当前的需求、预期价值和竞争，就不可能制定出最佳价格。

2. *需求导向定价法*

需求导向定价法是指企业在定价时不再以成本为基础，而是以消费者对产品价值的理解和需求强度为依据。需求导向定价法主要包括两种定价方法：认知价值定价法和需求差别定价法。

（1）认知价值定价法。认知价值定价法是以消费者需求为前提，是企业根据购买者对产品价值的认知（“值多少钱”）来制定价格。现实购买中，顾客往往是根据对价值的认知和感受而不是产品的实际成本去决定同意付出的价格。认知价值定价与现代市场定位观念相一致。企业在为其目标市场开发新产品时，在质量、价格、服务等各方面都需要体现特定的市场定位观念。

（2）需求差异定价法。需求差异定价法以不同时间、地点、商品及不同消费者的消费需求强度差异为定价的基本依据，针对每种差异决定其在基础价格上是加价还是减价。主要有以下几种形式：

①因地点而异。如国内机场的商店、餐厅向乘客提供的商品价格普遍要远高于市内的商店和餐厅。

②因时间而异。现在五一、国庆、春节三个长假日商品价格较平时有一些增长。

③因商品而异。在 2008 年奥运会举行期间，标有奥运会会徽或吉祥物的 T 恤及一些商品的价格，比其他同类商品的价格要高。

④因顾客而异。因职业、阶层、年龄等原因，顾客有没有需求，连锁店在定价时给予相应的优惠或提高价格，可获得良好的促销效果。

【案例点击】

相对价格比绝对价格更重要

7-11 懂得重视顾客心中价值，比把价格当利器的廉价商店更具优势。比如卖羽绒被，18000 日元的羽绒被跟 58000 日元的羽绒被放在一起，58000 日元的羽绒被完全卖不出去。但是 7-11 在两样商品之间，再放一种售价 38000 日元的羽绒被，58000 日元的羽绒被就卖得呱呱叫。因为 18000 日元和 58000 日元之间的差距太大，让顾客很难做比较，在这种情形下，顾客多半会买比较便宜的；但是中间再夹一种 38000 日元的货品，要比较三者就容易得多了。因为顾客会这样思考：18000 日元的羽绒被和 38000 日元的羽绒被，这里不相同；38000 日元的和 58000 日元的，那里不一样；58000 日元的羽绒被虽然贵了一点，但是比较划算。

在买方市场的时代里，便利商店成败的其中一个关键，就是如何建构一种即使定价低于进货价，都还是可以赚得利润的体制。所以铃木敏文认为现在经营便利商店，只会小学生的加减法是不够的。

思考：分析本案例遵循了什么样的定价思维？

3. 竞争导向定价法

竞争导向定价以市场上相互竞争的同类产品或服务价格为定价基本依据，以随竞争状况的变化确定和调整价格水平为特征，连锁企业主要有通行价格定价法和竞争价格定价法。

（1）通行价格定价法。通行价格定价法是竞争导向定价方法中广为流行的一种。定价是使各品牌连锁店的相同产品或服务的价格与竞争者的平均价格保持一致。这种定价法的目的是：

①平均价格水平在人们观念中常被认为是“合理价格”，易为消费者接受。

②试图与竞争者和平相处，避免激烈竞争产生的风险。

③一般能为连锁店带来合理、适度的盈利。

（2）主动竞争定价法。与通行价格定价法相反，它不是追随竞争者的价格，而是根据连锁店的实际情况及与竞争对手的产品差异状况来确定价格。一般为富于进取心的连锁店所采用。定价时首先将市场上竞争商品价格与连锁店估算价格进行比较，分为高、一致及低三个价格层次。其次，将连锁店商品的性能、质量、成本、式样、产量等与竞争连锁店进行比较，分析造成价格差异的原因。再次，根据以上综合指标确定连锁店商品的特色、优势及市场定位，在此基础上，按定价所要达到的目标确定商品价格。最后，跟踪竞争商品的价格变化，及时分析原因，相应调整连锁店商品价格。

项目三　连锁企业的促销管理

在激烈的竞争环境中，连锁企业日益认识到比选择适当的地点、商品、价格更重要的是与现有顾客及潜在顾客的沟通，重要的工具就是促销。

任务 1 连锁企业的促销组合及目标

连锁企业的促销是指连锁企业为告知、劝说或提醒目标市场顾客关注有关企业任何方面的信息而进行的一切沟通联系活动。连锁企业的促销手段也包括广告、人员推销、销售促进和公共关系。连锁企业对这些促销手段有所选择地加以组合使用就是促销组合。由于各促销手段具有不同的特点，对于不同性质的产品和不同业态的连锁店，促销手段起作用的程度各不相同。对于消费品市场而言，广告的作用最大，销售促进的作用次之，然后是人员推销和公共关系。

连锁企业应用促销活动的目标与企业经营目标是一致的，可以将之归纳为有利于提高长期的和短期的经营效果，如图 6-2 所示。

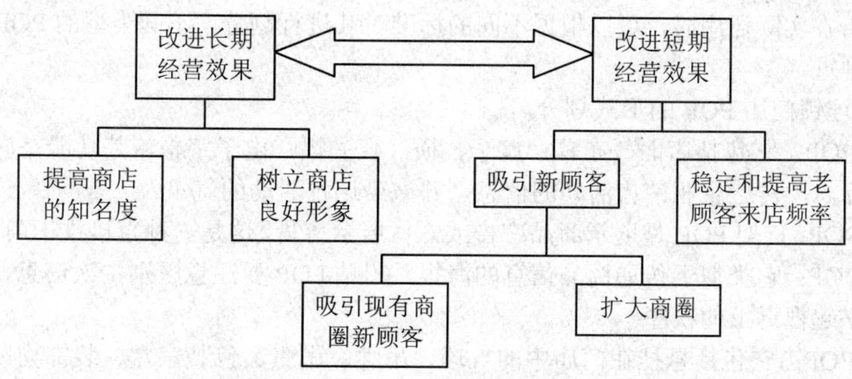

图 6-2 连锁店促销活动目标

任务 2 连锁企业的广告促销

连锁企业的广告促销是可以认明的连锁企业以付费的非人员的方式，向最终消费者提供关于连锁店、商品、服务、观念等信息，以影响消费者对连锁店的态度和偏好，直接或间接地引起销售增长的沟通传达方式。

1. 连锁企业常用的广告媒体

连锁企业通过各种媒体发布信息，开展宣传。媒体的选择应根据各种促销活动的方式、商圈范围、媒体成本等情况进行选择。如表 6-2 所示，可以看出，POP 广告由于费用低，使用时机多，成为连锁企业最常使用的广告宣传方式。

表 6-2 连锁企业常用广告媒体

媒体项目	使用频率	使用时机	费用
电视	少	开幕或多店联合促销	高
广播电台	少	开幕，周年庆，联合促销	高
店内音像	中	开幕，周年庆，联合促销	低
报纸	中	开幕，联合促销	高
POP	多	各式销售场所促销活动	低

续表

媒体项目	使用频率	使用时机	费用
电话	少	对固定顾客通知促销信息	低
户外宣传品	少	开幕宣传	低
网络	中	企业形象推广	低

2. POP 广告及其种类

POP 广告称为店面广告、卖场广告或销售点广告。它是一个与商品有连带关系的广告，是商店或连锁店在销售现场向顾客做的最后的广告。它的目的在于诱导顾客进店，使顾客容易选择商品，并提醒顾客注意促销商品，以促进销售。由于 POP 广告针对性较强，顾客可在短时间内近距离地接触它，容易留下较深刻的印象并且极易促成冲动性购买行为。

POP 广告在实际运用时，可以根据不同的标准对其进行划分。不同类型的 POP 广告，其功能也各有侧重。

（1）按连锁门店 POP 的形式划分。

①招牌 POP：它包括店面、布幕、旗子、横（直）幅、电子字幕，其功能是向顾客传达企业的识别标志，传达企业销售活动的信息，并渲染这种活动的气氛。

②货架 POP：货架 POP 是展示商品广告或立体展示售货，这是一种直接推销商品的广告。

③招贴 POP：它类似于传递商品信息的海报，招贴 POP 要注意区别主次信息，严格控制信息量，建立起视觉上的秩序。

④悬挂 POP：它包括悬挂在门店中的气球、吊牌、吊旗、包装空盒、装饰物，其主要功能是创造门店活泼、热烈的气氛。

⑤标志 POP：它就是已经介绍过的商品位置的指示牌，其功能主要是向顾客传达购物方向的流程和位置的信息。

⑥包装 POP：它是指商品的包装具有促销和企业形象宣传的功能，如附赠品包装、礼品包装及若干小单元的整体包装。

⑦灯箱 POP：门店的灯箱 POP 大多稳定在陈列架的端侧或壁式陈列架的上面，它起到指定商品的陈列位置和品牌专卖柜的作用。

（2）按连锁门店地理位置划分。

按连锁门店地理位置划分的 POP 类型分为店头 POP、店内 POP 及陈列现场 POP。店头 POP 是将店铺的存在及所经销的商品告知顾客，并将顾客引入店中的广告；店内 POP 是将店铺的商品与服务情况、店内气氛、特价品的种类，以及产品配置场所等经营要素告知消费者的广告；陈列现场 POP 广告是商品与服务附近的展示卡、价目卡及分类广告，它们帮助顾客做出相应的购买决策。POP 广告的种类及其主要功能如表 6-3 所示。

表 6-3　POP 广告的种类和功能一览表

媒体项目	使用频率	使用时机
店头 POP	店头看板（招牌）、商品与服务名称	告诉顾客这里有家店铺及它卖什么样的商品及服务
	橱窗展示、旗子、布帘	通知顾客正在实施特价大拍卖，或造成气氛。另外，给整个商店带来季节感，制造气氛

续表

区分	种类	功能
店内 POP	专柜 POP、引导 POP	告诉走进商店的顾客，商品及服务在什么地方
	特卖 POP、廉价 POP	告诉入店的顾客正在实施特卖的活动信息
	告知 POP、优待 POP、气氛 POP	告诉顾客商店性质及商品内容，也可以制造店内气氛
	厂商海报、广告板、场地 POP	传达商品及服务情报
陈列现场 POP	展示卡	告诉顾客商品及服务品质、消费方法及厂商名称等信息
	分类广告	告诉顾客广告品或推荐品的位置、尺寸及其价格
	价目卡	告诉顾客商品及服务名称、数量及最有影响的价格标示

任务 3　连锁企业的销售促进

1. 连锁企业的销售促进

连锁企业的销售促进是连锁企业针对最终消费者所采取的除广告、公共关系和人员推销之外，能够刺激需求、激励购买、扩大销售的各种短暂性的促销措施。相对于制造商而言，以连锁企业为代表的零售商更乐意使用销售促进策略，因为他们更喜欢直接针对目标顾客的促销措施，并希望在短时期看到立竿见影的效果。连锁企业在安排促销费用时，总是预先安排销售促进活动的费用，余下来才考虑广告和公关宣传。

销售促进的特点是：引人注目，吸引力强，销售促进在销售中能产生更快和更多可衡量的反应；形式多样，增强顾客的购买兴趣；吸引大批顾客，增加商店的客流量，促进其他商品销售；销售促进的效果是短暂性的，常常吸引品牌转换者，并不能产生新的忠诚的顾客。

2. 连锁企业的销售促进方式

连锁企业在实际经营过程中，为了争取到更多的顾客，可以采用多种推广方式来提升企业的竞争力。

（1）会员推广方式。企业会员制推广的一般作法是：由到某一场所消费或享受某一产品、服务的人们组成一个俱乐部形式的集合，加入俱乐部的条件是交一笔小数额的会费，成为会员后便可在一定时期内享受有折扣的消费或享受一定的优先服务的经营方式。会员一般以会员卡作为会员资格的凭证。许多餐饮连锁店、美容美发连锁店、大型超市等都采用会员制方式。

会员制给企业带来的利益有：以一定约束力的方式建立企业长期稳定的顾客来源；能培养连锁消费的忠实顾客；能给企业带来可观的会费收入，会员的变动情况可为连锁企业提供消费者的信息情报，有利于进行消费分析。

【案例点击】

力美健健身俱乐部的会员制管理

力美健健身俱乐部创办于 2001 年。从创建之日开始，力美健健身俱乐部一直以“专业、健康、尊贵、时尚”为宗旨，致力为社会各界精英打造全新的健康生活。在过去的 9 年里，凭借强大的实力和专业的服务，力美健占据南中国健身行业的领先地位，并首创了一对一的专业私教服务。目前，力美健已拥有 25 家一流水准的直营连锁健身会所，每家会所总投资接近2000万元，平均店面面积超过3000平方米，遍布广州、深圳、佛山、东莞、重庆5大城市，并仍然在不断地发展壮大。

力美健健身俱乐部的健身会员卡卡种丰富，适合不同健身需求的力美健会员，如全国通用金卡、广州通用金卡、专属金卡、半年卡、月卡和次卡等各种健身会员卡。

力美健健身俱乐部每周提供约150节健身课程，满足会员的不同喜好。多种类型的健身课程包括目前世界上最流行的（莱美）课程体系、风靡全球的Zumba课程、拉丁热舞、肚皮舞、钢管舞、现代舞、健康舞、街舞、民族舞蹈、跆拳道、拳击、有氧搏击操、搏击操、踏板操、形体艺术操、大球操、普拉提、太极、高温瑜珈、纤体瑜珈、养生瑜珈、力量瑜珈、减肥瘦身瑜珈、传统瑜珈、哈达瑜珈等。

力美健健身俱乐部采用统一会员制管理，以专业、健康、尊贵、时尚为宗旨，广泛推动国际级的健身体育文化，从而令大众得到健身康体、营养均衡及压力处理的正确观念。在经营理念上，并不仅仅局限于为力美健会员提供良好的健身设施和装备，更开创了华南区一对一的专业私人健身教练服务的先河，为力美健会员营造了一个时尚及休闲的健身空间。

（2）活动策划推广方式。活动策划是一种重要的推广手段。很多设计新颖的活动能吸引大批顾客，从而给企业带来更大的经济效益和社会效益。企业活动主要有以下几种类型：

①演出类活动。企业通过邀请著名的歌星、影星、艺术团、时装表演队、乐队来演出，吸引这些明星的崇拜者和顾客前来观看和消费。如某连锁酒楼策划的“西域风情”表演，特意从新疆请来艺术团体表演民族风情浓郁的新疆歌舞节目。

②节日类活动。节日是连锁企业开展活动策划推广的好机会，节日活动要以节日为背景，突出节日气氛。企业既可以举办中国传统节日活动，也可以举办外国节日活动。如在一年里可在春节、元旦、圣诞节、情人节、“五一”劳动节、中秋节、“六一”儿童节、国庆节举办各种主题活动。此类活动关键在于企业搞出有创意的精彩节目。

③娱乐类活动。主要是为了吸引顾客，企业可以在周末或特定的其他时间办一些娱乐活动，例如猜谜、抽奖、游戏等。通过这种活动形式，增加了顾客的参与兴趣，加大了客流量。

（3）奖励类推广方式。连锁企业的有奖推广是连锁企业根据自身的经营状况、产品及服务特征、顾客的情况，通过给予奖励来刺激顾客的消费欲望，从而增加经营效益的一种推广手段。有奖销售主要有刺激顾客购买、便于控制推广费用、树立和强化品牌形象、提升销售量等作用，是一种比较灵活的推广方式。一般分为消费奖励和比赛奖励两种。

消费获奖方式是顾客凡消费达到一定额度，均有获奖机会。由于连锁企业根据顾客的消费额度发放抽奖券或积分，然后在某一固定时间，经由媒体告知或直接通知获奖的顾客，到企业领取相应奖品。

企业竞赛推广是企业组织的各种特定的比赛，提供奖品，以吸引顾客，从而带动营业额提升的一种推广方式。它的主要形式有以下几种：在经营场所或通过媒介开展各类游戏活动，让顾客参加；让消费者回答问题；征求企业的宣传词和标识，使顾客参与企业的经营工作；针对商品开展竞赛，促进顾客对产品的认识、使用及兴趣。

（4）折价推广方式。折价推广是指直接采用降价或折价的方式招徕顾客。折价推广实质是把企业应得的一部分利润转让给消费者。折价推广是一种最古老、最常见、最广泛采用的推广手段：企业在进行推广活动时，折价推广也是使用频率最高的一种推广方式。当然在市场中，许多先提价后降价的虚假折扣是为人所不齿的。

（5）赠送推广方式。一种新产品市场知名度不高，用户也极少，为了打开销路，“免费赠送”是通常手法。相对于广告而言，免费赠送的花费并不大。赠品推广有以下几种：

①免费样品赠送。这是将产品直接送到顾客手中的一种推广方式。主要针对潜在顾客。当一种新产品或服务推向市场时，或者新开分店，为了鼓励顾客消费，提高分店的知名度和美誉度，可用这种办法。如北京华联连锁店送小袋味精、鸡精、化妆品等。

②免费礼品赠送。即设计一些带有连锁企业形象标识的小礼品，比如钥匙链、卡通玩具等。在新店开业或消费者购买一定数量的商品或服务时免费赠送，这样相当于做了一次广告。

（6）现场制作推广方式。即请经过专门训练的营业员或服务员在店堂作现场制作表演。如面包店的面包加工、洗衣店的现场洗衣、餐饮店开放式厨房等。现场制作有一定的技巧性、示范性和教学性，可以让顾客从中学到一定的技术窍门，得到快乐，由此产生兴趣。这对营造店内气氛，激发顾客购买欲十分有效。

项目四 商品零售连锁企业的商品管理

产品是市场营销活动中不可缺少的重要元素，或者是传统 4P 理论中的重要元素。与制造企业不一样，连锁企业等商业企业不直接生产有形的产品，但它们销售有形的商品并生产和销售无形的服务商品。对于连锁企业，商品或服务的选择是否正确、设计是否合理、更新是否适应市场的需要，是决定企业具有持续竞争力的重要因素。本部分内容重点讲解商品零售连锁企业的商品管理。单元七中详细讲解所有连锁企业的服务管理。

任务 1 商品零售连锁企业的品类及品种组合

1. 品类

所谓品类指一组被消费者了解的可以相互关联的、可以管理的、特定的商品的组合。按品类的结构，可分为部类、组类、大分类、中分类、小分类、单品等。通过品类的划分方便对品类进行科学管理。

（1）部组类。部组是最粗线条的分类。部组的主要标准是商品特征，如酒类、饮料、休闲食品、杂货、冷冻冷藏、自制熟食、面包、农产、畜产、水产等一系列产品分类。

（2）大分类。大分类是部组中细分出来的类别。其分类标准主要有：按商品功能与用途划分，如在冷冻冷藏这个部组下，可分出乳制品、奶饮料等大分类；按商品制造方法划分，如在畜产品这个部组下，可细分出肉类和配菜等大类；按商品产地划分，如在水果蔬菜这个部组下，可细分出国产水果与进口水果的中分类。

（3）中分类。中分类是从大分类进一步细分出来的类别。比如休闲食品部组下的饼干大类，按照其口味可以划分为咸味饼干、甜味饼干、原味饼干、加味饼干、营养饼干、点心类等；糖果、零食大类也可以分为肉干肉松、糖果巧克力、膨化食品等；按照制作方法的不同，可以将熟食大类分为煎炸、烧烤、卤和蒸。

（4）小分类。小分类是商品分类中最底层的管理单位，在小类下面就是单品管理。沃尔玛冷食大类的小菜中类下又可以分为海产小菜、豆腐小菜、蔬菜小菜、熟肉小菜、其他小菜等；点心类的饮料中类下又可以分为各个品牌的果汁和汽水等小类；水果大类中的本地水果中类又可以分为坚果类、柑橘类、瓜类、浆果类和热带水果等；在小类下是单品管理。

通过这样的分类，商品的类别管理划分得极其详细，有利于商品陈列和促销，每一次商品促销时都会依据不同部类下的不同商品进行不同方式的促销，为商品销售额的提高奠定了良好的基础。

商品的分类及其标准可参考表6-4。

表6-4 商品分类层次及其分类标准

分类层次	含义	划分标准	说明
大分类	零售商品中构成的最粗线条划分	商品特征	为了便于管理，零售企业的大分类一般以不超过10个为宜
中分类	大分类商品中细分出来的类别	功能用途	中分类在商品的分类中有很重要的地位，不同中分类的商品通常关联性不高，是商品间的一个分水岭，所以无论在配置上还是在陈列上都常用它来划分
		制造方法	
		商品产地	
小分类	中分类中进一步细分出来的类别	功能用途	小分类是用途相同，可以互相替代的商品，往往陈列在一起，相邻陈列的不同小分类商品具有高度相关性
		规格包装	
		商品成分	
		商品口味	
单品	商品分类中不能进一步细分的、完整独立的商品品项	唯一性	是最基本的层面，用价格标签或条码区别开来

2. 品类的角色

各个品类对商店的重要性、对目标购物群的重要性、对品类发展的重要性不同。不同品类在产品组合、货架安排、定价及促销方面应采取不同的策略。品类的角色是一个动态变化过程，强调随着季节、时尚、文化、顾客偏好等因素的变化随时调整。品类角色划分可参考表6-5。

表6-5 品类角色划分

按销售情况	畅销商品	平销商品	滞销商品
按价格和质量	高档	中档	低档
按商品的耐久性	耐用品	单品商品	
按顾客的选择程度	便利品	选购品	特殊品
按商品销售贡献	主力商品	辅助商品	关联商品

3. 商品组合

商品组合也称商品的经营结构，简单来说，商品组合就是连锁企业把同类商品或不同类商品，依据某种规格样式采取的销售组合和搭配模式。商品组合由若干商品系列（类型）组成，而商品系列又由若干产品项目组成，这种组成是有一定规律的。

商品群是指用一定的方法来集结商品。将这些商品组合成一个战略经营单位，来吸引顾客促进销售。商品群并不代表具体的商品，而是商品经营分类上的一个概念，商品群可以是商品结构中的大分类、中分类、小分类，也可以是一种新的组合。顾客对连锁企业的印象或偏好，不是来自于所有商品，而是来自于某个商品群，所以应该把商品群提高到经营和战略地位的高度。商品群给了消费者最原始、最直接的印象，所以连锁企业的经营者必须树立起“商品群是企业商品竞争战略单位”的观念，根据消费者的需求变化，组合成有创意的商品群，这种商品群可以打破商品原来的分类，成为新的商品部门。一般可采用的新商品群组合方法有以下几种。

（1）消费季节组合法。如在夏季可组合灭蚊子的商品群，辟出一个区域设立专柜销售；在冬季可组合滋补品商品群、火锅料理商品群；在旅游季节推出旅游食品和用品的商品群等。

（2）节庆日组合法。如在中秋节组合各式月饼的商品群；在老人节推出老年人补品和用品的商品群；也可以根据每个节庆日的特点，组合适用于送礼的礼品商品群等。

（3）消费的便利性组合法。根据城市居民生活节奏加快、追求便利性的特点，可推出微波炉食品系列、组合菜系列、熟肉制品系列等商品群，并可设立专柜供应。

（4）商品用途组合法。在家庭生活中，许多用品在超级市场中分属于不同的部门和类别，但在使用中往往没有这种区分，如厨房系列用品、卫生间系列用品等，都可以用新的组合方法推出新的商品群。由于现代化社会中消费者需求呈多样性变化，所以必须及时地发现消费者的变化特征，适时地推出新的商品群。

任务 2 商品零售连锁企业的新产品引进

在今天的商品零售业中，竞争变得越来越激烈。如何调整零售连锁企业的经营方式，形成自己的经营特色成为连锁巨头普遍面临的问题。其中，改善商品现有结构，不断引入新产品，成为连锁卖场竞争的一个重点内容。高效的新品引进是维持高效品种组合的要素之一，与竞争对手相比较，如果新品上架速度快，就会使顾客感觉该卖场品种多而新鲜。

这里需要注意的是，新产品是指本商店未曾经营过的产品，而不是市场上新开发出来的产品，有些产品对其他商店而言可能已经是旧产品，但对本商店而言可能还是新产品。新产品的引入主要在于如何选择及其引入方式上，要注意以下几方面：

（1）编制年度新产品引进计划。对新年度的新产品开发项目做系统的规划，内容包括增加新分类、增加新项数、增加商品组合群、确立每一分类的利益标准、季节性重点商品计划、自行开发商品计划等。

（2）新产品的选择。不论是厂商主动报价或基于市场需求而由零售业者主动询价，采购人员都应就新品的进价、毛利率、进退货条件、广告宣传、赞助条件等项目予以初评（见表6-6）。初评之后，还需经过具有商品专业知识的人员所组成的采购委员会进行复评，对拟引进的商品进行筛选，复评的项目除初评项目外，还需对产品的口味、包装、售价及市场接受程度等项目进行具体的评价，以防止不合标准的商品流入门店销售。

（3）新品试销。对连锁店而言，贸然将新品引入所有门店销售风险很大，所以通常选择部分门店先进行试销，再就试销结果做出是否推广到所有门店的决策。若新品试销效果良好，则采购人员应配合进货，制作新的商品陈列表。

（4）通知门店做好准备。新品全面引进门店之前，需事先以书面或计算机连线方式告知门店，并给予前置时间，要求门店限期做好新品引进的各项作业。

（5）新产品控制。商品导入卖场后要对销售状况进行观察、记录与分析，不能把商品一导入卖场就“放牛吃草”，不闻不问。新产品引进要给商场带来一定的利润，这一利润可参照目前商场销售同类畅销商品所获得利润或新产品所替代旧商品而获得的利润。例如，规定新产品在销售过程中，销售额必须达到同类销售商品的平均额，方可列入企业的采购计划商品目录中，成为正常经营商品。

表 6-6　新品引进评估表（便利店）

毛利率	酒类： 8%以下　1 分 8%～10%　2 分 11%～15%　3 分 15%以上　4 分	一般商品类： 15%以下　1 分 16%～20%　2 分 21%～25%　3 分 25%以上　4 分	特殊商品类： 20%以下　1 分 20%～25%　2 分 26%～30%　3 分 30%以上　4 分	得分：
配送	自行配送：1 分 指定配送：3 分	部分配送：2 分 直接配送：4 分		得分：
退货	不可退货：1 分 可换货：3 分	有限退换货：2 分 可退货：4 分		得分：
市场竞争力	超市差价幅度： -10%以下　1 分 -9%～0　2 分 1%～5%　3 分 5%以上　4 分	一般商店差价幅度： -5%以下　1 分 -5%～0%　2 分 1%～10%　3 分 10%以上　4 分	便利店差价幅度： -5%以下　1 分 -5%～0%　2 分 1%～10%　3 分 10%以上　4 分	得分：
广告	媒体： 宣传单　1 分 广播　2 分 报纸　3 分 电视　4 分	预算： 10 万元以下　1 分 11～50 万元　2 分 51～100 万元　3 分 100 万元以上　4 分	时间： 不定　1 分 1～2 周　2 分 3～4 周　3 分 5 周以上　4 分	得分：
赞助能力	年度销售折扣： 1%～2%　1 分 2%～3%　2 分 3%～4%　3 分 5%以上　4 分	上架费： 1000 元以下　1 分 1000～5000 元　2 分 5000～10000 元　3 分 10000 元以上　4 分	其他赞助费： 1000 元以下　1 分 1000～5000 元　2 分 5000～10000 元　3 分 10000 元以上　4 分	得分：
总分				

任务 3　商品零售连锁企业的自有品牌开发

1. 自有品牌开发的概念与意义

（1）自有品牌开发的概念。

自有品牌是连锁企业为了区别于制造商品牌，利用自己的资源优势，在经营销售的商品上加注自己的商标或商签，自己拥有并在自营商店内销售的品牌。自有品牌将顾客对知名连锁企业的认知转化为可带来利润的实在好处。

连锁企业自有品牌战略是伴随西方大型连锁企业集团发展而兴起的一种新的商品开发战略。这种战略使连锁企业集商品的经营权与品牌的所有权于一身，有利于实现更大的商业利润。在经济发达国家的超市、连锁店内自有品牌比比皆是，已成为商业流通领域内不可忽视的一股力量。

（2）自有品牌开发的意义。

①连锁企业开发自有品牌已成为一种趋势。连锁企业自有品牌的开发在国外已有几十年的历史，目前日益受到商业企业的重视，尤其是大型企业的重视。欧美的大型超级市场、连锁商店、百货商店几乎都出售属于自有品牌的商品。例如，美国沃尔玛拥有 2 万个供货商，其中较大的制造商有 500 个。这些制造商必须根据沃尔玛公司设计的造型、装潢、质量要求进行产品生产，生产出的产品印上沃尔玛的自有品牌名称。

②连锁企业开发自有品牌有利于降低成本，掌握更多的自主权。由于广告宣传、流通费用和竞争等因素的影响，商品在连锁店销售时，利润率已经相当低了。但这个困难可以通过开发自有品牌商品来解决。自有品牌商品由厂家和连锁店直接签订合同，因而广告费用少，流通过程短，更为重要的是，它按计划生产，风险由连锁企业负担，同时价格的决定权也属于连锁企业。这样，连锁企业不仅掌握了自己的货源，更掌握了自己的生命线。

③连锁企业开发自有品牌有利于保证商品质量，提高企业信誉。连锁企业开发自有品牌将会对商品质量更加重视，因为它直接影响到企业的声誉。因此，企业在开发自有品牌的过程中，会更加把好质量关，从而有效地杜绝假冒伪劣等不合格商品的进入。同时，在自有品牌的高品质、低价格的保证下，有利于连锁企业知名度和顾客信誉度的提高。

【案例点击】

英国马莎百货集团

英国马莎百货集团是开发自有品牌的卓越典范，其所有商品都使用自有品牌“圣米高”，马莎公司是英国最大的商业集团，创始于1894年，目前已成为在全球拥有600多家商店，65000多名雇员，年营业额达 72 亿英镑的跨国零售企业集团，具有很好的经营效益。在其成功的经验中，很重要的一点就是能从顾客的需要出发，主动开发自有品牌商品。在马莎总部雇有 350 多名技术人员，负责新产品的设计开发和对生产过程的监督。但是马莎集团并不是自己投资建厂，而是将所设计的产品交由制造商生产，所以被称为“没有工厂的制造商”。

2. 自有品牌开发方式

连锁企业自有品牌开发的实施分为委托定牌生产和自行设计加工两种方式。这两种方式各有优缺点，商家应根据自身情况选择采用。

（1）委托定牌生产。连锁企业拥有品牌的所有权，而把生产加工权转让给所选定的厂家，厂家按其提供的信息进行加工的生产方式称为“委托定牌生产”。这种方式的优点在于，避免了自行设厂的巨大投资，为连锁企业的资金运转减轻了压力。同时，被选定的厂家一般会按合同要求，严格把关，产品质量相对较高。缺点在于这种合作关系较为松散，双方难以保持良好的沟通，不能形成真正的利益共同体。

（2）自行设厂。自行设厂是整个生产全部由连锁企业自行运作的方式。其优点在于零售商从商品流通跨入生产领域，实现多元化经营，能降低经营风险，获取更大利润。在这种方式中，连锁企业与生产厂家隶属同一企业，能充分形成协调合作关系，在企业的统一调配下，商品流通过程趋向简化，从而降低了流通费用及消耗，在价格上更易掌握主动。缺点在于连锁企业一次性投资较大，多元化经营具有一定的风险。

单元小结

市场细分化，是企业根据消费者需求的不同，把整个市场划分成不同的消费者群的过程。其客观基础是消费者需求的异质性。

目标市场选定，即判断和选择要进入一个或多个细分市场的行为。连锁企业在选择目标市场策略时也有五种可供参考的市场选择模式。连锁经营的市场定位包含两个方面：连锁企业的市场定位和连锁商品或服务的市场定位。

连锁企业的定价行为并不是孤立受某一种因素的影响，而是同时受多个因素共同影响下的行为，这些因素包括连锁企业自身特征、消费者价格心理、产品或服务的成本、竞争对手的价格策略等。连锁企业一般有三种定价策略可供选择：高价策略、低价策略和适中价格策略。定价方法是企业为实现其定价目标所采取的具体方法，可以归纳为成本导向、需求导向和竞争导向三类。

连锁企业的促销是指连锁企业为告知、劝说或提醒目标市场顾客关注有关企业任何方面的信息而进行的一切沟通联系活动。连锁企业的促销手段也包括广告、人员推销、销售促进和公共关系。

品类，指一组被消费者了解的可以相互关联的、可以管理的、特定的商品的组合。按品类的结构，可分为部类、组类、大分类、中分类、小分类、单品等。通过品类的划分方便对品类进行科学管理。

自有品牌是连锁企业为了区别于制造商品牌，利用自己的资源优势，在经营销售的商品上加注自己的商标或商签，自己拥有并在自营商店内销售的品牌。

核心概念

市场细分　目标市场选择　定价策略　促销　品类　自有品牌

实训设计

项目：以小组为单位，以选择的连锁企业为背景，对其进行全面的市场分析、重新进行市场选择和定位并制定相关的营销策略。

训练题

1. 简述连锁经营企业目标市场的选择方法。
2. 简述连锁企业定价的影响因素。
3. 连锁企业如何正确运用定价策略与方法？
4. 对比分析连锁企业常用广告媒体。
5. 简述 POP 的种类及功能。

6. 描述连锁企业的新产品引进过程。
7. 商品组合的主要方法有哪些？
8. 简述自有品牌开发的主要意义。

综合案例分析

绿茵阁：成功经营策略

一、背景资料

在中国，绝大多数消费者把吃西餐当作是一件奢侈的事。柔和的灯光、典雅的装潢、精致的餐具、彬彬有礼的侍应生在很多人看来是一种遥不可及的贵族消费的体现，是与千千万万普通百姓无关的一种存在。

但是，在广州，名为绿茵阁的连锁咖啡厅，却得到了许多人的喜爱，成为朋友相聚、同事交流、与客户洽谈的首选之地。绿茵阁还特别受到了情侣们的青睐，每年的情人节，尽管绿茵阁提高了价格，增添了很多临时座位，但还是有一对对的情侣在春寒中手执“等候卡”排队等待，位于体育西路的一家分店的门口甚至出现过 700 余人排队等位的情况，这在餐饮业异常发达、素有“食在广州”之称的羊城，几乎是难以想象的。即使是餐饮业经营理念先进、管理方法成熟的香港同行，看到绿茵阁天河分店 500 个座位座无虚席时都连称不可思议。

如今，绿茵阁在广州、深圳已有 18 间自营店。另外，在南昌、长沙等城市另有 5 家加盟店，总员工 1500 人左右，成为“中国餐饮企业经营业绩百强企业”之一。

当绿茵阁起步时，中国的西餐市场并非一片空白，有一批老字号还是在当地有相当的影响力。比如创始于 20 世纪 50 年代的北京莫斯科餐厅，创始于 20 世纪初的天津起士林，在广州，位于北京路的太平馆于 1885 年开业，是第一家中国人自己的西餐馆等。绿茵阁咖啡厅为什么能从中脱颖而出呢?

二、市场状况分析

1. 消费者分析

广州是一个餐饮业极为发达的城市，2001 年餐饮业零售额达 239.9 亿元，超过了同期北京和上海餐饮业零售额之和（同期北京为 96.6 亿元，上海为 141.6 亿元）。2002 年上半年，广州餐饮业零售额为 130.18 亿元，同比增长 11.3%。广州又是一个中西方文化交融的地方，很多新产品、新观念容易被接受和推广。比如，第一家中国人自己的西餐馆就开在广州。在改革开放后，随着当地人们生活水平的提高，对于西餐的消费成为顺理成章的事。

但广州人对西餐的态度又与北京人、上海人有所不同。在北京或者上海，人们到酒吧、咖啡厅、西餐厅主要是追求一种高品味的感受。尽管广州也有相当一批西餐消费者是因为文化和时尚而消费西餐，但在很大一部分广州人看来，西餐厅与中餐厅没有本质的不同，广州人更注重实际，从很大程度上讲，西餐在他们看来就是另一种味道的饮食。

2. 消费者分类

（1）外来人士。广州是华南重要商埠，特别是一年两次的广交会及其他各类活动把世界各地的富商巨贾带到了广州。同时，广州是华南的历史文化中心，旅游业非常发达。商务人士和游客把对西餐的需求与消费带到了广州，促进了广州西餐业的发展，也带动了这个产业。

（2）环境特别需求者。虽然广州人对西餐的消费不像北京人、上海人那样包涵对西方文化的消费，但对西餐厅特别的环境还是有需求的。由于市场经济的发展，人们的消费能力增强了，面对的选择也多样化了，西餐厅的环境既不像中餐厅那么热闹，也不像快餐厅那么匆忙，无论是休闲还是谈话都十分方便。所以，很多人都把西餐厅作为与朋友、同事甚至客户商谈、交流、沟通的一个场所。还有些人把在西餐厅或咖啡厅当作思考、独处或处理一些工作的场所。

（3）追求时尚者。由于广州经济发达，所以产生出一批追求时尚的年青消费群体。他们追求品味和个性，又不宥于固定的模式和框架，主要以年轻白领和大、中学生为主。其中前者有一定消费能力，后者消费能力从总体上讲比较有限，但群体规模大，对西餐的认同程度高，他们都对西餐消费起到了推动作用。这其中以情侣用餐最为主要，每年情人节时尤其明显。

3. 竞争者分析

广州现有西餐厅主要有三类。

一类是酒店附设的，主要面向酒店住客，这其中以上面提到的第一类消费者居多，这类餐厅定位高档，环境优雅，原料从国外空运，如花园酒店的名仕阁等。

另一类是高档专业西餐厅，主要面向外籍客人和部分高级白领。这类餐厅环境闲适，风格独特，如向日葵、塞纳河等。

还有一类由中档西餐厅和连锁店组成，如绿蔷薇、名典、加州红等。这类餐厅更适合中高档消费群体，价格略低于前两类餐厅，面对的主要是对环境有特别需求者和追求时尚者。

三、绿茵阁咖啡厅的营销策略

绿茵阁咖啡厅能够在广州餐饮业激烈的市场竞争中站稳脚跟并高速发展，首先与其在营销方面一系列的策略是分不开的。

1. 定位准确

绿茵阁咖啡厅的管理者在餐厅初具规模时就明确了发展方向。这与他们在创业时走过的一段弯路也有一定的关系。20 世纪 90 年代初，位于西湖路的绿茵阁咖啡厅大获成功，作为创业者之一的林立用赚到的钱进军中餐，开设了惠福海鲜酒楼，由林欣接管绿茵阁的经营。但惠福海鲜酒楼的业绩平平。这时一位媒介朋友提醒他们：中餐馆已经强手如林，而西餐馆却还未有人称王称霸。林家姐弟分析后认为的确如此，不久就将海鲜酒楼结业，将全部精力集中到西餐业上来。而且，他们想的已经不仅是做好一间餐厅的问题了。他们萌发了经营一个长久品牌的想法，继而又明确了做中国西餐行业第一品牌的目标。

但要成为一个市场的领导者，必须有相当的消费者。尽管绿茵阁在西湖路很成功，可是广州当时消费西餐的人并不多，如何才能吸引消费者呢?为了打破人们对西餐的隔阂，降低价格，“先惠人，后惠己”，进行市场开发，让更多的人走进西餐厅，绿茵阁采取了一个大胆的策略：定位在满足第二、三类消费者的需求上。面向中档消费者为主，兼有西餐的舒适和中餐的随意，走中式西餐的道路。

2. 产品创新

绿茵阁贴近广州人的生活，对西餐的内容和做法进行了大胆的调整，很多广州风味的菜式都能在这里找到。在绿茵阁，既有咖啡也有老火汤，既有牛扒也有白饭。绿茵阁在西餐改良方面做得最早，也是做得最成功的。绿茵阁开业不久，有客人提出：希望能吃到油菜，能喝到老火汤（调查显示：虽然广州人喜欢西餐厅的幽雅环境，但却吃不惯正宗的西式菜肴——资料来源：《中国新闻社》网站）。绿茵阁的管理者意识到了广州市场的消费特点，适时做出调整和改变。现在，绿茵阁推出的海鲜饭、煲仔饭、特色炒粉等都受到了消费者的欢迎。在绿茵阁不但能品尝到正宗西式食肆、地道粤菜，而且，还有法国、意大利、澳洲、葡萄牙、泰国、马来西亚等国家的特色美食可供选择。西餐的菜式调整后更适合广州人的口味。在一些连斟水的位置都有讲究的西餐厅看来，这简直是离经叛道，但是正是这种改变适应了广州的市场，于是也就拥有了庞大的消费群体。

这种改变实际体现的是一种强烈的市场导向，对绿茵阁而言它所吸引的并非是一小部分追求正宗西餐的消费者，而是更广大的消费群体，他们追求的不是正宗，而是合适。

3. 传播策略

绿茵阁很早就在《广州日报》上做特约头版，这在广州餐饮业中是走在前列的了。

不过对绿茵阁而言更重要的还是一种口碑效应。广州人在吃的方面讲求实际，但是作为开放的大都市，这里的市民也更加成熟，愿意为良好的就餐环境消费，尤其是对环境有特别需求者。而绿茵阁正是抓住了这一点，在每一家洋溢着现代气息的分店里，环境都独具个性并体现潮流。渐渐的，消费者将在绿茵阁就餐的体验传递给亲朋好友，进而形成了口碑，在绿茵阁消费成为广州的时尚。如果有人用搜索引擎查询“绿茵阁”，一定会发现这三个字是经常出现在一些小说、散文等文艺作品中，其实绿茵阁已经深入到了很多广州人的生活当中，这就是其成功的最好例证。

问题：

1. 分析绿茵阁营销策略成功的关键环节是什么？如何保证这一环节的准确性？
2. 从绿茵阁的案例总结连锁企业营销管理的整个操作过程和思维。

单元七　连锁经营服务管理

通过本单元的学习，学生应能够认识连锁企业的服务及作用；区分连锁企业服务的类型；认识顾客对服务的期望；学会设计连锁企业的服务项目；理解连锁企业的服务蓝图；认识服务质量及服务质量构成要素；理解服务质量差距模型。

（1）连锁企业的服务及作用；

（2）连锁企业服务的类型；

（3）顾客对服务的期望；

（4）服务质量差距模型；

（5）服务质量及服务质量构成要素。

（1）设计连锁企业的服务项目；

（2）形成连锁企业的服务蓝图。

情境引入

对于一家连锁加盟店来说，装修高档和产品质量高绝对不是决定一切的决定因素。这是为什么呢？现实生活中，我们到外面也可以看到不少连锁店经过一番精心装修而营造出一番富丽堂皇的景象，或是专门进行了品牌设计，或是在产品方面独领特色之后仍然不赚钱，这是因为成功的关键并不尽在装修和产品本身。

从长期的市场竞争过程来看，连锁企业要想长期吸引顾客，要想赚钱，为了保证自己在竞争中一直处于不败之地，绝不能仅仅凭借技术上的优势。还需要有一个能让顾客满意的优质服务。可以举几个例子看看。

比如，一家引进了非常具有特色的新奇菜肴的连锁餐饮店，也有可能在短期内引得顾客纷纷蜂拥而至，但时过不久，却又重新陷入冷清、萧条的气氛之中。不知其餐饮管理者是否分析过出现这种现象的原因，但只要去过那家餐厅的人都会说那家餐厅的服务质量太差了，由此可见，服务质量低劣可以导致连锁店的生意从火爆到冷清，可能最后导致无法再经营下去的局面。

再比如，一家新开张的餐饮店，可能会凭借其装修的豪华和富丽引来许多顾客，但往往在几天之后便由顾客盈门而变得门可罗雀了。

从上面的两个例子中我们一定要明白，在当今社会中，仅仅凭借漂亮的外表和几道特色菜是无法吸引顾客的，更无法吸引众多的顾客和让顾客对自己长时期予以垂青。

现在，"优质服务"这个词已经变得比什么都重要了，它胜过其他一切因素，成为吸引顾客的最有力武器。所以，一定要给予顾客高度尊重和满足他们的愿望，让礼貌变成成功的钥匙，使谦恭成为明天的价值。

项目一 连锁经营服务的作用与类型

任务 1 认识连锁企业的服务及作用

正如在前一单元所述，大部分连锁企业所销售的产品既包括有形的产品也包括无形的服务。我们往往比较关注所销售的有形产品部分，或更为关注商品零售连锁企业所销售的产品。但不管是商品零售还是餐饮与服务零售连锁企业，无形的服务所创造的价值往往远远超过有形的产品。或简单来讲，连锁企业是属于零售业，而零售业本身就是属于服务行业。

在今天零售业高度发达、经营的商品与服务项目高度同质化的情况下，连锁企业要保持显著的优势是十分困难的，只有在规模经济的基础上，以高质量的服务来满足顾客的需要，才能形成自身持续的竞争优势。

1. 高质量的服务对连锁企业的盈利性产生积极作用

美国消费者事务局做过这样的调查：主动关心顾客，为顾客提供良好的服务，能变成一个巨大的利润中心吗?调查结果显示：在银行业、公用事业、自动化服务业、电器业以及零售业等众多行业中，通过寻找和处理消费者投诉项目，企业的投资回报率数零售业最高，达到400%。当然处理投诉项目只是服务的一个方面，但服务对零售业的重要性由此可见一斑。因此，连锁企业的经营者应该比其他任何行业的经营者更加重视服务。

2. 高质量的服务能够帮助连锁企业获得良好的声誉，从而吸引更多更好的顾客

若服务优良，公司会赢得积极的声誉，并通过声誉赢得更高的市场份额，比竞争者有能力索取更高的服务价格。对于连锁企业，这种声誉的扩大效应比其他服务行业更加明显。满意的顾客传播积极的口碑，可吸引新顾客，并进而提高市场份额。有调查表明，口碑对顾客购买决策的影响力是广告的两倍。不良口碑有若咒语，感到极不满意的顾客，要比满意的顾客更多地散布不良口碑。声誉口碑并非管理者所能操纵的，企业能采取的唯一行动就是提供使每一位顾客都非常满意的服务。

3. 良好的服务能起到防御性营销作用，留住现有顾客，培养顾客忠诚度

保留企业现有顾客的方法叫做防御性市场营销。研究人员在过去的调查中发现，顾客背离或顾客动摇现象在服务业和零售业中颇为常见。这对零售商而言代价很高，因为必须开发新顾客代替失去的顾客，这种替代需要很高的成本代价，除了涉及到启动运营费用外，还有广告、促销和销售成本。从其他企业获得顾客也是昂贵的计划，使竞争者的顾客转移到自己的企业与保持现有顾客相比，需要在服务上做出更大改进。

任务 2 区分连锁企业服务的类型

不管是商品零售连锁还是餐饮与服务连锁，服务的类型都可以根据服务过程、企业投入

的资源或按顾客的需要进行划分。

1. 按其售货过程的阶段划分

（1）售前服务：即在商品或服务出售以前所进行的各种准备工作，目的是向消费者传递商品或服务信息引起消费者的购买动机。如连锁超市里提供的商品信息展示、商品整理编配、商品的陈列与布局等，连锁餐厅里提供的菜品报价单、优雅舒适的环境等。

（2）售中服务：在人员服务的商店中，售中服务表现为服务人员在与顾客交易的过程中提供的各种服务，如百货公司产品介绍、帮助选购、办理成交手续、包装商品等服务；连锁酒店里接待顾客、提供餐饮、办理机票等服务。

（3）售后服务：即商品或售出后继续为顾客提供的服务。连锁店向顾客提供了商品或服务，顾客向商店支付了金钱，消费已基本完成。但对于一般的大件商品或特殊的服务，消费者在购买后可能会发生一些问题，要店铺提供进一步的服务。这类服务的目的是使顾客对商店感到满意，成为商店的回头客。包括退换商品、送货、维修、安装，或提供后续咨询，解决抱怨及赔偿等。

【案例点击】

麦德龙的售前、售中、售后服务

1. 售前服务

（1）客户开发部对客户的深度开发，包括明确目标客户；对客户进行管理分析；上门拜访客户，对有价值的重点客户深入调查，了解客户的需求.

（2）麦德龙为客户准备宽敞的停车位，有停车位600余个。

（3）客户进入麦德龙时，有彬彬有礼的保安检查会员卡，客户会有上帝的感觉。

（4）专门为适应客户需要安排经营时间。为了适应客户的需求，麦德龙的营业时间从上午6点直到晚上10点；在春节、中秋节等营业高峰期，超市的营业时间延长到晚上12点。

（5）超市里有宽敞明亮的购物环境，为专业客户大批量采购商品的方便而配备了铲车、大型推车，可以节省客户的购物时间。

2. 售中服务

（1）客户进入商品区选购商品，当客户需要了解商品时，员工会很专业地介绍商品情况，并非常礼貌地接待客户。如果客户不需要，员工不会喋喋不休地推荐商品。

（2）差异化的收银结算服务。麦德龙是为专业客户服务的商业企业，其结算方式目前主要有现金、本票、汇票、支票、月结账。其中汇票，即银行汇票，供外地客户使用。

（3）差异化的发票服务。麦德龙采用国际标准的A4大小的发票纸，上面清晰地记录了会员单位名称、地址、购货日期、会员编号、所购商品名称、单位、及总金额等信息，任何会员希望将发票开成别的商品名称或笼统开成大类名称都是不可能的。麦德龙在发票控制上可谓不惜成本，每张发票的成本是六角人民币。

（4）客户如果购买的商品较多，部门主管可以派本部门的员工帮忙上车，如果客户没有车，部门可以帮助叫车。当客户购买的商品金额达到一定的数量并且送货距离不超过10公里，麦德龙可以提供免费送货服务。

（5）按照客户要求对产品包装。

3. 售后服务

在客户的购买行为结束后，麦德龙的服务并没有结束。客户开发部的咨询员会针对自己负责区域的客户，根据他们在超市的历史消费记录，包括消费时间统计、种类统计、金额统计、最大成交额等，并结合超市该时期内商品价格，为客户制定一个推荐采购计划，主动、及时地满足客户需要，提供优质的服务。

思考：不同的连锁行业及业态售前、售中与售后服务的重要性是否一致？

2. 从投入的资源分类

（1）物质性服务：即通过提供一定的物质设备、设施为顾客服务，使顾客使用这些物质设备感到方便。如百货公司向顾客提供的信息室、电梯、试衣室、试鞋椅、寄存处、购物车，餐厅为顾客提供的洗手间、BB 凳、停车场等。

（2）人员性服务：即商品零售连锁企业的售货人员、导购人员、咨询人员，餐饮及服务连锁企业的各种服务人员等。他们提供的主要是劳务和信息的服务。零售业的服务人员要与顾客进行面对面接触，他们的形象和素质往往对商店的形象有最直接的影响，也是消费者评价商店服务质量的一个重要标准，应给予充分重视。

（3）信息服务：即向消费者传递商店所提供的商品或服务等方面的信息，使顾客了解商家、了解商品、了解服务，帮助顾客作出适当的消费决策。连锁企业提供的信息主要有 POP 广告、媒体广告、新闻宣传、商品目录、人员介绍等。

（4）资金付款服务：即提供消费者信贷或方便性付款，如提供分期付款、信用卡借记卡付款等。在提供信贷服务时，企业应考虑自身的承受能力及消费者的偿还能力，同时也应避免审查手续过于复杂。

3. 按顾客需要分类

（1）方便性服务：即方便顾客消费而提供的便利服务。这类服务是任何行业任何业态的连锁企业都应该提供的服务，也是店铺的基本服务，满足顾客购物的基本需要。这类服务包括：提供方便的营业时间；商品与服务有指示说明标志；店铺内部有足够的空间，井然有序，色彩搭配协调；服务员应具备基本的业务素质等。

（2）伴随性服务：即针对顾客在获得商品或服务的过程中提供的必然服务。这类服务与购买商品与服务直接联系。如超市里提供导购人员、现场演示、送货、安装、包装等服务，美发店为顾客提供的洗头、按摩、剪发、造型等服务。

（3）补充性服务：即对顾客期望得到的非购买商品或服务而额外提供的服务。这类服务对顾客起着推动作用，辅助商店成功地经营，也可以说是推销性的服务。如商场里的洗手间、休息室、寄存物品、电话咨询、订货、照看婴儿等服务，美发店为顾客提供免费上网、报刊杂志浏览等服务。

项目二　连锁经营服务设计

任务 1　认识顾客对服务的期望

服务的设计与标准化一直以来是影响连锁企业发展的重要瓶颈，高质量高标准意味着高成本，但顾客并不一定愿意为此买单，因此认识顾客对服务的真实期望成为连锁企业设计服务的标准和参考点。

顾客对于连锁企业的服务有几种不同类型的期望。第一个水平称为理想服务，是顾客认为“可能是”与“应该是”的混合物。但是，由于现实条件的限制，顾客希望达到其服务期望但又常常承认这是不可能的。因为这个原因，他们对可接受服务的门槛有另一个低水平的服务期望，这个低水平的服务期望称为适当服务——顾客可接受的服务水平。适当服务代表了“最低的可接受的期望”，反映了消费者相信其在服务体验的基础上可得到的服务水平。

图 7-1 显示了这个期望标准，即期望的上限和下限。该图描述了在两个服务标准的基础上顾客评估服务绩效的想法：他们希望得到和他们认为可接受的。

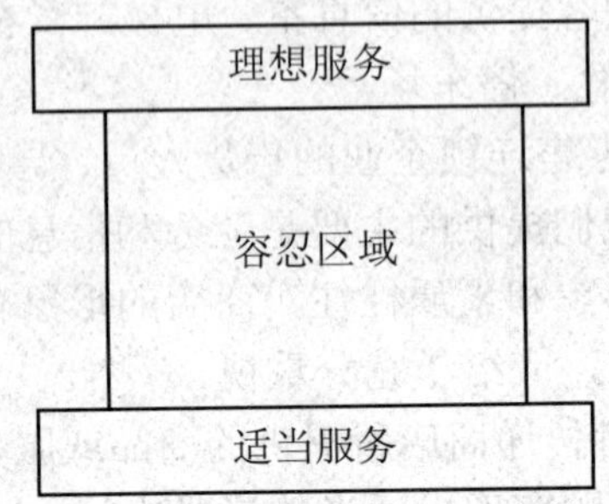

图 7-1　顾客的两个服务期望水平

顾客承认并愿意接受该差异的范围叫作容忍区域。假若服务降到适当服务水平，顾客将感受到挫折并对商店的满意度降低。假如服务水平超过了容忍区域的上限——超过理想服务水平，顾客会非常高兴并可能非常吃惊。因此容忍区域是这样一个范围，在这里顾客并不特别注意服务绩效，但在区域外该项服务以积极或消极的方式引起顾客的注意。

不是所有的顾客对所有的服务项目都会有相同的容忍区域，这就给企业服务的设计者提出了挑战。

1. 不同行业不同业态的连锁店，顾客对其服务期望不同

这就是为什么超市雇佣为数不多的雇员能使顾客感到满意，而在豪华的百货商店里，许多穿着礼服、彬彬有礼的服务员也不一定能使顾客满意的原因。同样，到一般的快餐店就餐，顾客愿意自己到前台取食品，而在正规餐厅或酒楼这将变得不可思议。

2. 不同的顾客具有不同的容忍区域

一些顾客的容忍区域较窄，他对连锁企业提供的服务水平会比较挑剔；而一些顾客的容忍区域较宽，他对连锁企业偶然出现的服务差错也能接受。如有的消费者对于美发师手里的剪刀是否清洁很在意，有的消费者却不把此当回事。

3. 不同的服务维度导致不同的容忍区域

顾客的容忍区域也因不同的服务特征或维度的不同而不同。因素越重要，容忍区域有可能越窄。一般来说，顾客对不信赖服务（破灭的承诺，服务的出错）比其他服务失误有更少的容忍性，这意味着，他们对该因素有更高的期望。除了对最重要的服务维度和特征有较高期望外，与不甚重要的因素相比，顾客有可能更不放松对重要因素的期望，使最重要服务维度的容忍区域缩小，理想服务和适当服务的水平提高。如不管你在美发店美发的过程中所受到的服务有多么满意，但最终的头发剪得不好，将使得其他的服务黯然失色。同样，到连锁

餐厅就餐，菜品的味道是较重要的服务维度，比起其他服务来说顾客的容忍区域较小。

总之，顾客有两个不同水平的期望：理想服务和适当服务。理想服务的水平比适当服务水平稳定，容忍区域介于两者之间。容忍区域随顾客不同而不同，即使对同一顾客，容忍区域也可以扩宽或锁窄。连锁企业在设计服务时，不仅需要弄清楚顾客的服务期望，还需要弄清楚顾客对服务的容忍区域。

任务 2 设计连锁企业的服务项目

1. 连锁企业服务项目设计

设计服务项目不仅指设计服务的单个项目，连锁企业的服务项目应包括对企业所提供的服务项目、服务项目的质量和服务项目价格三个主要问题共同做出决策。

（1）服务项目设计。每一家连锁企业都必须针对具体情况确定哪些服务是目标顾客期望的适当服务，哪些服务是目标顾客期望的理想服务。适当服务是连锁企业必须提供的，如果适当服务缺乏将会导致顾客流失；理想服务不必强求，但连锁店提供一定的理想服务有助于强化顾客忠诚，提升企业形象。

（2）服务质量设计。提供什么质量水平的服务也是连锁企业必须考虑的，因为服务质量不仅关系着顾客的满意度，而且关系着连锁企业的服务成本。高档次的连锁餐厅应比一般的快餐店提供更高质量的服务，因为这类餐厅将服务差异化作为自己的竞争战略，而连锁快餐店则是将成本领先作为竞争战略。因此，在高档餐厅里，顾客有自己的包房，提供独立的卫生间、电视，还有停车服务等。而在快餐店里，顾客只可能在大厅就餐，共用卫生间。在这一例子中，服务项目可能是相同的，但服务质量不同。

（3）服务价格设计。连锁企业要为每个服务项目确定收费情况。连锁店面临着向使用服务的顾客收取服务成本，还是向所有顾客收取服务成本，还是免费提供服务的选择。如果连锁店提供全部的免费服务，可能会使一些服务成本增大到难以承受的程度；而提供过多收费服务，又会使顾客对不断的收取费用感到不满意，感到店门难进，消费不起，最终使服务优势变成了服务劣势。

2. 服务项目设计应考虑的因素

服务整体的设计，需要考虑众多的因素，如服务效果、店铺特点、竞争对手提供的服务、经营商品的特点等。根据对这几个方面的情况进行的研究，确定为顾客提供的服务项目、质量和收费情况。做好这项工作，就可以通过保持现有顾客，吸引新的顾客，为企业带来长远利益。

（1）不同服务的效果。

一项服务项目应该直接或间接地促进销售，而不能完全与销售无关系。连锁店在设计服务项目时要研究服务与销售量的关系。

从图 7-2 中可以见到某项服务及其质量对销售量的影响。A 线表示服务项目的服务水平与销售量无关或相关程度很小；B 线表示服务项目的服务水平与销售量成线性关系，提供一定的服务项目也会相应增加销售量；C 线表示增加服务项目在开始时能够促进销售量的增长，但继续增加服务项目，销售量增加缓慢，甚至停止增长；D 线表示在一定的范围内增加服务项目提高服务质量对销售量的影响很大，而且在服务质量较低时，对销售量影响很小。

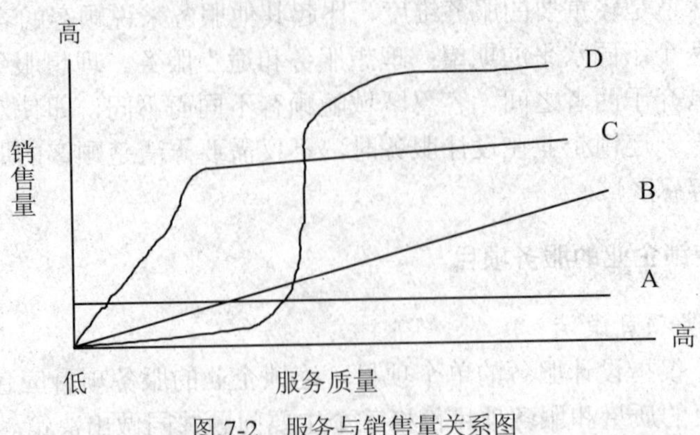

图 7-2　服务与销售量关系图

由上可知，服务项目与销售量的增长并非都有关，因此连锁店确定服务项目不是越多越好，而是要考虑增加一项服务项目以及该服务项目应达到的质量标准对销售量的影响作用。

（2）连锁店的特点。

不同行业不同业态的连锁店所提供的服务水平是不相同的。

在商品零售连锁经营中，对顾客而言，大型百货商店提供的导购、送货上门、退换、售后保修等多项服务是期望之中的；对于超级市场和折扣商店，人们期望更多的是购物便利与价格合算。由于企业提供的服务不一样，于是产生了百货商店、超级市场、专卖店、购物中心、仓储式商店、24 小时便利店等多种商品零售业态之间的区别，它们以各自的服务特色满足着不同顾客的不同期望。

同样，对于服务连锁经营，各业态定位不一样，服务项目设计也应不一样。如专业服务门店可以定位于提供日常生活服务、技能性的专业服务过程和中等的价格，咨询机构可以定位于高端的个性化服务、知识性的专业服务过程和较贵的价格，家居服务定位于个性化的生活服务、劳动密集性的专业服务过程和较低的价格。只有合理的服务项目设计，才能被受众接受，否则很难保持各服务零售业态长期的生命力。如当前我国需求很旺的家居服务业态，包括搬家公司、房屋装修机构、快递服务公司、家政服务公司等，由于提供服务的工作人员普遍素质较低，客户某些个性化服务要求难以保证，因此在服务项目和定价上就不能太高。

（3）竞争对手的服务水平。

竞争对手提供的服务对连锁店确定服务水平有直接的影响。因此，连锁店必须考虑竞争对手提供的服务，并分析是否同竞争者一样也提供这些服务或类似服务，或者是否应该比竞争对手提供更高质量的服务，或者用比较低的销售价格来取代这些服务。

（4）目标顾客的特点。

服务不存在一个标准的模式。不同的顾客、不同的消费目的、不同的消费时间与不同的消费地点，顾客对服务水平的要求是不同的。目标顾客的收入水平不同，顾客愿意支付的价格也不同，连锁店可以提供的服务也不同。连锁店提供一项服务项目的基础是顾客需要，但顾客需要的服务往往又和付出价格形成矛盾。一般来说，顾客需要服务但不愿意付出太多金钱，对收入水平低的目标顾客尤其如此。如果连锁店由于提供服务而商品出售价格高，目标顾客宁愿放弃需要的服务，接受低的价格，在这种情况下，服务就不是顾客的需要。

任务3 常见的连锁店服务项目

1. 常见的商品零售连锁企业服务项目

商品零售连锁企业种类较多，大到购物中心，小到便利店、专卖店，他们提供的主要服务项目种类如图 7-3 所示，有的业态如百货公司几乎包括图示所有的服务项目，而有的业态如药品专卖店，可能只提供图示的基本服务项目，如导购和咨询服务。

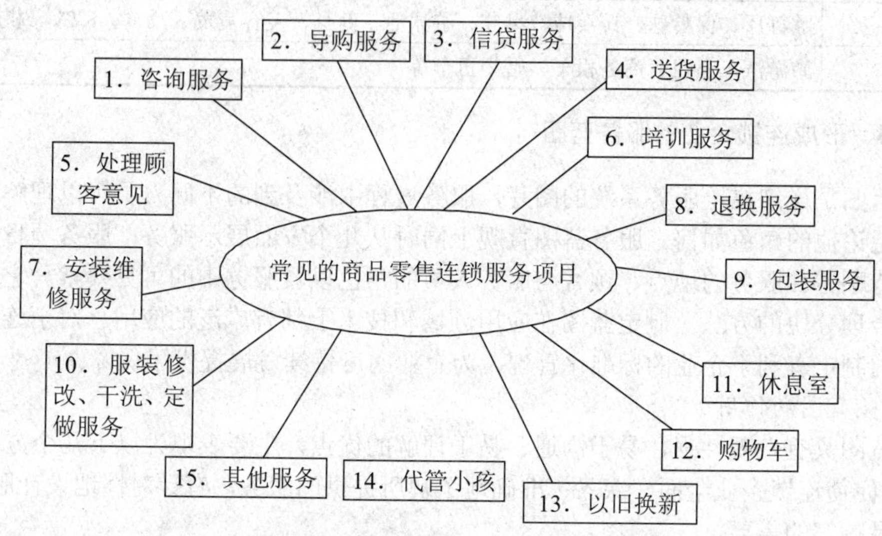

图 7-3 常见的商品零售连锁服务项目

2. 常见的餐饮连锁企业服务项目

餐饮企业介于商品连锁和服务连锁企业之间，无形的服务所占的比重较重，其服务的细节之处明显比商品零售连锁要多，同样根据餐饮连锁业态不同，其服务项目有多有少，连锁酒楼基本上涵盖所有服务，而快餐店所提供的服务就很少。表 7-1 是根据餐饮消费过程所提供的服务项目。

表 7-1 常见的餐饮连锁企业消费过程服务项目

餐饮服务大项目	餐饮服务小项目
接客服务	迎宾、带客等
点菜服务	服务茶水、上洗手盅、餐纸、增减餐具、摊口布、导餐服务、开立菜单等
上菜服务	饮料酒水、传菜、上菜、报菜名等
用餐服务	增添茶水、更换餐盘、清理残菜等
餐后服务	结账服务、打包服务等
辅助服务	提供儿童专用凳、洗手间、电视等

3. 典型服务连锁企业服务项目

服务连锁企业所提供的服务根据经营种类不同有较大差异，很难形成同一化，如美容美发与连锁洗衣店提供的服务完全不同，因此在这里不一一举例。这里以连锁酒店为例列举其主要的服务项目供参考，如表 7-2 所示。

表 7-2　典型酒店连锁服务项目

酒店服务大项目	酒店服务小项目
接待	行李服务、问询、外币兑换；电话、电传、电报、图文传真、电子邮件；打字、复印；租车、订票；贵重物品存放等
客房	冷热水供应、电话、电视；叫早；洗衣熨烫等
餐饮	中餐、自助餐、宴会、酒会、茶吧及送餐等
娱乐	歌舞厅、保龄球、乒乓球、桌球、游泳池、健身、美容美发、桑拿、KTV、棋牌、网吧
汽车出租	旅游汽车出租、商务租车、婚宴租车等

任务 4　形成连锁企业的服务蓝图

服务蓝图是详细描绘服务系统的图片，服务过程中涉及到的不同人员可以理解并客观使用它，而无论他的角色如何。服务蓝图直观上同时从几个方面展示服务：服务项目及实施的过程、接待顾客并服务的地点、顾客与服务人员的角色以及服务中的可见要素。它提供了一种把服务合理分块的方法。制定蓝图在应用领域和技术上都有广泛的应用。对于连锁企业，服务蓝图的制定有利于企业的标准化管理，为企业的可持续发展提供了保障。

1. 服务蓝图的作用

服务蓝图具有直观性强、易于沟通、易于理解的优点，主要表现为以下几个方面：

（1）促使连锁企业全面、深入、准确地了解所提供的服务，有针对性地设计服务过程，更好地满足顾客的需要。

（2）有助于连锁企业建立完善的服务操作程序，明确服务职责，有针对性地开展员工的培训工作。

（3）有助于理解各部门的角色和作用，增进提供服务过程中的协调性。

（4）有利于连锁企业有效地引导顾客参与服务过程并发挥积极作用，明确质量控制活动的重点，使服务提供过程更合理。

（5）有助于识别服务提供过程中的失败点和薄弱环节，改进服务质量。

2. 服务蓝图的构成

服务蓝图包括顾客行为、前台员工行为、后台员工行为和支持过程，如图 7-4 所示。

（1）顾客行为。顾客行为部分包括顾客在购买、消费和评价服务过程中的步骤、选择、行动和互动。这一部分紧紧围绕着顾客在采购、消费和评价服务过程中所采用的技术和评价标准展开。

（2）前台员工行为。与顾客行为平行的部分是服务人员行为。那些顾客能看到的服务人员表现出的行为和步骤是前台员工行为。这部分则紧紧围绕前台员工与顾客的相互关系展开。

那些发生在幕后，支持前台行为的雇员行为称作后台员工行为。它围绕支持前台员工的活动展开。

（3）支持过程。蓝图中的支持过程部分包括内部服务和支持服务人员履行的服务步骤和互动行为。这一部分覆盖了在传递服务过程中所发生的支持接触员工的各种内部服务、步骤和各种相互作用。

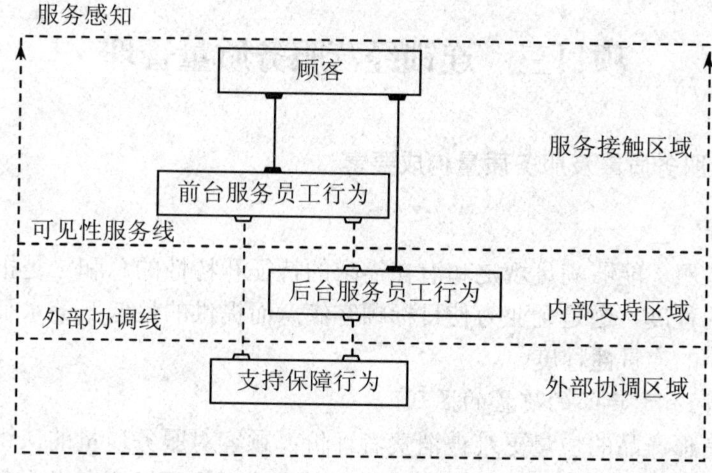

图 7-4　服务接触过程

服务蓝图与其他流程图最为显著的区别是包括顾客及其看待服务过程的观点。实际上，在设计有效的服务蓝图时，值得借鉴的一点是从顾客对过程的观点出发，逆向工作导入实施系统。每个行为部分中的方框图表示出相应水平上执行服务的人员执行或经历服务的步骤。图 7-5 为典型酒店的服务蓝图，蓝图中以顾客消费行为为起点，前台与后台服务人员的配合与服务项目相连接，并以后台支持系统作为支援，整个蓝图清晰直观，使得服务项目有形可控，大大提高了酒店的管理效率。

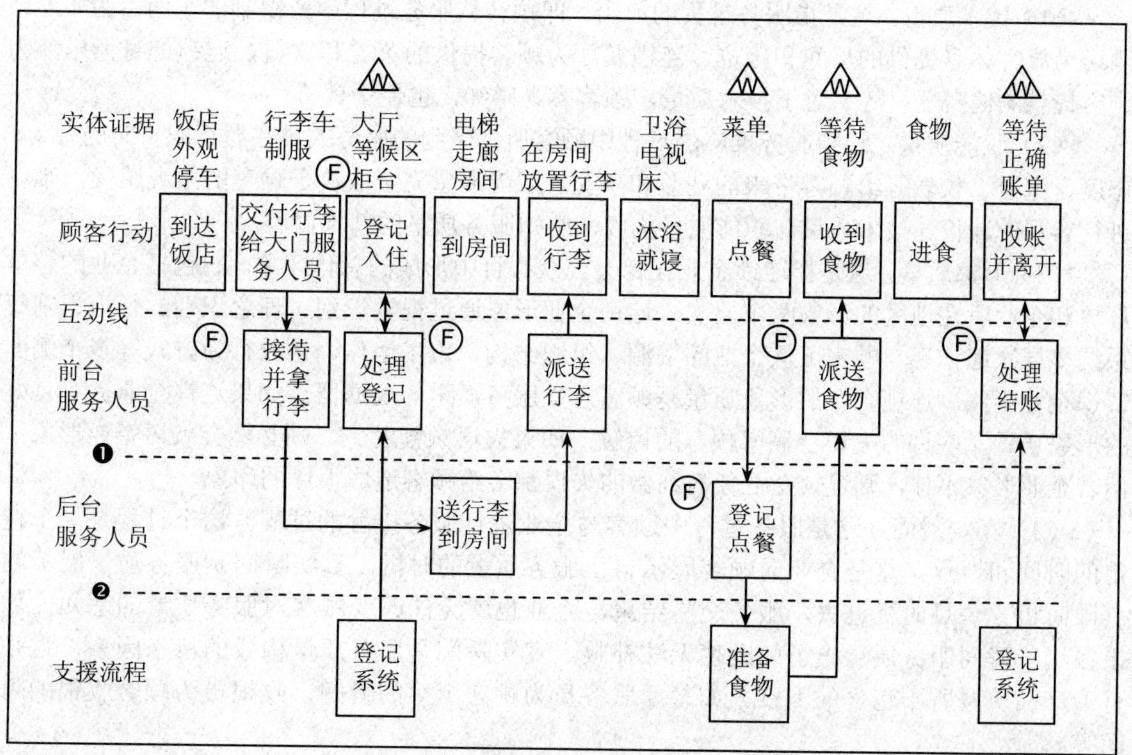

图 7-5　典型酒店的服务蓝图

项目三 连锁经营服务质量管理

任务1 认识服务质量及服务质量构成要素

1. 服务质量的定义

服务质量是指服务能够满足规定和潜在需求的特征和特性的总和，是指服务工作能够满足被服务者需求的程度。这是企业为使目标顾客满意而提供的最低服务水平，也是企业保持这一预定服务水平的连贯性程度。

2. 服务质量同有形产品的质量的区别

服务质量较有形产品的质量更难被消费者评价；顾客对服务质量的认识取决于他们预期同实际所感受到的服务水平的对比；顾客对服务质量的评价不仅要考虑服务的结果，而且涉及服务的过程。显然，服务质量有预期服务质量与感知服务质量之别。不管是商品零售连锁企业销售产品的附带服务，还是服务连锁企业所提供的纯服务，顾客对服务质量的评价都强调过程的体验和感知。

3. 服务质量的构成要素

服务质量既是服务本身的特性与特征的总和，也是消费者感知的反应，因而服务质量既由服务的技术质量、职能质量、形象质量和真实瞬间构成，也由感知质量与预期质量的差距体现。

（1）技术质量。这是指服务过程的产出，即顾客从服务过程中所得到的东西。例如连锁酒店为旅客休息提供的房间和床位，连锁餐厅为顾客提供的菜肴和饮料，连锁健身俱乐部为顾客提供的健身器材等。对于技术质量，顾客容易感知，也便于评价。

（2）职能质量。这指服务推广的过程中顾客所感受到的服务人员在履行职责时的行为、态度、穿着、仪表等给顾客带来的利益和享受。职能质量完全取决于顾客的主观感受，难以进行客观的评价。技术质量与职能质量构成了感知服务质量的基本内容。

（3）形象质量。这是指连锁企业在社会公众心目中形成的总体印象。它包括企业的整体形象和企业所在地区的形象两个层次。连锁企业形象通过视觉识别、理念识别、行为识别等系统多层次地体现。顾客可从企业的资源、组织结构、市场运作、企业行为方式等多个侧面认识企业形象。连锁企业的形象质量是顾客感知服务质量的过滤器。如果连锁企业拥有良好的形象质量，些许的失误会赢得顾客的谅解；如果失误频繁发生，则必然会破坏企业形象；倘若企业形象不佳，则连锁企业任何细微的失误都会给顾客造成很坏的印象。

（4）真实瞬间。这是服务过程中顾客与企业进行服务接触的过程。这个过程是一个特定的时间和地点，这是企业向顾客展示自己服务质量的时机。真实瞬间是服务质量展示的有限时机。一旦时机过去，服务交易结束，企业也就无法改变顾客对服务质量的感知；如果在这一瞬间服务质量出了问题也无法补救。真实瞬间是服务质量构成的特殊因素，这是有形产品质量所不包含的因素。如餐厅服务员为顾客上菜的瞬间，收银员为顾客收银的瞬间等。

任务 2　服务质量差距管理

1. 服务质量差距模型

连锁企业建立服务优势的一个主要方法是可以提供比竞争者更高的服务质量，其关键是满足或超过目标顾客的预期服务质量。他们的预期是由过去的感受、口碑和企业的广告所形成的。顾客在这个基础上选择零售商，并在接受服务后，把感知的服务和预期的服务进行比较。如果感知的服务达不到预期的服务水平，顾客就会不满并且认为企业的服务质量低劣，从而失去了对该连锁企业的兴趣；如果感知的服务得到满足或超过他们的预期，他们就有可能再次光顾该连锁企业。

美国学者建立了一个服务差距分析模型，专门用来分析质量问题的根源。图 7-6 显示了服务企业导致提供服务失败的五个差距。

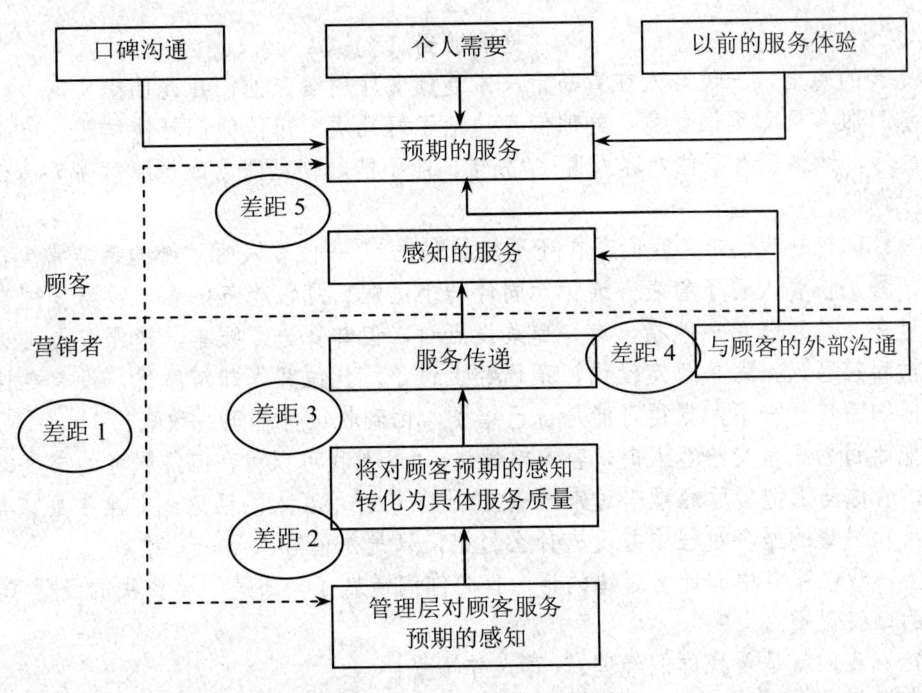

图 7-6　服务质量差距模型

（1）管理者认识的差距（差距 1）。差距 1 是顾客期望与管理者对这些期望的感知之间的差距。导致这一差距的原因是对市场研究和需求分析的信息不准确；对期望的解释信息不准确；没有需求分析；从企业与顾客联系的层次向管理者传递的信息失真或丧失；臃肿的组织层次阻碍或改变了在顾客联系中所产生的信息。

（2）质量标准差距（差距 2）。差距 2 是指管理者没有构造一个能满足顾客期望的服务质量目标并将这些目标转换成切实可行的标准。差距 2 由下列原因造成：缺乏管理者对服务质量的支持，认为满足顾客期望是不可实现的。设定目标和将服务传递工作标准化可弥补这一差距。

（3）服务交易差距（差距 3）。差距 3 是指服务绩效的差距，因为实际服务过程不一定能达到管理者制定的要求。许多原因会引起这一差距，如缺乏团队合作、员工招聘问题、训练不足和不合理的工作设计等。顾客对服务的期望来自于媒体广告和与组织的各种交互过程。许多连锁企业的基层员工由于工资待遇、家庭琐事等原因容易在工作中与顾客发生冲突，服务交易差距很容易产生。

（4）营销沟通的差距（差距 4）。差距 4 是实际传递的服务和对外沟通间的差距。对外沟通中可能提出过度的承诺，而又没有与一线的服务人员很好地沟通。如很多连锁美容机构为了吸引顾客，承诺将达到超出消费者预期的效果将导致这种差距的产生。

（5）感知服务质量差距（差距 5）。这一差距指感知或经历的服务与期望的服务不一样，它会导致：消极的质量评价（劣质）和质量问题；口碑不佳；对公司形象的消极影响；丧失业务。

【案例点击】

送客服务

一个夏天的晚上，三位客人在青岛市一家连锁餐厅用餐。他们在此已坐了两个多小时，仍没有去意。服务员心里很着急，到他们身边站了好几次，想催他们赶快结账，但一直没有说出口。最后，她终于忍不住对客人说："先生，能不能赶快结账，如想继续聊天请到酒吧或咖啡厅。"

"什么！你想赶我们走，我们现在还不想结账呢。"一位客人听了她的话非常生气，表示不愿离开。另一位客人看了看表，连忙劝同伴马上结账。那位生气的客人没好气地让服务员把账单拿过来。看过账单，他指出有一道菜没点过，但却算进了账单，请服务员去更正。这位服务员忙回答客人，账单肯定没错，菜已经上过了。几位客人却辩解说，没有要这道菜。服务员又仔细回忆了一下，觉得可能是自己错了，忙到收银员那里去改账。

当她把改过的账单交给客人时，客人对她讲："餐费我可以付，但你服务的态度却让我们不能接受。请你马上把餐厅经理叫过来。"这位服务员听了客人的话感到非常委屈。其实，她在客人点菜和进餐的服务过程中并没有什么过错，只是想催客人早一些结账。

"先生，我在服务中有什么过错的话，我向你们道歉了，还是不要找我们经理了。"服务员用恳求的口气说道。

"不行，我们就是要找你们经理。"客人并不妥协。

服务员见事情无可挽回，只好将餐厅经理找来。客人告诉经他们对服务员催促他们结账的做法很生气。另外，服务员把费用多算了，这些都说明服务员的态度有问题。

"这些确实是我们工作上的失误，我向大家表示歉意。几位先生愿意什么时候结账都行，结完账也欢迎你们继续在这里休息。"经理边说边让那位服务员赶快给客人倒茶。在经理和服务员的一再道歉下，客人们终于不再说什么了，他们付了钱，仍面含余怒地离去了。

思考：送客服务是餐饮服务的一个服务项目，用服务质量差距模型分析以上案例的服务差距。

2. 缩小服务质量差距的措施

（1）洞悉顾客真实需要。在所有差距中，管理者认识差距是第一步，它的形成往往有放大效应，即使管理者制定了与其目标相附的标准，但认知差距的必然存在也导致了后续工作的毫无意义。连锁企业管理者应将顾客的真实需要作为质量管理的第一步，洞悉顾客真实需要，为此开展广泛的工作。包括开展定期的消费者调查；通过各种渠道增进管理者和员工间的交流，从一线员工那里获得顾客的反馈信息；对组织结构进行改造，减少管理层次，采用扁平化的组织结构形式，从而缩短与顾客的距离。

（2）设计具体可行的服务标准。连锁企业服务的执行者主要是一线员工。服务是一种无形的软性的工作，因人而异，员工总会出于心情、身体状况这样那样的原因影响服务时的质量，也会由于每个服务人员的个人素质、经验、训练程度的差异造成服务水平的差异。因此连锁企业的服务标准的制定应更强调具体和可操作性，让员工能准确感知服务的具体表现形式。顾客热线电话总机话务员必须在多少秒钟之内接听电话；一定要在多长时间之内答复顾客的询问；如果产品破损，应如何回复顾客；汉堡包出炉后多长时间没有售出必须扔掉，应将每个服务细节定量描述而不是定性描述。

（3）注重企业内部营销。要想让一线员工为顾客提供优质的服务，企业内部各级领导及相关部门对自己的一线员工，要像对待顾客一样提供优质服务。有确凿证据表明，满意的员工有助于产生满意的顾客。因此，广泛开展内部营销是提高员工绩效的重要途径。

内部营销的对象不只是营销部门的营销人员和直接为外部客户提供服务的一线服务人员，它包括所有的企业员工。因为在为客户创造价值的过程中，任何一个环节的低质量和低效率，都会影响到客户感受的价值。企业对员工的营销包含两个方面：一是企业向员工营销自身的价值观，使员工对本企业的价值观形成共识，认同本企业的组织文化，认同本企业的组织目标，并使个人目标和组织目标达到更好的结合。二是向员工营销企业自身的产品和服务，借助营销理论在企业内部的应用来探索使员工满意的方法和手段。可以想象，连自己的员工都不愿意使用的产品和服务，是不大可能在外部市场取得成功的。

【案例点击】

希尔顿酒店的内部营销

希尔顿酒店集团旗下的 Homewood Suites 的品牌经理霍尔特豪泽想要聘请高人帮助他复兴这一低迷的酒店品牌。霍尔特豪泽说：“我们的确需要一些贤能之士来帮助我们发展。但是，我刚到 Homewood 的时候，招聘广告发出去后却没有一个来应聘的人。大家都想去客似云来的地方，而在公司内部，我们这个品牌默默无闻。所以，Homewood 必须激起内部员工对这个品牌的兴奋度，这样就能够吸引一部分人才了。”霍尔特豪泽还说，“我们一直都在孜孜不倦地培养和推广 Homewood 的品牌个性。我们把谢谢挂在嘴边，向员工提供很好的培训、发展机会和奖励机制。

“而且我们做了大量的沟通工作，使团队中的每一个人都能全心全意地工作。我们的团队成员都为 Homewood 的品牌感到骄傲，他们希望客户也喜爱这一品牌。”

霍尔特豪泽和手下的几位高层经理定期和公司一线的团队成员召开电话会议，同时也定期与每位总经理召开电话会议，以了解业务的最新进展情况。当有员工表现突出时，霍尔特豪泽会发去书面感谢信，并致电表示祝贺。

由于霍尔特豪泽为员工敞开了信息大门，他们的工作非常出色。不仅如此，员工在客户服务方面的表现也更上了一层楼，因为他们真正担起了促使公司品牌成功的责任。霍尔特豪泽说：“我们一直认为内部营销同外部营销一样重要，而我在这里的经历证明了我的想法是对的。”

酒店行业面临的最大问题是员工流失率高，但是 Homewood 的优秀员工却一直没有离开那里。

这些员工关心客户，而客户也回馈他们以支持和赞赏。霍尔特豪泽说：“由于客户的好评，我们赢得了三项行业大奖。这些奖励是我们致力于营造企业文化的直接结果，在这种文化氛围内，团队成员满腔热情地实现着我们的品牌承诺。”

思考：内部营销的关键要素有什么？

（4）迅速实施服务补救。据国际权威机构调查：对客户服务不好，造成94%客户离去。因为没有解决客户的问题，造成89%客户离去。每个不满意的客户平均会向9个亲友叙述不愉快的经验。在不满意的用户中有67%的用户要投诉。通过较好地解决用户投诉，可挽回75%的客户。及时、高效且表示出特别重视他，尽最大努力解决了用户投诉的，将有95%的客户还会继续接受后续服务。作为连锁企业，每天将面对某个分店顾客投诉问题，如能及时解决这些投诉，可将损失降到最低。图7-7为实施服务补救的主要行动。

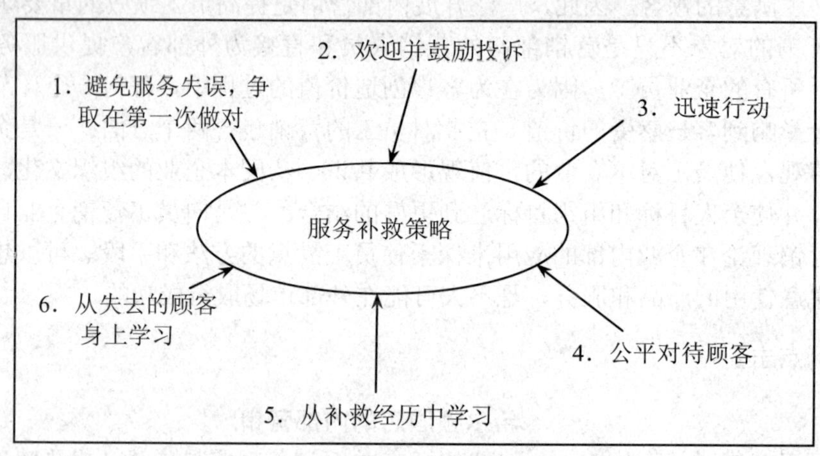

图7-7　实施服务补救的主要行动

实施补救措施，连锁企业应当首先使不满意的顾客都很容易地进行抱怨。不是所有的顾客都采取同样的抱怨方式。抱怨者分四种类型：①消极者——这类顾客极少会采取行动。与那些进行负面宣传的人相比，他们不大可能对服务人员说任何事，他们怀疑抱怨的有效性；②发言者——向服务人员抱怨，但不会向第三者宣传，他们主动抱怨，给公司机会改正；③发怒者——向服务人员抱怨，向第三者宣传，他们主动抱怨，不会给公司机会改正；④激进分子——具有抱怨的习性，相信抱怨的有效性，并会向第三者和第三方宣传。

单元小结

在今天零售业高度发达、经营的商品与服务项目高度同质化的情况下，连锁企业要保持显著的优势是十分困难的，只有在规模经济的基础上，以高质量的服务来满足顾客的需要，才能形成自身持续的竞争优势。高质量的服务对连锁企业的盈利性产生积极作用；高质量的服务能够帮助连锁企业获得良好的声誉，从而吸引更多更好的顾客；良好的服务能起到防御性营销作用，留住现有顾客，培养顾客忠诚。

不管是商品零售连锁还是餐饮与服务连锁，服务的类型都可以根据服务过程、企业投入的资源或按顾客的需要进行划分。按其售货过程的阶段划分为：售前服务、售中服务、售后服务；从投入的资源分类：物质性服务、人员性服务、信息服务、资金付款服务；按顾客需要分类：方便性服务、伴随性服务、补充性服务。

设计服务项目不仅指设计服务的单个项目，连锁企业的服务项目应包括对企业所提供的服务项目、服务项目的质量和服务项目价格三个主要问题共同做出决策。服务整体的设计，需要考虑众多的因素，如服务效果、店铺特点、竞争对手提供的服务、经营商品的特点等。

服务蓝图是详细描绘服务系统的图片，服务过程中涉及到的不同人员可以理解并客观使用它，而无论他的角色如何。服务蓝图直观上同时从几个方面展示服务：服务项目及实施的过程、接待顾客并服务的地点、顾客与服务人员的角色以及服务中的可见要素。它提供了一种把服务合理分块的方法。

服务质量是指服务能够满足规定和潜在需求的特征和特性的总和，是指服务工作能够满足被服务者需求的程度。

核心概念

服务质量　服务项目　服务蓝图　服务质量差距模型　服务补救

实训设计

项目：

1．以一家服务连锁企业为背景，为其设计一套服务项目方案，包括服务项目、服务质量和服务价格。

2．深入调查一家连锁企业，为其绘制一张服务蓝图。

训练题

1．简述连锁企业服务的作用。
2．连锁企业服务的分类有哪些？
3．服务项目设计应考虑的因素有哪些？
4．如何设计连锁企业的服务项目？
5．哪些是服务质量的构成要素？
6．如何理解服务质量差距模型？
7．连锁企业的服务蓝图的作用是什么？
8．举例说明缩小服务质量差距的具体措施。

综合案例分析

星巴克咖啡店公司恐怖分子

星巴克咖啡店公司的经营在其行业处于领先地位——20 世纪 70 年代早期华盛顿州西雅图不起眼的小公司现在已经发展成全球性的咖啡连锁巨人。该公司传奇的执行官霍华德因具有世界级的服务水平和杰出的员工关系及利益享有极高声誉。但是即使像星巴克这样的巨人也会跌倒，在服务行业没有谁能在长期服务中逃脱犯错误。并且，有时候一个看似无害的错误可能会升级，就像星巴克在接下来的故事中一样。

故事是从星巴克的一个顾客购买了一台有毛病的卡普契诺咖啡制造机开始的。他把机器退回去想换个新的，当换机器时，他又买了一台作为礼物送给朋友。可是，他没有得到应随机赠送的半磅咖啡，并且该顾客抱怨员工的态度很粗鲁。不幸的是，那台作为礼物的机器也出现了毛病。于是该顾客要求星巴克公司给他换一台当时顶尖的卡普契诺咖啡制造机，这比他原来准备送礼的机器价值高出近 2000 美元。该顾客威胁如果其要求被拒绝，他会在《华尔街日报》上刊登正版的广告来揭发公司。公司当然拒绝了他的要求，于是一整版攻击星巴克公司的广告出现在《华尔街日报》上，同时该顾客通过其 800 免费电话征求其他人的抱怨。当星巴克公司想向他道歉并试图更换其两台机器时，顾客表示这还不够，并向星巴克公司提出了更多的要求。他要求公司在《华尔街日报》上刊登整版广告向他道歉并感谢他的仁慈和慷慨。不用说，整个事件引起了全国媒体的关注。

虽然顾客中这种恐怖分子确实很少，但例子表明什么事情都可能发生，以及这些顾客恐怖分子会做出什么事情来。

在事件发生期间，专家们被请来为星巴克公司的处境提些建议，所有专家都提到顾客与星巴克公司员工的第一次接触对以后事情的发展进程是多么重要。一名专家确信当顾客来退还第一台有毛病的机器时星巴克公司应该给他 2 磅咖啡，并且在一周后打个跟踪电话以确认是否所有机器都工作正常。另一名专家建议把遇到问题的顾客列入 VIP 名单，以便将来同这些顾客有生意往来时可以引发所有警示，提醒员工和管理层要绝对小心和优先处理随后的交易。另外还有人认为星巴克公司应该立刻毫无疑问地用 2000 美元的机器来更换那台有毛病的机器。这些专家相信，提出这类要求的顾客百分比非常小，所以值得用任何必要的做法来避免类似该例子中顾客恐怖分子的潜在行为。另一位专家认为，《华尔街日报》上的广告刚一出现时，公司就应该派人同顾客进行面对面的交流，道歉并倾听顾客的倾诉，看看他想要什么。部分专家承认，越过某个限度后，控制损失是唯一的选择，但由此不断升级却可以避免。

这个故事说明，即使是世界级的服务提供者也可能陷入一定困境，需要管理者高度重视每一次抱怨事件。

分析：

1. 企业不愿意在第一时间实施服务补救的原因是什么？
2. 案例中的顾客属于哪种类型的抱怨者？你认为应该如何对待这类顾客？

单元八　连锁经营采购与物流管理

通过本单元的学习，学生应能够明确连锁经营采购方式；领会连锁经营采购流程；学会管理连锁经营供应商；认识物流对连锁经营的重要性；掌握连锁企业配送中心及分类；认识连锁经营物流结构形式；掌握连锁经营物流系统及运作。

（1）连锁经营采购方式；

（2）物流的概念；

（3）连锁企业配送中心及分类；

（4）连锁经营物流结构形式。

（1）连锁经营采购流程；

（2）管理连锁经营供应商；

（3）连锁经营物流系统及运作。

情境引入

很多人认为连锁经营的利润来源于商品或服务的销售。事实上，商品采购与配送是连锁经营利润重要的来源渠道。采购与配送过程中每1元钱的节省都会转化成1元钱的利润。在其他条件不变的情况下，假设连锁企业的利润率为2%，要想靠增加销售来获取2元钱利润，则需多销售100元的产品。可见从采购与配送的角度降低2元钱的成本远比从销售上多卖100元的产品要容易得多，成本也要低得多。因此，采购与配送是连锁经营业务管理中“最有价值”的部分。而现实中，许多连锁经营商在控制经营成本时将大量的时间和精力放在不到总成本40%的企业管理费用、工资和福利上，却忽视了其主体部分——采购与配送成本。可以说是舍本求末、避重就轻，其结果自然是事倍功半、收效甚微。

商品采购与配送不仅直接影响企业利润，而且还影响着连锁经营商的一切经营活动。由于商品采购与配送是连锁经营的起点，也是商品流转的首要环节，采购与配送工作的好坏直接关系着连锁经营商是否拥有可靠稳定的货源，关系着后续商品经营活动的正常开展。在营运中谁能抓住商品采购与配送这一环节，谁就等于找到了控制商品流通的源头；谁能采购到适销对路、价廉物美、独具特色的商品，谁就能拥有较其他连锁经营商更突出的竞争优势，正所谓“良好的商品采购与配送是经营成功的一半”。

项目一　连锁经营采购管理

不管是商品零售连锁企业还是餐饮连锁企业，其经营的源头均是商品采购，即使是服务连锁企业，有形的辅助设施或产品的采购工作也是保证企业正常经营的基础。企业采购方法及采购管理制度是否完善、科学，直接关系着企业是否拥有可靠稳定的货源，关系着后续经营活动的正常开展，以及企业低成本战略的实施等。

任务 1　明确连锁经营采购方式

采购方式一般可分为集中采购与分散采购，一般直营连锁企业多采用集中采购方式，而加盟连锁根据总部的集权程度采用集中与分散相结合的方式。自由连锁形式由于管理松散，各分店多采用分散采购形式。集中采购由于购买量大，采购成本低，容易形成企业的定价优势，目前被多数连锁企业广泛采用。

1．集中采购的特征

集中采购是将采购权集中在总部，由总部的采购部负责商品或设施的采购，并由采购部管辖的配送中心负责商品配送；店铺只负责商品陈列、库存管理、设备使用与维护及销售等工作，对商品采购无决定权，但有建议权。

2．集中采购的优点

（1）可以提高连锁企业在采购谈判中的议价能力。由于集中采购进货量大，连锁企业在谈判中处于优势，可以获得优厚的合同条款，享受较高的价格优惠，这是连载企业竞争力的主要来源之一。

（2）可以降低采购费用。连锁企业只需要在总部建立一套采购班子，而不必由分散门店建立自己的采购队伍，从而降低了采购人员费用；同时，采购谈判、信息搜寻、运输等费用也大幅度降低，这就大大降低了企业采购总成本。

（3）有利于连锁总部统一规划、实施促销活动，有助于保持企业统一形象，使企业整体营销活动易于策划和控制。

（4）将采购职能集中于训练有素的采购人员手中，有利于保证采购商品的质量和数量，提高采购效率；同时能使各门店致力于销售工作，提高店铺的营运效率。

（5）有利于规范企业采购行为。当前困扰连锁企业的一个大问题就是商业贿赂。所谓商业贿赂，是指供应商给连锁企业的采购人员提供金钱或有价值的物品以影响其采购决策。通过集中采购，建立一套行之有效的规章制度及制衡机制，有助于解决这一问题。

3．集中采购的缺陷

（1）购销容易脱节。集中采购在享有专业化分工效率的同时，也增加了专业分工协调的困难。由于连锁企业门店数量众多，地理分布较分散，各门店面对的消费者的需求和偏好都存在一定程度的差异，中央采购制度很难满足各门店的地方特色。

（2）采购人员与门店人员合作较困难，门店的积极性难以充分发挥，维持销售组织的活力也较困难。

（3）责任容易模糊，不利于考核。如果门店经营业绩不佳，很难分清是采购的责任还是销售的责任，最终难以找到解决问题的最佳办法。

任务2 领会连锁经营采购流程

连锁企业采购流程是指连锁企业从建立采购组织开始到商品与设备引入分店正常销售或使用为止的整个过程。该流程的主要环节如下：建立采购组织——制定采购计划——确定供应商和货源——谈判及签约——入场试销与试用——正式销售与使用。连锁企业可以在每个流程中设计相应的管理制度来约束采购人员的行为。

1. 建立采购组织

在建立采购组织这一环节，除了选择高素质的采购人员、明确各环节的职责外，为了防止采购人员个人权力的滥用，一些连锁企业还设立了采购委员会这一非常设机构。该机构由采购部、质量监督部、财务部、顾客投诉部等部门的人员组成。他们定期召开会议，旨在对引进新供应商、新商品做出决策。采购人员只提供相关信息，并根据会议决策进行具体的采购工作。

2. 制定采购计划

企业在一定时期内采购什么、采购多少等重要计划不是由采购部独立做出的，而是采购部会同有关部门，如营销部、运营部、自有品牌开发部等部门共同制定的，采购计划是建立在详细的市场调查基础上的，并与其他相关计划如销售计划、促销计划衔接起来。

3. 确定供应商和货源

大量供应商的商品或设备希望进入连锁企业，为了杜绝人情关系和假冒伪劣商品，连锁企业可以预先建立一个供应商准入制度，设立一系列标准，以便对供应商进行选择。而采购人员在此环节的工作是对供应商资格进行审查，根据标准进行初选，但供应商最终是否进入还必须通过采购委员会集体决定。

4. 谈判及签约

这一环节主要由采购人员完成，比较难监督，但一些连锁企业仍然制定了许多制度来约束采购人员的行为。例如，沃尔玛规定，谈判只能在采购大厅进行，禁止采购人员与对方建立私人关系，诸如一起吃饭等行为均被禁止；由一组人而不是一个人负责一项谈判，每次谈判必须做出详细记录，以便可以随时由其他人接替谈判工作；谈判前必须详细询价，了解其他商场的价格情况等。

5. 商品与设备入场试销与试用

所有商品与设备必须经过试销与试用阶段，在正式进货之前，有些企业还设置专门的检验室对商品与设备质量进行检验，试销过程中销量或试用过程中质量达不到标准的坚决予以淘汰。在试销与试用过程中，分店的店长对商品与设备的去留问题有发言权。

6. 商品与设备正式销售与使用

如果是购买的设备基本上就可正式使用了，但商品正式销售后并非万事大吉，企业还可以设置专业部门监控商品销售动态，对列入排行榜的滞销商品随时予以淘汰；同时对供应商定期评估，只有评估合格的供应商才能成为企业长久的合作伙伴。有些企业还设立事后追查制度，一旦发现商品质量和价格问题便追查到采购环节。

任务3 管理连锁经营供应商

1. 供应商选择

供应商良莠不齐，如果想有效地执行采购工作，寻求合格的供应商是采购的首要任务。

最适当的供应商应具备许多条件，其中，能提供合适的品质、充足的数量、准时交货、合理的价格以及完善的服务，应该是共同的要求。

（1）过硬的质量。供应商提供的商品质量好与坏、价格高与低是连锁企业选择供应商的第一条件。供应商最好应取得ISO系列认证，并有质量合格证、商检合格证等。在我国，商品的产品执行标准有国家标准、专业（部）标准及企业标准，其中又分为强制性标准和推荐标准。

通常在买卖合同或订单上，供应商的商品质量是以品牌、商业常用标准、市场商品等级、规格、性能、工程图、样品等多种形式中的任意一种或几种的组合方式来表示的。这也是选择供应商的标准之一。

（2）齐备的企业资料。并不是所有供应商都能成为连锁企业的供应商，对于初次与零售连锁企业接触的供应商，零售连锁企业要求其务必提供以下资料，以便对其资信等各方面进行调查、评估。

- 营业执照副本。
- 税务登记证（国税、地税）。
- 生产许可证（特种商品由制造商提供）。
- 商检合格证。
- 进口商品检验合格证（进口商品适用）。
- 商品检验报告。
- 商标注册证（由制造商提供）。
- 卫生许可证（食品制造商适用）。
- 安全认证。
- 代理授权书（代理商适用）。
- 指定/总经销证书。

（3）低廉的供应价格。价格是选择供应商的关键所在，也是最困难的项目。价格是选择供应商的关键所在，也是选择供应商的难点所在。单独与一家供应商进行采购谈判时，采购人员应先分析成本或价格；数家供应商进行竞标时，采购人员应选择两三家较低标价的供应商，再分别与他们谈判采购，以便取得公平而合理的价格。

（4）较长的付款期限。连锁企业应尽量选择最有利的付款天数（账期）。在正常情况下，连锁企业的付款作业是，在交易齐全时，按买卖双方约定的付款天数（账期），由银行直接划款至供应商的账户。

对于新的供应商来说，连锁企业必须请供应商详细了解本企业的“供应商手册”中有关付款部分的内容，并对连锁企业的付款流程予以详细说明。

（5）合理的交货期。在连锁企业计算订单数量的公式中，交货期是个重要的参数。一般而言，本地供应商的交货期为2～3天，外地供应商的交货期为7～10天。为了降低存货的投资，连锁企业都会要求供应商以较短的时间交货。但是不切实际地压短交货期，将会降低供应商商品的质量，同时也会增加供应商的成本，最终影响连锁企业的价格优势及服务水平。故连锁企业应随时了解供应商的生产情况，以确立合理及可行的交货期。

（6）强大的促销支持。对于商品零售连锁企业，供应商是否支持促销，以及售价是否能吸引顾客上门，都是连锁企业必须考虑的问题。促销时连锁企业所选择的商品，必须得到供应商的强力支持，尤其是畅销的、高回转的、大品牌的日用消费品。

【案例点击】

沃尔玛对供应商的要求

要想成为沃尔玛的供应商，企业必须满足以下条件：

- 所提供的商品必须质量优良，符合中国政府及地方政府的各项标准和要求。
- 所提供的商品价格必须是市场最低价。
- 文化认同：尊重个人、服务客户、追求完美、诚实正直。
- 必须提供全部的企业及商品资料。
- 首次洽谈或新品必须带样品。
- 有销售记录的增值税发票复印件。
- 能够满足大批量订单的需求。在接到沃尔玛订单后，如有供应短缺的问题，应立即通知。连续三次不能满足沃尔玛订单将取消与该供应商的合作关系。
- 供应商应提供以下折扣：
  - 年度佣金：商品销售总额的1.5%；
  - 仓库佣金：商品销售总额的1.5%~3%；
  - 新店赞助费：新店开张时首单商品免费赞助；
  - 新品进场费：新品进场首单免费。
- 供应商不得向采购人员提供任何形式的馈赠，如有发现，将严肃处理。
- 沃尔玛鼓励供应商采取电子化手段与其联系。

关于上述最后一条，沃尔玛全球采办上海分部总经理叙述了一段与中国服装企业合作的经历：这家企业有很大的标准化厂房、最先进的流水线，产品也非常好，沃尔玛当即就下了10张订单，但最后作废了9张。原因是他们企业没有一个懂外语、能和我们用电子邮件沟通的职员。

2. 供应商管理

供应商是企业的资源。良好的供应商和与供应商良好的合作关系是连锁企业提高竞争能力的基础。连锁企业往往拥有几十家甚至几百家供应商，而且由于商品淘汰更新，供应商的变动也比较频繁，这就需要对供应商进行统一的管理。供应商管理应着重做好以下七个方面的工作。

（1）对供应商进行分类与编号。一般可按商品种类来划分供应商，如果蔬菜类供应商、主副食品类供应商、日用品类供应商、一般食品类供应商、熟食类供应商、文化用品类供应商、家用电器类供应商、针织纺织品类供应商、成衣类供应商、烟酒类供应商、玩具类供应商、日用百货杂品类供应商等。厂家分类最好能与公司的商品分类或业务部门的组织结构相一致，以便于管理。对供应商分类后，应给每一个供应商一个代码，以利于电脑管理。有些企业还在分类、编码后发给供应商一个代码卡，供应商可以利用该代码卡查询自己产品的销售情况、货款的结算情况等。

（2）建立供应商档案。将每一个供应商的基本资料归档，包括公司名称、地址、电话、负责人、资本额、营业证件号、营业资料等，供应商的档案要进入企业的电脑系统，有关人员可以方便地根据需要查询某一商品的供应商档案。

（3）建立供应商商品台账。对每一个供应商所供应的商品都要建立台账，包括商品的序号、代码、名称、规格、单位、进货量、售价、进价、毛利率、销售额、供货供应商代码等。

（4）统计分析销售量。如果是商品零售连锁企业，还应对每一供应商所提供的商品数量、销售金额要按一定时期进行统计。并列出供应商销售数量排列表，作为议价谈判的重要依据。

（5）对供应商进行评价。可按一定的标准，将供应商分为 A、B、C、D 四级，并实施分类管理。表 8-1 为“7-11”供应商评价表，其中评估项目有 8 个，分别给予评定，最后根据考核结果给予不同级别。

表 8-1 “7-11”供应商 ABC 评价表

评估项目	A	B	C	D
商品畅销程度	非常畅销	畅销	普通	滞销
次品率	2%以下	2%～5%	5%～10%	11%以上
配送能力	准时	偶误	常误	经常误
供应价格	比竞争店优惠	与竞争店相同	比竞争店略差	比竞争店差
促销配合	极佳	佳	差	极差
商品品质	佳	可	差	坏品多
退货服务	准时	佳	偶误	常误
经营潜能	极佳	佳	普通	小

（6）对采购合同的管理。连锁企业可事先制定一份规范的合约书，供采购人员使用，同时制定包括合约签订、审核、记载、检查、处理等内容的合约管理细则，并配备专职或兼职管理人员，统一负责采购合约的造册登记和存档，随时掌握采购合约的履行和注销情况。

（7）建立商品及服务检查制度。采购人员应定期抽查，或从门店了解供应商所提供的商品品质、销售量、供应商服务保证等问题，及时向总部汇报，并与供应商及时沟通，有问题应要求供应商限时改进。

总之，采购业务管理是连锁企业经营管理的一项重要工作，也是整个业务活动的关键环节。企业必须选配精良的业务人员，制定并严格执行相应的规章制度。

【案例点击】

星巴克与供应商

星巴克遵从着成功企业的模式。当企业把工作重心放在主业的时候，同供应商的关系至关重要，特别是关键商品和附加服务的供应商。成功企业知道商业交易和相互信任之间的根本区别，他们使相互信任在采购过程中“制度化”，因此在进行正常业务的时候，成功企业进一步紧密同供应商的关系，最后捆绑和整合成战略伙伴。供应商将承担更多的责任和义务。

企业希望同供应商保持长久的合作关系，这不像从一个价格比较低廉的供应商那里买东西那么简易。星巴克的采购经理 Buck Hendriy 说：“质量放在第一位，服务放在第二位，价格放在第三位。我们不会因为低价格而在质量和服务方面放宽标准。”

挑选供应商是一个相对漫长和正规的过程，各部门有关员工都将参与进来，由采购部门牵头，履行程序，提供范围。产品开发、品牌管理和业务部门的员工也会参与其中，这使星巴克公司了解整个供应渠道及对今后业务的影响。为达到特殊的质量标准，星巴克从生产能力、包装和运输等多个方面对供应商进行评估，只有具备发展潜力的供应商才能与星巴克荣辱与共。

星巴克已经花费了大量人力、物力、财力来开发供应商，所以希望保持长期稳定的关系，积极配合控制价格而不只是简单地监管价格。星巴克副总裁 John Yamin 说：失去一个供应商就像失去我们的员工——我们花了许多时间和资金培训他们。

双方合作的合约一旦签订，星巴克公司希望得到特惠待遇——价格、折扣、资源等。作为回报，供应商的营业额将会随着星巴克的壮大而上升。由于星巴克极其严格的质量标准，供应商们也会得益于星巴克良好的品牌。长期的合作提升了供应商的声誉，也会收到更多的定单。一旦采购程序开始履行，星巴克会积极地同供应商建立良好的工作关系。在开始的第一年合作双方的代表会见面 3~4 次，以后每半年或一年做一次战略业务评估。战略性的产品或战略性的地域越多，高层人员介入得也越频繁。评估的内容包括供应商的产量、需要改进的地方等。另外，双方还会就生产效率、提高质量、新品开发进行频繁的接触。星巴克希望供应商了解业务需求，包括产品的趋势发展、成本的理想化、生产效率等诸多因素，以求得牢固的合作关系。特许经营模式在舒尔茨精心呵护下，星巴克凭借日益强大的品牌，通过各种联盟来销售和开发星巴克的产品。

思考：餐饮连锁企业与商品零售连锁企业在供应商的选择和管理上有什么不同？

项目二　连锁经营物流系统

任务 1　认识物流的概念

无论是传统商务活动，还是网络时代的商务活动，任何一笔交易包含着四种“流”，即信息流、商流、资金流和物流。

物流，是四种流中最为特殊，也是最重要的一种。它是物品流通的简称，是物质资料从供应者向需要者的物理性移动过程中，创造时间价值、场所性价值、加工价值的经济活动。或者说，它是物质实体（包括商品或服务）的流动过程。

物流最早形成于美国，当初被称作 Physical Distribution（简称 PD），译成汉语的意思为“实物分配”或“货物配送”。1963 年引入日本后，物流被理解为“在连接生产和消费间对物质履行保管、运输装载、包装、加工等功能，以及作为控制这类功能后援的信息功能，它在物流销售中起了桥梁作用。”日本提出物流是继劳动力自然资源之后的“第三利润源泉”。20 世纪 80 年代，我国开始接触物流这一概念，这时的物流已被称为 Logistics，也就是说，这时的物流已不仅是 PD 的概念了，或者说是不单纯考虑从生产者到消费者的“实物配送”，还要考虑供应商及生产者制造过程。

任务 2　认识物流对连锁经营的重要性

连锁物流是指由连锁总部的采购部门或配送中心为主体，承担商品的储存、加工和配送等活动以及伴随产生的信息的收集、处理、传递和利用的过程。其主要由采购、储存、流通加工、配送和信息处理等环节构成，是与商流、信息流和现金流并列的四大连锁经营机能之一。在连锁经营中，物流系统主要起到商品集散及带动商流、信息流、现金流三流运转的作用，它通过商品的集中采购、集中储备和统一配送，实现配送集约化，降低物流成本，成为连锁经营市场供应的保障系统。

没有物流配送中心，各供货方分别对各个连锁店供货，次数繁多。有了物流配送中心，各供货商只对物流中心一家供货，而物流中心则分别对各连锁店供货。物流中心可以把不同供货商的商品放在一起，形成商品组合，直接配送给同一个连锁分店，而供货商则达不到这一点，如图 8-1 和图 8-2 所示。

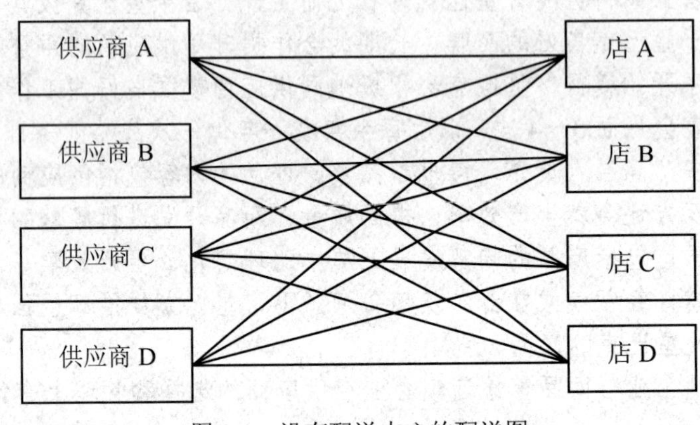

图 8-1　没有配送中心的配送图

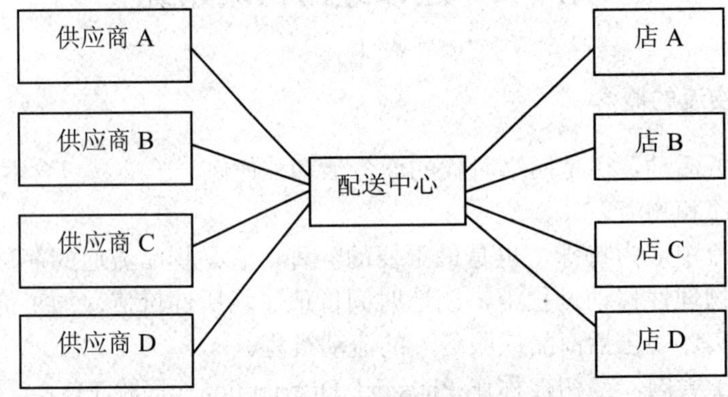

图 8-2　有配送中心的配送图

图 8-1 显示 4 个供应商分别向 4 家店供应 4 次商品，则共有 16 次，每个供应商供应 4 次，每个店接收 4 次。图 8-2 显示物流配送次数减少到 8 次，而运输距离减少为原来的四分之一，大大降低了物流成本。

总之，现代物流能帮助连锁企业及时提供和丰富适应市场的商品、降低运营成本、提高企业存货管理水平，从而最终提高连锁企业竞争力。

任务 3　认识连锁经营物流结构形式

连锁经营物流主要指包含供应物流、内部物流、销售物流在内的由总部统一指导下进行的运输、保管、装卸、包装、在库管理、流通加工等的各种物流活动。

连锁物流主要有两种结构形式。

1. 连锁企业自己的配送中心

连锁企业自己的配送中心只服务于自己的连锁分店，其物流结构如图 8-3 所示。一般情况下，实力较强的连锁企业都建有自己的配送中心，它主要是为本企业的连锁分店组织配货，同时可以为其他企业提供货物，能够创造更大的经济效益和社会效益。而且这种作法也符合企业的长远利益和战略发展的需要。

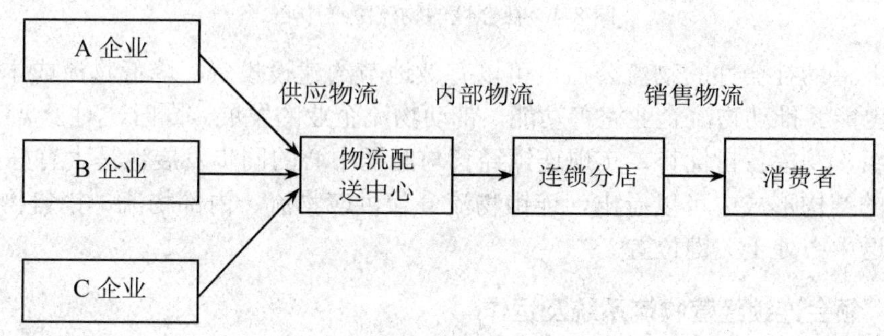

图 8-3 连锁企业拥有自己的配送中心

【案例点击】

小肥羊的物流配送公司

内蒙古小肥羊餐饮连锁有限公司的物流配送分公司成立于 2000 年，是小肥羊餐饮经营的集中采购、配送、仓储的后勤保障。其是内蒙古小肥羊餐饮连锁有限公司三大基地之一。经过多年的发展，已经成为中国最大的羊肉仓储企业、中国最大的羊肉冷链运输企业和中国最大的餐饮集中采购企业。

配送公司不仅拥有自己的采购网络、配送车队和一批专业的物流、采购精英，同时通过了 ISO9001 国际质量管理体系的认证，成为物流与采购联合会会员单位。

在集团统采统配战略方针的指导下，配送公司始终以满足店面需求、保证店面供给、降低店面运营成本、确保产品质量为宗旨，本着“我管理、您盈利，我服务、您发展”的运营策略，不断强化、完善统采统配的职能，逐步发展成为集采购、内部物流和第三方物流为一身的专业化企业。

目前，小肥羊的物流配送公司在内蒙古包头、锡林浩特设立了一级配送中心，在北京、上海、深圳、山东、陕西、河南、河北、甘肃、新疆等九个地区设立了二级配送中心。业务范围覆盖全国 32 个省市自治区，拥有二十个大类、六千多个品种适合全国统配的物料资源，并承担分布在 11 个分拨中心的近三千个地方采购物料的配送。

2. 社会性的配送中心

一般社会性物流中心同时向一个或多个连锁企业提供物流服务，这种物流结构如图 8-4 所示。

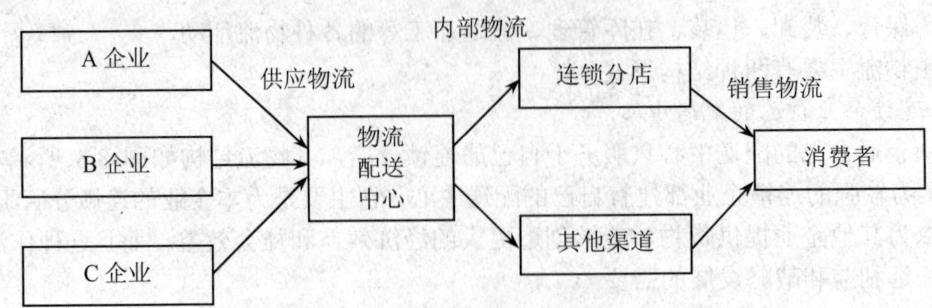

图 8-4　社会性的物流配送中心

连锁企业借助社会性的物流公司，可以有效地节约建设投资，降低物流成本，提高配送经营效益，也能够推动物流企业完善功能，带动物流企业的发展。同时，对于盘活存量资产，实现资产重组，发挥各自优势，实现连锁经营与配送中心的同步发展也是大有好处的。

从物流的结构形式中可以看出，连锁物流分为供应物流、内部物流、销售物流。在结构中，物流配送中心处于关键位置。

任务 4　领会连锁经营物流系统及运作

1. 连锁经营的物流系统

物流通常是由包装、装卸、运输、储存、配送、流通加工、物流信息这七种功能构成的。但要使物流系统高效率、低费用地完成上述物流配送中心的各项功能，需要的条件是整个物流系统能够有效地运作。连锁经营的物流系统主要是由以上七种功能共同构成的几个分系统：①计算机订货、配货情报信息系统；②自动化、机械化仓储系统；③温度、湿度控制设备和系统；④运输量、线路、频率规划系统；⑤物流配送组织管理系统。

这些分系统各自独立，但又彼此交叉。

2. 现代商品零售连锁经营的物流系统运作环节

图 8-5 为现代大型商品零售连锁机构组织的物流系统运作流程图。可以看到，连锁经营物流系统的运作，必须以情报信息系统运作为基础。可以说信息系统已成为整个物流系统运作的基础，以信息为基础的订货、发货系统是整个系统的核心。物流系统的运作主要包括以下 5 个环节。

（1）连锁店环节。

①通过 POS 终端来收集销售信息。即何种产品在几时几分向什么样的顾客销售了多少，货架上还剩多少。

②预测订货数量。即根据商品销售的情况、动向所作的预测。

③通过 EOS 向连锁总部订货。EOS 是利用店内手持订货终端（电脑网络终端），经由电话线（或光缆宽带）传送至总部订货。采用 EOS 有助于实现多品种、多频率、少批量的商品配送，降低分店库存压力，减少缺货率。

（2）连锁总部环节。连锁总部设有计算机中心（或信息中心），和店铺一起进行 POS 终端的管理，同时起指挥、协调的作用，从整体上把握连锁店的经营和管理。连锁总部在收到各连锁分店发来的电子订货后，也以 EOS 的形式通过 VAN（Value Added Network）系统传至连锁企业的情报信息中心。

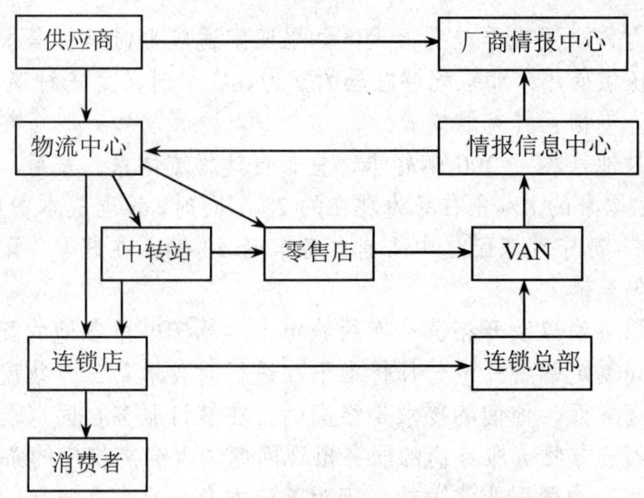

图 8-5　现代连锁经营物流系统运作流程图

（3）连锁企业情报信息中心环节。根据总部发来的电子订单，通过计算机联网批示物流中心出货。同时通过 EDI 系统与厂商的信息中心随时保持密切联系，有时可直接将信息发给厂商订货。

（4）供应商环节。在规定的时间内，各厂商接受不同客户、不同商品种类的订货指示单，将各处的订货指示单汇总，开始制造订货商品或调度库存，并作好出货准备，然后往配送中心送货。

（5）物流配送中心环节。大部分的物流活动都将在这一环节完成：物流配送中心将各地厂商运来的整货验收入库，并根据各连锁店的订货要求，通过自动化机械进行自动分货、拣货，再将各家店铺的货物都集中起来，安排卡车配送。

国外的实践说明，要使连锁经营的物流系统能够真正有效地运作起来，不能再依靠单纯的物流活动（体力的、机械的），而需要用信息系统像一根链条一样将它们串起来，做到准时、高度协调，否则整个物流系统就会瘫痪。

【案例点击】

苏宁电器：高效的物流流程控制

作为国内家电零售巨头，苏宁如何运作物流配送呢？对于家电零售这样利润被日趋摊薄的行业，库存和物流成本的控制十分重要。没有现代的物流配送，就谈不上真正的连锁经营。

苏宁的物流配送流程以财务为中心，将营销、物流和采购等统一在一个平台之下。在这个平台下，POS 机的收款信息能立刻传到配送中心，由配送中心作出反应，产生配送指令。无论是苏宁电器的自备车辆还是外包车辆，在完成一项任务前，都要先到信息大厅办理出库手续，领取出库单。然后去库房提货、送货。完成该项指令后，还要到信息大厅核销该项任务。

苏宁电器物流管理中心副经理陈清称，在先进的信息系统支撑下，苏宁对商品的流向进行了精准的控制。在仓库，配送单经过仓管员的仔细核对后，家电产品由库房搬运、装卸至车辆上，由于全程机械化，装运的效率非常高，装满一辆车只需十几分钟。

家电零售业的运力需求淡旺季差别很大，如果匹配适应平时销售需求的车辆，旺季时就很难有足够的配送队伍供使用；如果配够旺季的运力，在平时又是一种浪费。针对这一问题，苏宁采取了自备车和外包相互补充的模式。

苏宁电器大张旗鼓地采购了200辆轻卡，宣布自建物流体系。之后，送货的及时率有了很大提高，不及时率由原来的8‰左右降为现在的2‰。同时，管理成本费用也有大幅度降低。陈经理介绍说："目前，苏宁北京配送中心有自备车辆40辆。在旺季，配送中心会随时根据需求状况随时增减外包车辆。"

在选择区域物流服务商以及开拓三、四级城市上，苏宁电器各地的配送中心拥有相对较大的自主权，在总公司制定的统一的选择标准下，进行对各地第三方物流服务商的选择。在选择第三方物流服务商方面，他们的要求是很高的。在签订服务合同以前，要进行详细的考察。在服务中，一旦第三方物流服务商的服务出现问题，也会有相应的条款加以惩罚。

"在这些方面，我们沟通得非常顺畅，因为苏宁本身也有自备车辆，对成本的上升非常清楚。"陈清告诉记者，"正像我们和供应商的合作关系一样，我们和第三方物流服务商也保持着良好的合作态势。我们希望双方都能获利并发展壮大，这本身也对苏宁的发展有利。"

思考：苏宁电器高效的物流流程控制的关键环节是什么？

项目三　连锁经营物流配送中心

任务1　明确连锁企业配送中心及分类

配送中心是指接受并处理末端用户的订货信息，对上游运来的多品种货物进行分拣，根据用户订货要求进行拣选、加工、组配等作业，并进行送货的设施和机构。对于连锁企业，作为流通及服务领域的下游企业必须依赖配送中心帮助实现集中订货、加工、分货、拣选、配货等工作，以实现连锁企业商品及服务设施的统一物流管理，降低物流成本，实现规模经济。

连锁企业配送中心根据其内部特性和承担的流通职能可分为以下几类：

1. 按照配送中心的内部特性分类

（1）保管配送中心。指有很强储存功能的配送中心，一般来讲，在买方市场下，连锁企业由于分店多，销售需要有较大库存支持，其配送中心有较强储存功能。

（2）周转型配送中心。指基本上没有长期储存功能，仅以暂存或随进随出方式进行配货、送货的配送中心。这种配送中心的典型方式是，大量货物整进并按一定批量零出，采用大型分货机，进货时直接进入分货机传送带，分送到各用户货位或直接分送到配送汽车上，货物在配送中心里仅做少许停滞。

（3）加工配送中心。配送中心具有加工职能，根据用户的需要或者市场竞争的需要，对配送物进行加工之后进行配送的配送中心。在这种配送中心内，有分装、包装、初级加工、集中下料、组装产品等加工活动。餐饮连锁巨头肯德基和麦当劳的配送中心，就是属于这种类型的配送中心。

2. 按配送区域的范围分类

大型连锁企业分店覆盖全国甚至跨国，其配送中心能服务的区域范围根据需要可分为两种。

（1）城市配送中心。连锁企业以城市范围为配送范围的配送中心，由于城市范围一般处于汽车运输的经济里程，这种配送中心可直接配送到最终连锁分店，且采用汽车进行配送。这种配送中心由于运距短，反应能力强，因而从事多品种、少批量、多用户的配送较有优势。

（2）区域配送中心。以较强的辐射能力和库存准备，向省际、全国乃至国际范围进行配送的配送中心。这种配送中心配送规模较大，配送批量也较大，而且，往往是配送给下一级的城市配送中心，也可能直接配送给分店。这种类型的配送中心在国外十分普遍。

【案例点击】

沃尔玛连锁公司的配送中心

作为美国最大的连锁公司，全国设有30个配送中心，这些配送中心只为公司所属的连锁店配送商品，不接受其他商店的订单，也不实行独立核算。连锁店铺将订单传递给临近的配送中心，配送中心汇总后报公司总部，商品由公司总部向工厂统一采购，店铺将货款汇至总部，由总部与工厂结算，配送中心不负责货款结算。

沃尔玛连锁公司的Podter-ille配送中心，拥有11000多平方米的立体仓库，位于加州地区，为周围4个州的77家店铺配送商品，每天进出库的商品达15万~20万箱（件）。该中心的自动化设施齐备，除了公司总部与各地配送中心，以及配送中心内部实行电脑管理外，库房内从货物入库时的分拣、刷码到进入指定的货架，从订单处理、拣选商品、传送到指定的库房门待装卡车，全部是自动化操作。这是前述干货公司与食品配送公司所没有的，代表了目前美国物流管理与技术的最高水平。

4. 按连锁企业的经营商品属性种类分类

根据连锁企业经营商品的属性，可以分为食品配送中心、日用品配送中心、医药品配送中心、化妆品配送中心、家用电器配送中心、书籍产品配送中心、服饰产品配送中心以及生鲜处理中心等。

任务2　熟悉连锁企业配送中心运作流程

图8-6为连锁企业配送中心运作流程图，配送中心整个的运作可分为三个独立的运作流程：入库流程、在库管理和出库流程。

（1）入库流程。

①根据采购计划订货。根据分店的销售情况与供应商签订供货协议，提前订货。如遇连锁分店要货而配送中心无现货可发，就会出现商品脱销，这时配送中心应立即查询供应商，并向供应商发出订单，快速完成商品补货。

②到货接收。配送中心的收货部门对供应商送来的商品进行确认。

③验货。根据供货合同，对商品的数量、品种、规格、质量、包装等进行验收。

④编码。根据商品的种类对商品进行编码，以便通过计算机进行库存管理。

⑤分配储位。为商品确定在库房内的储存位置，方位确定包括库区确定、货架确定和具体储位确定。

⑥叉车上货。将商品通过叉车运往已安排好的储位进行储存。

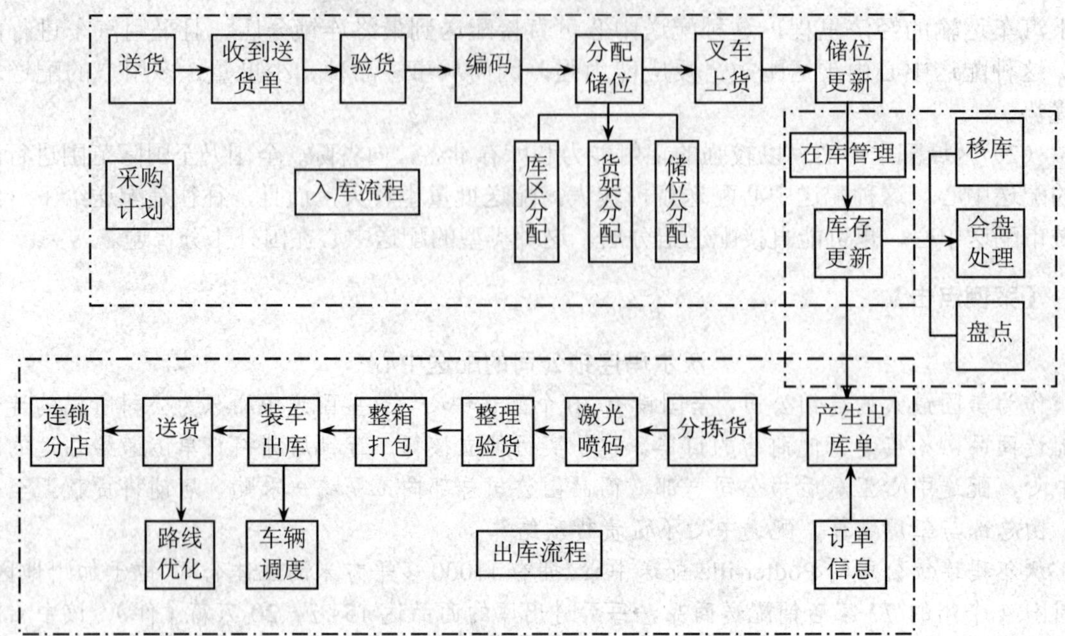

图 8-6　连锁企业配送中心运作流程图

（2）在库管理。在库管理主要是对已在库房的货物进行动态的管理。为了提高库房的运用效率，随时要对库房中的货物进行在库调整，以保证有限空间的最佳利用效率。在库管理的具体工作包括：

①盘点。对于长期储存的货物进行定时清点，随时掌握库存信息，当各分店有订单信息时可以及时反馈库房的货物信息。

②移库。通过货物储位的移动，实现库存空间的合理化。

③合盘处理。有些批量较大的重实商品，为方便机械化装卸搬运，提高作业效率，减轻作业人员劳动强度，将其装于托盘上进行处理。

④库存更新。通过盘点、移库、合盘处理的结果将库存信息及时进行更新。

（3）出库流程。当连锁分店有订单信息，出库流程就开始。

①出库订单。根据订单信息产生出库订单。

②选拣。配送中心出货的第二个环节，是根据连锁分店的要货单，将存放在仓库不同货架上的商品拣出，并将同一分店的不同商品放在同一理货区域。

③激光喷码。配送中心在将商品送给连锁店之前要做好上架前的一切准备工作，以利于连锁店的货架陈列，如将店内码和价签贴于商品的销售包装或中包装上。

④整理验货。为了保证配往分店的货物质量，出库时再进行一次验货。

⑤整箱打包。要货选拣完毕，配送中心有时要将商品进行重新包装，使之适于运输、送货，减少因多个店铺的商品组配在同一辆送货车内，导致错送及混送等失误。

⑥装车出库。用托盘盛装的商品可用叉车组织装车，否则需要人力组织装车。要特别注意按送货的先后顺序装车，先到的商品放在上面和外面，后到的放在下面和里面，同时还要做到重不压轻。

⑦送货。送货安排可有多种，如按固定时间、固定路线、为固定店铺送货，或按店铺的

要求准时送达。

以上只是整个配送中心作业的物流流程，与之相伴随的还有信息流程（票据、单证及其他许多相关信息）和资金流程（如货款、运费、杂费等的结算流程），各连锁企业可结合自己的情况进行规划与设计。

【案例点击】

百安居的配送流程

百安居，全球最大的建材零售连锁企业，目前在中国采用第三方物流配送形式。配送中心主要承担仓储管理与配送管理两块业务，按照工作职责设立了文员、仓管员、自提组、发车组、调度组 5 个工作岗位，分工清晰，各司其职。百安居销售出去的 90%的商品都从这里送出去。

在配送中心，文员起到物流导航的作用。文员每天到商品部前台取回送货单，再录入到系统中去，并对每天的发货数量进行核实、统计。送货之前，文员需要预先同顾客联系好，约定送货时间；送完货之后，文员马上在系统中登记送货时间、送货司机，便于顾客今后查询商品。

配送中心采用高层货架，商品码放密集但极有条理。库区首先分为自提区与百送区，自提区再按照商品类型划分存储区域，如瓷砖、厨电、浴室设备等分门别类集中存放。货架上层存放整托盘货物，以叉车完成存取；不方便叉车行走的地方，专门存放需要手工搬运的商品，如浴缸等；易碎品如瓷砖等存放在货架上，以避免因不慎造成的损失；对于非标商品，如玻璃淋浴房要垂直竖放，则按照商品的特殊形状与特性专门定做了非标货架。为避免顾客到期限不来提货，占用仓储空间，配送中心有专门人员提醒顾客来提货，并规定如果超过期限，每天收取商品总额的千分之一作为仓储费。

配送中心收货后为每个送货单位都制作了一张标签，贴在商品包装的显著位置，内容包括订单号、顾客姓名、提货时间等信息。每天收货后对配送中心货物进行整理，只需要 3 个工作人员即可。

配送中心打印出送货单，交给第三方物流公司的送货员。百安居将北京地区划分为十几条线路，同一线路顾客的商品要集中配送，并保证车辆的满载率。前一天晚上，送货司机到百安居的配送中心装车，第二天早上送货。

发货区设在仓库外面，共划分了 15 个车位，一辆车对应一个车位。按照送货路线，将一个顾客的商品放在一个托盘上，以免出错。物流公司运输车按照实际需要灵活调动，旺季时每天约需 20 辆车。百安居规定，每辆车一天要完成 20 个顾客的商品配送。

任务 3　建设连锁企业配送中心

对于大规模的连锁企业，面对诸多供应商和连锁店的不同要求，组织好物流配送工作是至关重要的，这对物流配送中心的建设提出较高要求，包括配送中心的规划和选址。

1．物流配送中心规划的基本原则

动态原则：由于服务对象（各连锁店铺）的交通条件、成本和价格等因素都在不断变化之中，因此规划时要有相当大的柔性，以保证在一定范围内适应变化。

发展原则：连锁经营刚起步时，店铺的数量较少。然而随着店铺数量的不断增多，对物流配送中心的要求也越来越高。无论从地域设置还是内部结构都要有一定的预期，要用发展的眼光来看问题。

定性与定量相结合原则：在进行物流配送中心规划时，可利用数学模型进行定量与定性分析，但不能绝对化。特别是涉及到服务范围、工作量以及一些可用数据统计的因素时，有很多的数学计算模型。利用这些模型得出的一些结果对于决策当然有很大的帮助。但是应该看到这些模型本身都有一些不完善的地方，一定要和定性分析相结合，才能做出较为全面的决策。

2. 连锁企业配送中心选址考虑因素

连锁企业配送中心的选址是配送中心建设过程的关键环节，选址工作的好坏将影响后续配送中心的利用效率和效益。除了要以动态、发展、定量与定性相结合的原则考虑选址外，还要考虑一些具体因素，主要包括：

（1）连锁分店的区域分布。它包括配送服务对象（连锁分店）的地理分布、密度大小、配送区域大小、配送距离等。

（2）配送中心建设成本。配送中心的选址受到建设成本的影响，好的地理位置必然租金或用地成本较高。

（3）交通运输情况。就是配送区域的道路、交通设施、交通枢纽等因素。

（4）物流配送中心与厂商、批发商的距离。要考虑到配送中心与生产者、批发商的合同中有无退货制度，如果有退货制度则配送中心离厂商就不能太远。

（5）法规制度。比如根据有关的法律规定，哪些区域不准建造某种类型的建筑等有关规定。

（6）通信条件。附近的通信设施以及总部和分店情报信息交流等方面的因素。

单元小结

采购方式一般可分为集中采购与分散采购，一般直营连锁企业多采用集中采购方式，而加盟连锁根据总部的集权程度采用集中与分散相结合的方式。

连锁企业采购流程是指连锁企业从建立采购组织开始到商品与设备引入分店正常销售或使用为止的整个过程。该流程的主要环节如下：建立采购组织——制定采购计划——确定供应商和货源——谈判及签约——入场试销与试用——正式销售与使用。

连锁物流是指以连锁总部的采购部门或配送中心为主体，承担商品的储存、加工和配送等活动以及伴随产生的信息的收集、处理、传递和利用的过程。其主要由采购、储存、流通加工、配送和信息处理等环节构成，是与商流、信息流和现金流并列的四大连锁经营机能之一。

连锁物流主要有两种结构形式：连锁企业自己的配送中心和社会性的配送中心。

连锁经营的物流系统主要是由以上七种功能共同构成的几个分系统：计算机订货、配货情报信息系统；自动化、机械化仓储系统；温度、湿度控制设备和系统；运输量、线路、频率规划系统；物流配送组织管理系统。

配送中心是指接受并处理末端用户的订货信息，对上游运来的多品种货物进行分拣，根据用户订货要求进行拣选、加工、组配等作业，并进行送货的设施和机构。对于连锁企业，作为流通及服务领域的下游企业必须依赖配送中心帮助实现集中订货、加工、分货、拣选、配货等工作，以实现连锁企业商品及服务设施的统一物流管理，降低物流成本，实现规模经济。

核心概念

采购　连锁物流　物流系统　配送中心

实训设计

项目：实地调查一家连锁企业的配送中心并撰写一份报告，分析配送中心的类型与功能，并从配送中心建设考虑的因素方面提出改进建议。

训练题

1. 简述连锁经营采购的主要方式。
2. 举例说明连锁经营采购的主要流程。
3. 物流对连锁经营的重要性是什么？
4. 阐述连锁经营供应商选择的主要考虑因素。
5. 连锁企业配送中心的主要分类有哪些？
6. 连锁经营的物流结构形式有哪些？
7. 阐述连锁经营物流系统的运作程序。
8. 连锁企业配送中心建设要考虑哪些因素？

综合案例分析

麦当劳的冷链物流

1990年，中国的第一家麦当劳餐厅在深圳开张。就在许多人还没听过“物流”这个词的时候，麦当劳已将世界上最先进的物流模式带进了中国。一整天的繁华喧嚣过后，来自麦当劳物流中心的大型白色冷藏车悄然泊在店门前，卸下货物后很快又开走。尽管一切近在眼前，但很少有人能透过这个场景，窥视到麦当劳每天所需原料所经历的复杂旅程，这些产品究竟如何保持新鲜，又是怎样在整条冷链中实现平滑无隙的流转呢？

1. 麦当劳的土豆、面包和鸡块——高质量的需求

在麦当劳的冷链物流中，质量永远是权重最大、考虑最多的因素。麦当劳重视品质的精神，在每一家餐厅开业之前便可见一斑。餐厅选址完成之后，首要工作是在当地建立生产、供应、运输等一系列的网络系统，以确保餐厅得到高品质的原料供应。无论何种产品，只要进入麦当劳的采购和物流链条，必须经过一系列严格的质量检查。

为了炸制出符合质量要求的薯条，麦当劳要求供应商提供的土豆要有较长的果型，芽眼不能太深，同时淀粉和糖份的含量必须控制在一定范围之内。而且，麦当劳对薯条的规格有量化的要求，长度为5英寸的要达到20%左右，3~5英寸的达到50%左右，3英寸以下的比例在20%~30%之间。

在面包生产过程中，麦当劳要求供应商在每个环节加强管理。比如装面粉的桶必须有盖

子，而且要有颜色，不能是白色的，以免意外破损时碎屑混入面粉，而不易分辨；各工序间运输一律使用不锈钢筐，以防杂物碎片进入食品中。早在1990年麦当劳进入中国时，一种名为 HACCP 的程序就被采用，面包被送入麦当劳餐厅之前的最后一道工序，就是把包装好的面包经过金属探测器的检查，一旦面包含有小小的金属类物质，探测器就会发出警报。

麦当劳餐厅使用的鸡蛋由专业养鸡厂提供，经过特殊的消毒工序，以杀灭鸡蛋表面对人体有害的沙门氏菌。麦当劳的供应商必须在鸡蛋产下来 3 天内运到工厂，按标准检测鸡蛋的大小、新鲜度，然后清洗、消毒、打油（起保护膜的作用），冷藏保存。麦当劳还要求餐厅鸡蛋在冷藏条件下，必须在45天内用完，以保持新鲜美味。

麦当劳要求，运输鸡块的冷冻车内温度需要达到-22℃，并为此统一配备价值53万元的8吨标准冷冻车，全程开机。同样的旅程，用 5 吨的平板车盖上棉被一样可以操作，成本可以节省一半以上。但是，麦当劳对于这种可能影响最终产品质量的行为坚决禁止。“打个比方，在麦当劳看来，冰淇淋化了之后再冻上，就不是冰淇淋了，只能算是牛奶和冰晶的混合体。”其物流供应商这样形容麦当劳的立场。正如餐厅并不是麦当劳的全部，运输中的质量控制，只是麦当劳冷链物流的冰山一角，在它的后面，有技术先进的食品加工制造商、包装供应商及分销商等构成的采购网络支撑，更有遍及世界各地的运销系统承载，还有准确快速的财务统计及分析软件助阵。

2. 麦当劳和夏晖——独特的外包模式

谈到麦当劳的冷链物流，不能不说到夏晖公司，这家几乎是麦当劳“御用 3PL”（该公司客户还有必胜客、星巴克等）的物流公司，他们与麦当劳的合作，至今在很多人眼中还是一个谜。

麦当劳没有把物流业务分包给不同的供应商，夏晖也从未移情别恋，这种独特的合作关系，不仅建立在忠诚的基础上，麦当劳之所以选择夏晖，在于后者为其提供了优质的服务。

随着商品流通市场买方地位的日益增强，消费者的选择越来越多，流通链也越来越长，麦当劳要求夏晖提供一种网络化的支持，这种网络能够覆盖整个国家或者整个地区，不同环节之间需要高效的无缝对接。与麦当劳合作了整整30年的夏晖，流通网络的整合能力得到了长足进步，拥有其他公司不可匹敌的经验。即便如此，对于夏晖来说，在中国完成这项工作也非轻而易举。“在北京、上海、广州这些大城市，至今也没有形成网络化的物流系统。从批发站订购货品然后用面包车运送，还是很多企业通用的方法。在这种单批量送货模式下，不仅无法保障产品的质量，还直接导致物流市场的低价竞争。”夏晖的一名物流经理对此颇有感触。他认为，这种低价竞争将会给中国的物流市场带来很大的压力。

而麦当劳对物流服务的要求是比较严格的。在食品供应中，除了基本的食品运输之外，麦当劳要求物流服务商提供其他服务，比如信息处理、存货控制、贴标签、生产和质量控制等诸多方面，这些“额外”的服务虽然成本比较高，但它使麦当劳在竞争中获得了优势。“如果你提供的物流服务仅仅是运输，运价是一吨 4 角，而我的价格是一吨 5 角，但我提供的物流服务当中包括信息处理、贴标签等工作，麦当劳也会选择我做物流供应商的。”为麦当劳服务的一位物流经理说。

另外，麦当劳要求夏晖提供一条龙式物流服务，包括生产和质量控制在内。这样，在夏晖设在中国台湾的面包厂中，就全部采用了统一的自动化生产线，制造区与熟食区加以区隔，厂区装设空调与天花板，以隔离落尘，易于清洁，应用严格的食品与作业安全标准。所有设备由美国 SASIB 专业设计，生产能力每小时 24,000 个面包。在专门设立的加工中心，物流服务商为麦当劳提供所需的切丝、切片生菜及混合蔬菜，拥有生产区域全程温度自动控制、连续式杀菌及水温自动控制功能的生产线，生产能力达每小时 1500 公斤。此外，夏晖还负责为麦当劳上游的蔬果供应商提供咨询服务。

3. 餐厅与物流中心——精细有序的对接

在餐厅一端，是麦当劳的采购工作。餐厅经理需要接受一项专门的培训——对销售、进货和库存量进行预测。这项复杂而琐碎的工作，也是他们每天的必修课。

在一周为单位的进货周期中，餐厅经理需要预先估计安全库存，在每周二与配销中心联系，对冷藏货下订单。麦当劳认为，订货量太多太少都是不允许的，过多会增加成本，积压资金，使产品品质下降；不足则会使营业额和利润下降，并对公司信誉和员工士气产生不利影响，而紧急订货成本就会上升。订单被配销中心接受之后，周三、周五分批进货。餐厅订货组要按时完成盘存报告，这项工作包括货品的编号、名称、计算单位、库存及货品盘点表、每日送货及退货单、损耗表、产品销售日报表、周报表、月报表、员工餐饮、餐厅调拨单等。每天，餐厅经理都要把订货量与进货周期对照，一旦发现问题，立刻进入紧急订货程序。虽然紧急订货不被鼓励，但一经确认，2 个小时后货品就会被送到餐厅门口。

送货和接货也有固定的程序和规范。在货物被装车之前，必须根据冷冻货对温度的敏感程度，按照由外向里分别是苹果派、鱼、鸡、牛肉、薯条的顺序装车；接货时，则要对这些情况进行核查。接货的检查项目包括：提前检查冷藏和冷冻库温是否正常，记录接货的时间和地点，检查单据是否齐全，抽查产品的接货温度，检验产品有效期（包括估计是否有足够的使用时间），检查包装是否有破损和污染，糖浆罐是否溢漏，二氧化碳罐压力是否正常，最后才是核对送货数量，签字接收。

及时响应麦当劳餐厅的需求，则是物流供应商发挥的特有作用。物流中心的一切管理工作细致有序，先进的设备也为物流质量提供了必要的保障。

麦当劳利用夏晖设立的物流中心，为其各个餐厅完成订货、储存、运输及分发等一系列工作。这个物流中心恰似一个具有造血功能的“心脏”，每时每刻不断地向分布于大江南北的各家麦当劳餐厅输送着新鲜血液，使得整个麦当劳系统得以正常运作，通过它的协调与联接，使每一个供应商与每一家餐厅达到畅通与和谐，为麦当劳餐厅的食品供应提供最佳的保证。目前，夏晖在北京、上海、广州都设立了食品分发中心，同时在沈阳、武汉、成都、厦门建立了卫星分发中心和配送站，与设在中国香港和中国台湾的分发中心一起，斥巨资建立起全国性的服务网络。

4. 冷链管理秘诀——标准化与跟踪

餐厅与物流中心之间的精细对接，只是麦当劳冷链物流顺畅流转的前提，要在操作中保证一切不出纰漏，标准化和跟踪技术至关重要。在食品供应链管理中，安全性和稳定性日益受到企业的关注。供应链的链条越来越长，安全体系则越来越薄弱，在 29000 多家麦当劳餐厅组成的大家族中，任何一家餐厅发生食品安全问题，对全球的麦当劳都会造成无可挽回的伤害。冷链物流中的标准化，正是麦当劳如履薄冰、力图将危机扼杀在萌芽之中而采取的手段。

麦当劳的冷链物流标准，涵盖了温度纪录与跟踪、温度设备控制、商品验收、温度监控点设定、运作系统 SOP 的建立等领域。即便是在手工劳动的微小环节，也有标准把关，比如一台 8 吨标准冷冻车，装车和卸车的时间被严格限制在 5 分钟之内，根据货品的需要，还会使用一些专用的搬运器械，以避免在装卸过程中出现意外的损失。在中国，麦当劳还在考虑应用一些国家制定的物流业服务标准和技术标准，以便把工作细化到 MRP 或者 VMI 系统的各个节点，进而对整个流程实施控制和跟踪。

有了这些标准，麦当劳的下一项工作就是对所有产品实施在途跟踪。坐在办公室中的物流经理，怎么知道货车发出之后货物是否处在冷冻状态？身处在低价竞争的市场环境，这种担心并非多余。一台 8 吨标准冷冻车的冷机价值 48 万元，经过 500 个小时之后就必须进行一次大修，不少企业在这种情况下选择了“偷工”，货车从北京出发到上海，只有一头一尾冷机是开放的，中间则被关闭。由于唯一的证据就是油耗，几乎没人能知道中间发生的故事。可有了温度跟踪和货物跟踪的帮助，一切便变得完全透明。

夏晖公司在中国并没有使用昂贵的跟踪手段，而是选择了一种类似于民航飞机上黑匣子（BLACKBAG）的技术。借助这些由清华大学开发的工具和技术，不仅可以记录车的位置，也可记录车的状态。只要在事后打开记录，有关车的发停时刻、温度变化等数据就会尽收眼底。

在不少企业还把标准化和跟踪系统当作一种技术来处理时，麦当劳已经利用它们构建起了一套有效的食品安全管理系统。在麦当劳看来，凡是在生产、储存中有要求的地方，不论普通食品还是冷冻食品，都应该设置这种标准。目前，麦当劳正在积极引入一套由美国食品物流协会开发的认证体系，并希望把这种适用于美国航天员的食品标准，逐步扩展到整个食品行业。达乐公司做到了很少人能够做到的事情，那就是其所售商品的价格甚至比沃尔玛还要低。

问题：

1. 你如何评价麦当劳与夏晖的这种合作模式，这一模式成功的关键因素有哪些？
2. 信息技术在麦当劳的冷链管理系统中扮演了怎样的角色？

单元九　连锁经营内部管理

通过本单元的学习，学生应能够掌握连锁企业人力资源配置；连锁企业员工招聘与培训的方法；理解连锁经营企业员工绩效考核的内容与方法；认识连锁经营信息管理系统的构成和前台与后台计算机信息系统；理解外部信息交换与结算方式；掌握外部信息交换与结算。

（1）连锁经营企业员工绩效考核的内容；

（2）连锁经营信息管理系统的构成；

（3）POS 系统；

（4）外部信息交换与结算。

（1）连锁企业人力资源配置方式；

（2）连锁企业员工招聘与培训方法；

（3）连锁经营企业员工绩效考核的方法。

情境引入

近日，南京零售巨头相继抛出了今年的扩张计划，但是“千军易得，一将难求”，巨头们扩张中遭遇了中高端管理人才缺乏的窘境。南京连锁业中，不少企业早就打出“年薪 10 万，甚至 20 万”的高薪承诺，但仍面临人才匮乏的尴尬。目前苏宁、五星、苏果等企业只好不断加强自身造血功能。

五星电器有关人士介绍说，目前由于零售业疯狂扩张，中高端人才的数量和质量，已经远远供不应求，甚至成为制约连锁业跑马圈地的制肘。他说，一家新卖场开业，从店长、店长助理到部门经理、采购人员和财务人员等，少说要 3～4 人，100 家门店需要 400 人，而且公司总部也要相对应增加 100～200 人进行对接管理。但是由于扩张需要，一时间招到这么多的熟练人手并非易事。

南京市商贸局有关人士说，去年南京新增连锁店达 400 家，平均不到一天就开设一个门店，很多企业都面临管理人才的问题，据统计，目前国内零售业专业人才不仅数量少，而且素质也不高。具有大专以上文化程度的各类专门人才只占 3%左右。

以上情景不仅是在南京，对于全国大部分城市，连锁企业的人才匮乏局面在最近几年日益突出。对于连锁经营，人力资源管理问题、信息系统管理、财务管理等内部管理问题是保证连锁企业正常运行的前提。

项目一　连锁经营人力资源管理

任务 1　配置连锁企业人力资源

人力资源的规划是企业管理的一项重要工作，对于连锁企业而言，无论是现有分店还是计划中要开设的新店，都存在人力的计划问题。对于处在急于扩张阶段的连锁企业而言，人力资源的准备更是企业发展非常重要的问题。连锁企业应根据发展需要制定人力规划，作适当的人力编制安排，并进行人员的培养和储备，使人力成本降至最合理的水平，而服务水准仍能维持或提高。由于连锁企业规模不同，经营性质也有较大差异，因此人员配置的具体操作也有区别，以下以一个小规模的连锁企业为例讲解具体的人员配置。

1. 总部各部门的人员配置

连锁企业总部各部门人员的配置应以精简为原则，并视公司发展的需要而调整。基本配置可参考下列配置：

（1）开发部人员配置。采取快速开店策略的连锁企业（1～2 个月开一家店）可配置 4～5 名开发人员；一般开店速度的连锁企业（3～4 个月开一家店）可配置 2～3 名开发人员。

（2）企划部人员配置。企划部可配置 2 人，要指派熟悉流通业务、经营管理知识、店铺作业、现代化管理工具的人员担任。

（3）营业部人员配置。可每 6～10 家店配置 1 名督导人员。

（4）财务部人员配置。各店的传票可集中在财务部处理，可配置 1～2 名财务人员，会计人员 1～2 人，资料处理人员可每 5～7 家店配置 1 名。

（5）管理部人员配置。人事（含培训）岗可配置 1～2 人，总务岗可配置 1～2 人，稽核岗可配置 1 人。

2. 连锁分店人员配置

不同的连锁分店，其规模不同、经营管理水平不同、店址的位置不同，人员的需要量就不同。连锁分店可以根据自身的经营状况选择合理的配置方法。一般人力配置可分为可量化人力配置、非量化人力配置和弹性配置三种方式。

（1）可量化人力配置。可量化人力配置是指可用营业额、来客数、平均客单价、店数、营业面积等量化数据，以数学方程式方式表示的人力配置衡量方法，又称为生产力分析法。如以各项作业工时为衡量标准，公式如下：

配置工时=固定常数工时+营业额×变动工时 A+来客数×变动工时 B

此方法是将分店所有各项工作所需花费时间，以作业研究方式计算出来，再以回归分析方法得出方程式。该法能较好地反映出节假日营业的特点对人力的需求。其中，固定常数工时是指不论营业额高低均须使用的固定工时，如商场的清洁、机器设备的清洗等；变动工时受营业额及来客数的影响，因为一般门市商场的需求工时会随着营业额及来客数增加而增加。

（2）非量化人力配置。此方法又称为工作分析法，适用于无法直接以营业额、店数等数量化标准衡量的人力配置。企划人员只能以其职位的工作内容进行工时分析，或是参考相关同行的标准。此方法具有主观性，容易受组织功能需求、作业流程资讯化程度等因素的影响，是最不易控制的人力配置。

（3）弹性配置。弹性配置是运用量化配置的方法来规划维持连锁分店正常经营的基本人数，再根据经营的需要，通过雇用临时工的方式满足连锁分店经营的弹性需要，即人力的总体规划是具有弹性的。连锁分店经营每天的高峰期、节假日，连锁分店对服务人员的需求增多，需要增加的人数因节假日不同而不同，可以按工时的需要来聘用临时工，如每日高峰期 2 小时的临时工、节假日 8 小时的临时工。

任务 2　招聘与培训连锁企业员工

1. 连锁企业的人员招聘

连锁企业人员招聘就是从本企业人员缺乏的实际情况出发，从本单位或社会“择优”聘用所需的经营管理人员、技术人员或熟练的一线人员的人事活动。招聘是进行人才调剂的有效手段，也是解决连锁企业急缺人才的重要途径。招聘应按下述程序和方法进行。

（1）明确招聘要求。

①招聘岗位对人员要求的基本条件。基本条件包括工作经历、学历、专业、年龄、专长等，可依不同职位确定。如商场的柜台人员或服务人员，对于仪容及应对技巧应特别要求；收银人员的数字观念应清晰；电脑操作人员应具备基本电脑操作技巧等。

②符合法令规定要求。按照法令规定担任某项工作须具备国家的认证资格，如驾驶执照、药剂师执照等；或从事该行业的身体要求等。

③其他要求。如工作经验、性格、工作与生活态度等，这些要求一般公司未诉诸文字，且不同的公司这类要求不同，常常是企业决定录用与否的潜在因素。

（2）制定具体工作计划。为保证招聘工作的顺利进行，应事先拟定出一个工作计划，主要内容包括：组织招聘工作小组并确定人选；制定招聘章程、考核方案；估算招聘工作的费用并确定资金来源；规定工作进度等。

（3）确定招募工具。连锁企业经营的最大效益就是资源可以共用，尤其是招募工具的运用，通过连锁企业总部的统合运用，可获得最大的效益，也可根据单店需要进行个别招募，使招募工具的运用更具弹性。连锁企业常用的招募工具有：

①媒体广告。以报纸、杂志、电视、广播广告为主，涵盖层面较广，适合各店联合招募，资源共享，只是费用支出较大，一般以报纸刊登效果较佳。

②店头 POP。门市橱窗张贴招募广告，立竿见影，效果明显，并适合单店招募，这样最节省费用，但招募层面不广泛。

③夹报传单。采取夹报或在商场柜台置放招募传单方式，可针对特定区域或人员招募，适合单店或在共同区域内的连锁企业使用。

（4）确定招募渠道。连锁企业常用的招募渠道有：

①店内招募。有店头 POP、夹报传单或直接游说门店内适合的顾客成为招募对象等方式，所招募对象一般以门店兼职人员及门店的基层人员为主。

②员工介绍。此方式所招募对象一般稳定性较高。

③校园征才。每年学生毕业期间，企业会选择相关学校或相关专业进行校园征才，活动方式可搭配公司参观、学校说明会、演讲等形式。

④广告刊登。在各种媒体上刊登招募广告，此方式运用最为普遍，但须花费较多时间，且较为被动。

⑤就业服务站及辅导机构。通过人才专刊刊出求才信息，但时效性较慢。

⑥校企合作。与学校采取实习合作方式，可获得稳定的人力来源，学生毕业后转为正式员工。一般在合作期间可提供奖学金、助学金或补助学杂费用，以增加吸引力。

⑦其他方式。通过人才中介公司，一般多用以招聘主管或专业人才，连锁分店的基层人员流动率较高，此举成本较高。

（5）应聘者的来信、来访和报名登记。在接待应聘者来访、报名过程中，要向应聘者介绍连锁企业对专业人才的需求情况，并宣传本企业的发展前景，以激发应聘者的积极性。同时也可以在交谈或接触中对应聘者进行初步考察。

（6）面试甄选。当招募完成后，接下来的工作就是面试甄选的安排。连锁企业发展初期，连锁分店基层人员尚可由总部集中面试，随着店数的扩张，门店基层人员的面试应该逐渐授权门店店长或经理处理。一般连锁企业对于加盟店人员的招募任用，均由加盟店店主决定，直营店则多授权店长面试任用兼职人员，门市正职人员则由店长或经理面试任用。

【案例点击】

屈臣氏：人才是把握成功的关键！

目前屈臣氏在内地的员工总人数超过6000人，员工主要构成包括管理人员、店员、药剂师、物流后勤人员等。

对于店长的人选，应聘者首先需具备3年或以上零售业或客户服务的工作经验，其中至少2年担任零售业店铺管理职位；其次是包括在员工管理、培训、沟通、协调等方面所具备的领导才能；第三是对安全、清洁、POP、收订货、报表等方面的业务能力；最后，衡量应聘者发展前景的是基于提高客户服务标准及店铺销售的商业技能。学历方面的要求是大学本科毕业。

屈臣氏公司在招聘人才的时候会根据不同岗位，考虑候选人的学习能力、知识背景和工作经验，但最基本的一点是团结精神和服务意识。在一般企业鼓励员工团结平等的基础上，屈臣氏将其“Discovery不断发现”的企业文化，以“健康、美态、欢乐”的经营及生活理念渗透于员工，使员工在一个充满活力的环境下，不断发现新的目标、新的自我价值。

屈臣氏致力于在整个中国地区市场，让屈臣氏品牌家喻户晓。公司需要吸纳和培养大批量的符合公司文化的高素质、高潜力而且愿意与公司共同成长的人才。通过外部招聘、内部接班人计划、高业绩表现者培养计划、核心员工发展计划来实现公司的人才战略。

2. 连锁企业的人员培训

连锁企业的经营型态不尽相同，有直营连锁、特许加盟和自愿加盟等差异。需通过人员培训来获得整体的良好服务品质和企业形象的一致。因此，在培训规划上，应该充分掌握连锁企业经营的特点，才能运用有限的培训资源，培育优秀的连锁企业经营管理人才，提高员工的整体素质。

（1）连锁企业培训开发。

员工培训开发是一项系统的工程，一般包括培训需求分析、制定培训计划、实施培训活动、评估培训效果 4 个环节。

①培训需求分析。培训需求分析是在制定与实施每一项培训活动之前，由培训部门、主管人员、工作人员等采用各种方法与技术，对组织及其成员的目标、知识、技能等方面进行系统的鉴别与分析，以确定是否需要培训及培训内容的一种活动或过程。培训需求分析包括组织分析、任务分析和个人分析 3 个方面。

②制定培训计划。首先，设置培训目标。有了目标，才能确定培训对象、内容、时间、培训师、方法等具体内容，并可在培训之后，对照此目标进行效果评估。培训目标主要可分为三大类：一是技能培养；二是知识的传授；三是态度的转变。

其次，设计培训项目的内容，即培训目标的具体化与操作化。根据既定目标，具体确定培训项目的形式、学制、课程设置方案、课程大纲、教科书与参考材料、任课教师、教学方法、考核方式、辅助培训器材与设施等。制定正确的培训计划必须兼顾许多具体的情景因素，如行业类型、企业规模、员工要求、技术发展水平与趋势、员工现有水平、国家法规、企业宗旨与政策等。

③实施培训活动。在公司各个发展阶段，结合员工培训发展制度和员工培训发展计划，由专门人员负责主持实施企业的员工培训发展活动。执行时最好与考核相结合，重视过程控制，观察培训过程中受训者的反应及意见。

④评估培训效果。与管理中的控制功能相似，在企业培训的某一项目或某门课程结束后，一般要对培训的效果进行一次总结性的评估或检查，找出受训者究竟有哪些收获与提高。这一步骤不但是这次培训的收尾环节，还可找出培训的不足，归纳出经验与教训，发现新的培训需要。

（2）连锁企业人员培训方法。

培训方法也可称为教学方法，是教师和学员为完成培训任务，实现培训目标，在培训过程中使用的所有活动的途径。它包括教师培训的方法和学员在教师指导下学习的方法。连锁企业常用的培训方法及特点如表 9-1 所示。

表 9-1　连锁企业人员培训方法及特点

方法	特点
课堂讲授	接近现实、内容连续；可以利用领域内的职业教育人员及专家；但被培训者不能积极参加
现场演示	利于演示设备或销售技巧；展示培训各个方面的事宜；被培训者积极参与
录像	活跃；利于演示可多次使用；缺乏被培训者的积极参与
项目指导	以固定的方式提供信息；要求被培训者作出反应；提供行为反馈；可根据被培训者的进度作调整；初始投资大
会议	适用于管理培训；会议领导人必须鼓励参与；强化训练
案例研究	提出现实的或假设的问题，包括环境、有关信息和疑问；在实践中学习；面对大量互不相同的问题
角色扮演	被培训者置身于真实环境之中并行使职责
行为模式训练	被培训者对录像角色扮演课程中的行为模式进行模仿
技能指导	被培训者以自定进度的方式完成一系列任务或练习

【案例点击】

健美连锁企业员工基础培训

宝菊健美是国际知名健身与美容品牌之集大成者，凭借优良的产品品质及先进的品牌经管理念，已发展成为一个引领时尚健康生活的集品牌、设计、生产制造、销售、外贸、服务、金融、地产等为一体的大型国际化的多元化产业集团，拥有最完整的室内运动产业链。

岗位分布：宝菊健美会员工总数为470人。企业结构成部门式分布，主要有高层管理部、财务部、法务部、公关行政、部市场策划、企划部、业务部、客户服务部、教练部、SPA部、商品部、销售部、人力资源部、培训部等部门。

培训岗位：所有岗位。

课程：基础培训。

课程内容：培训过程中首先要向员工介绍宝菊的历史与现状、规划与前景、特色与优势、规章制度、文化传统、经营理念、经典营销案例、公司持续发展的保证等。

目的：树立起员工的信心，提高对企业的吸引力。特别是企业文化方面的内容，在每一次培训中都应作为一项内容，向员工灌输企业的管理理念、行为习惯等企业文化方面的内容，让他们不断接受企业文化的熏陶，提高其认同度和忠诚度，为日后的发展打下基础。

培训方式：专家讲授，小组讨论，学习观摩，案例分析等。

培训人员：公司各部门经理。

培训时间：15~20天。

考核方法：一对一座谈法，实习一周表现评定。

测评方法：通过培训，员工要有自己对公司发展的总结，以及从中学到的知识在今后如何较好地运用。对公司未来发展的预测和建议，以及自己的发展方向。一周表现后，各部门领导的评价。

任务3　考核连锁经营企业员工绩效

1. 连锁企业员工绩效考核的内容

连锁企业员工绩效考核的主要内容包括德、能、勤和绩4个方面。

（1）德。包括思想政治、工作作风、社会道德及职业道德水平等方面。思想政治主要指员工的政治倾向、理想志向和价值取向等；工作作风是指员工工作时的风格；社会道德是指员工处理个人与社会关系的倾向；职业道德是指员工在履行职务方面表现出来的道德倾向。

（2）能。指员工从事工作的能力，包括体能、学识和智能、技能等内容。体能取决于年龄、性别和健康状况等因素；学识包括文化水平、专业知识水平、工作经验等项目；智能包括记忆、分析、综合、判断、创新等能力；技能包括操作、表达和组织等能力。

（3）勤。指员工的积极性和工作中的表现，包括出勤、纪律性、干劲、责任心、创造性和主动性等。

（4）绩。指员工的工作效率及效果，是员工德、能、勤的综合反映和对企业的贡献，一般要求有量化的结果，以便客观公正地评价员工的工作。

2. 员工考核标准

连锁企业员工考核的主要标准有以下3个方面。

（1）岗位工作指导书。连锁企业应根据组织机构设置以及各岗位的工作特点和程序，制定出岗位工作指导书。其主要内容包括岗位职责、日常工作作业标准、工作流程、工作质量和工作纪律等，以此作为考评员工工作的基本依据。

（2）月度工作计划。详细规定每项工作每月应达到的进度及质量标准，内容包括工作事项、月进度目标、完成时间、责任人、实际完成情况及时间。重点在于检查每个员工月度工作计划、目标任务的完成情况，以此作为员工每月工作考评的重要加减分依据。

（3）年度工作计划。详细规定全年工作应完成的各项任务指标，重点检查员工年度工作完成情况和岗位职责履行情况，使年度工作计划与月度工作计划紧密相连。

3. 连锁企业的考核方法

连锁企业对员工进行考核时，可采用如下方法。

（1）个人判断法。即凭领导者个人的判断来评定下属员工。该方法虽然简便易行，但考核缺乏客观性，很难达到公平合理。

（2）因素评价法。在考核前将需考核的内容分解为若干因素，形成评价体系，对被考核人逐项评定，最后决定优劣。

（3）考试评议法。即将考试和评议结合在一起进行人事考核。考试主要用于检查被考核者文化、专业理论和技术知识的水平。评议就是采用多种形式征求有关人员对被考核者的看法，经有关领导的分析、讨论，最后做出公平正确的评价。

（4）自我鉴定法。由被考核人对工作进行自我总结，对自己的业务水平、思想品质及工作实际做出评估。

（5）人员素质测评。人员素质测评是指对连锁企业各类人员的德、智、能、绩、体等素质，采用定性和定量相结合的方法所进行的测量与评定。企业人员素质测评是一种较科学的人员考核方式，它对于合理地考核、使用、培养和选拔连锁企业人才有重要的作用，应该引起连锁企业的重视。

连锁企业员工考核的最后一项工作，就是将考核结果以书面的形式记录下来，填写考核鉴定表，以便对被考核者进行激励和鞭策，并将考核结果与奖励挂钩，使考核成为奖勤罚懒，奖优罚劣，充分调动员工工作积极性、主动性和创造性的有力手段。

4. 连锁企业员工的奖励

在任何一个组织中，每一个成员都希望得到社会和集体的公正评价，得到合理的荣誉和物质利益。而组织本身也希望有一个严明的纪律，以维护各项工作的顺利开展。

连锁企业奖励的方式可分为如下两类：

（1）经济奖励。主要指直接的金钱给付或间接的福利制度，如加薪、改进工作条件或个人生活环境等。

（2）非经济奖励。包括成就、受人重视、升迁和个人发展的可能性等。这两种奖励措施一般要结合使用，既要考虑到员工的个人需要，也要考虑到每个销售组、成员店的团体需要，只有二者兼顾，才能达到预期的效果。

【案例点击】

金牌激励方法在美发连锁企业的运用

美发店的经营策略有很多种，但是要把员工的积极性调动起来就要有好的方法了，沙宣美发学校托尼盖美发学校推荐美发连锁企业金牌激励方法。

1. 信任激励法：让美发师成为你的事业伙伴

我们是事业伙伴关系，要让你的美发师认识到这一点，并对她们提供实实在在的支持，例如，让你的美发师有计划地学到工作方法和专业技能；让能力强的、已培养成熟的员工帮你打理分店；当你的员工需要独立创业时，应提供有关咨询和指导，包括技术和管理方面的支持；美发店的老板或经营者应该经常性地与员工沟通交流，了解其工作情况、心理状态，并在员工生日的时候送上一份礼物，让员工有一种“大家庭”的感觉，还可以在节日举办形式多样的聚会，让员工有一种集体归属感。或者建立每周集体活动制度，让每一个员工总结一周的成绩和不足，并及时地鼓励她们；带领优秀的员工到技术能力强的地方去学习、交流和提高自我。

2. 职务激励法：不断提升美发师能力

美发店店长在实际工作中，应把握实际需要、扬长避短，及时地提拔重用，以免打击了“千里马”的积极性。在美发师激励制度上，采取业绩量化的指标，帮助美发师制定职业发展道路。比如设定三星级美发师、四星级美发师、五星级美发师、天使美发师等不同的职务。对能力强的美发师要多“口头表扬”少“金钱表扬”；对差的美发师要少“口头表扬”多“暗中激励”。让能力强的美发师时时刻刻有危机感，充分调动大家的积极性、主动性，全面提高美发师的整体素质。

3. 知识激励法：扩大美发师的知识面

随着美发店的经营情况变化，美发师的工作时间也存在着较大的区别，比如有时候美发师会十分繁忙，各种顾客服务排得满满的；而有时候又比较闲。与其让美发师聚在一起闲聊，不如制定一些奖励措施，鼓励美发师在工作不那么忙的时候看一些美容方面的书籍，练习手法等。

4. 考核激励法：帮助美发师制定目标

很多时候，对美发师的评价都是由上级，比如美发店主管或老板一个人说了算。这样做很难真正调动美发师的积极性，无法做到全面和客观。考核美发师的表现，评定方式不应该仅限于主管或老板对美发师的评价，美发师本人、同事甚至顾客都可以作为美发师业绩考核的考官。不仅要看过去的表现，未来的发展潜力同样不可忽视。增加评估的角度，才能尽可能公正，最大限度地激励美发师。

一年一次业绩考评，即使美发师全年业绩都很出色，奖励也就年底这一次。一段时间过后，成就感很快就会消退。因此，可以考虑适当增加评估的频率，每月一次，可能压力过大，每季度一次应该是个不错的考核频率。评估结果与美发师的收入直接挂钩。每次根据评估结果，适当调整下次业绩考核的目标，将业绩考核的效果最大化。

把考评结果及时反馈给美发师，增加考评的透明度，有利于美发师了解自身表现与美发店期望之间的差距，达到考核和提高美发师能力的目的，更好地激励美发师成长。

项目二　连锁经营信息系统管理

任务 1　认识连锁经营信息管理系统构成

我国连锁企业（以商业为例，TM）自动化系统的基本结构是：POS 系统+MIS 系统。在其结构上同时还运行 EOS 系统和 EDI 系统（电子数据交换系统），见图 9-1。

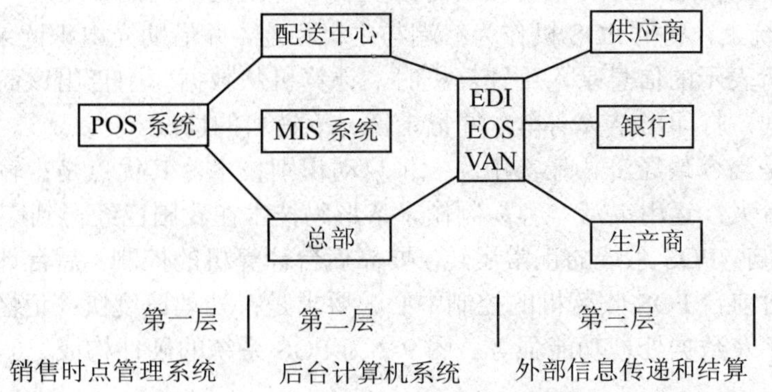

图 9-1　连锁企业信息系统层次

连锁企业信息管理系统一般可分为两个方面、三个层次。两个方面一是对外的方面，指联系生产商、批发商、消费者、金融机构、行业协会、政府部门的信息系统，它是企业与外部联系的纽带。主要在生产商、批发商、连锁店之间传递信息，信息的传递是靠电子订货系统（EOS 系统）来实现的。二是连锁企业内部的信息管理系统。目的是将企业的各部门连成一体，发挥总店的作用，提高企业内部管理和运营的效率。这三个层次如下：

第一层：前台销售时点管理系统（POS 系统），负责销售数据的采集。主要由电子收银机（POS 机）和门店计算机构成。

引入电脑自动化系统会带给经营者极大的收益，因此许多经营者希望尽早自动化。分阶段引入自动化系统，同时配合使用程度逐步增加成本投入，是一种导入连锁企业自动化最合理的方式。

第二层：后台计算机系统。由各种管理系统组成，实现数据的整理、分析、处理，涉及总部、配送中心、门店三方面。

第三层：外部银行、供应商、生产商的联系和资料的传递、结算等。所采用的软件有：电子数据交换系统（EDI）、电子订货系统（EOS）、增值网络（VAN）。这些系统和连锁企业的其他管理系统一起构成了商业企业的信息网络系统。

任务 2　区分前台销售时点管理系统（POS 系统）

第一层为 POS 系统，又称为销售时点系统，是指以后台计算机和商品条形码为基础，以条形码扫描器为基本工具，配合电子收银机及其电子设备（如磁卡阅读器）所组成的一个系统。它主要以连锁商店为中心，对进货、销货、存货和内部调配商品进行控制。

1. POS 系统功能与组成

（1）POS 系统的功能。POS 系统应具备以下功能：对商品的单品管理；采购管理；进货验收；库存及销售现场管理；销售管理；盘点管理；厂商管理；会计作业；销售分析报表、员工管理等。

（2）POS 机。基于 PC 基础上的 POS 机，其功能十分完善。体现在：销售功能的完善；良好的操作界面；丰富的管理功能；多种类的统计报表；多种分析报告；对操纵者的等级管理。

（3）商品条形码。商品条形码是由若干黑白条纹组成、标有数字的图案，是一种商品识别标记。商品条形码是适应计算机的发展而出现的一种高速准确的数据输入技术。商品条形码应用在POS系统上，利用POS机作为终端与主机相连，并借助光电识读录入商品信息，当带有条形码符号所表示的信息录入到计算机时，计算机从数据库中查出该商品的名称、价格等，经过数据处理，打印出结算清单，并记录每一笔销售的情况。

条形码技术是当今最经济、最实用的一种自动识别技术，其优点是：输入速度快；可靠性高；采集信息量大；运用灵活；容易制作。条形码技术在我国已经得到广泛的应用。

（4）后台电脑。POS系统的正常运转，要靠后台计算机的控制。后台计算机既是一个商品信息库，也是对前台POS收款机的控制中心。要求是：处理速度快；记忆容量大；通用性及兼容性好；文字及数据处理功能强等。图9-2为POS系统的硬件构成。

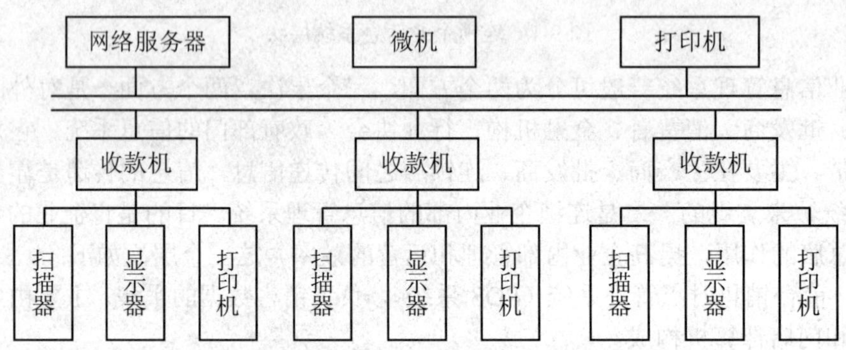

图9-2　POS系统的硬件构成

2. POS系统的作业流程

POS系统的作业流程主要分为7大步骤。

（1）粘贴商品价签。连锁门店的商品在销售之前都应贴上表示该商品信息的条形码或光学识别标签，为POS系统的作业作好准备。

（2）扫描销售信息。顾客结账时，收银员使用扫描读数仪自动读取商品条形码标签或光学识别标签上的信息。

（3）确认销售信息。通过店内的计算机确认商品的单价，计算顾客购买总金额等，同时返回给收银机，打印出顾客购买清单和付款总金额。

（4）传输销售信息。各个门店将本店的销售时点信息通过VAN以在线联结方式即时传送给连锁总部或配送中心。

（5）分析处理信息。连锁总部配送中心和门店对销售时点信息进行分析，以掌握顾客的需求动向，明确畅销商品或滞销商品。

（6）调整作业管理。连锁总部、配送中心和门店以信息分析结果为依据，进行库存调整、配送管理、商品订货、品种配置和商品陈列等方面的作业。

（7）向供货商输出信息。连锁企业可利用VAN在线联结的方式把销售时点信息即时传送给供货商，使供货商能根据销售现场及时准确的销售信息制定经营计划，进行决策。

3. POS系统导入前后对比分析

POS系统的导入不仅使前台收印作业效率大大提高，而且大大提高了总部后台的各项管理工作，并最终提高了企业经济效益。表 9-2 和表 9-3 为 POS 系统导入前后的作业对比分析和效益分析。

表 9-2　POS 系统导入前后作业对比分析

项目	导入 POS 系统前	改进方式
前台收银作业	商品庞大且复杂，无法掌握，人工入账，耗费时间且错误率高，容易产生弊端	利用条形码分类管理，用扫描器输入，降低收银作业错误，节省人工，且当人员流动时，训练容易，可随时在后台系统查询，掌握销售情况
销售管理	凭直觉或经验，判断商品销售尖、离峰时段及畅、滞销品变价、促销、特价有赖人工处理，故不易达成顾客购买的动向	前台销售数据传至后台系统，产生各类报表，通过计算机交叉分析，更精确地掌握销售实况
库存管理	难以掌握现有库存量及金额，采购人员依直觉进货，主观进货，造成存货积压而不自觉	可从计算机对进货情况一目了然，并可设定安全库存，以达成自动采购效益，同时对于盘点或耗损亦可纳入计算机记录，追踪查询呆滞品
上游商品情报	商品、供货商等各项信息由采购人员掌握，易产生弊端，供货商品质量稽核不易	纳入后台管理，可随时查询送货时效、付款条件、供应品质等多方参考

表 9-3　POS 系统效益分析

主要效益	具体效益	功能表现
提高服务品质	缩短结账时间	解决高峰时顾客等候时间
	减少收银结账错误	减少因人为错误所引起的误会
	提供多样化销售型态	接受非现金购物服务
	改变店家形象	提供顾客现代化的购物环境
降低成本	畅通物流	利用 POS 系统，提高商品效益
	人员效率提升	缩短时间，有效利用人力资源
	精确行政账务管理	防范作业人员舞弊，使现金管理合理化
提高效率与效益	提高销售量	利用 POS 系统的客层分析，调整商品结构，增加销售业绩
	提升采购效率	精确掌握单品库，运用适时适量采购策略
	最佳商品计划	精确统计分析单品销售量，掌握畅、滞销商品
	有效运用陈列空间	使商品陈列位置合理化
	掌握营业目标	通过 POS 系统，达成营业目标
	资金灵活调度	营业资料的收集迅速、确实
	增加商场竞争能力	分析消费趋势，以调整行销策略及经营方针

【案例点击】

顺天府：靠信息系统实现精细化管理

走进顺天府位于北京市丰台区游泳馆路的三楼总部，似乎是来到了一个软件公司，一样的格子间，一样的计算机，一样整齐的桌面，一样忙碌的工作环境。北京顺天府的副总经理李东升笑称，“如果要是真的遇到网络或系统故障，员工只好全放假了，因为离开了计算机和网络，公司根本没法干活。”

零售行业不仅仅依赖于信息技术，有时候它甚至是拉动技术应用的原动力，沃尔玛正在推进的无线视频技术，以及之前的条码扫描技术都是明证。一般的卖场、超市，普通的顾客进去后很难看出有哪些不同之处，所以竞争的根本就是卖场背后的“精细化管理”。顺天府的单位面积的盈利能力，靠的正是这种办法。

顺天府超市因为不是大卖场，营业面积小，货架有限，如何跟家乐福、华堂这样的大卖场竞争？其中一个手段是靠不断优化更新商品结构来达到品种齐全、货物丰富的效果。另外一种手段就是整体的低价位和有力的促销，把商品的价格定得足够低，吸引周围的顾客，尽量拉动销售额。而这些首先就跟管理直接挂钩，每天的库存、进货、出货，从系统中都可以很清晰地反映出来。比如酱油，在每排货架上两行最多可以摆 6 瓶酱油，但从系统中反映出，日均出货量也就在 1 瓶左右，根据统计结果，把货柜上的摆放量从 6 瓶减到了 4 瓶，不仅可以更好地确保更新鲜的保质期，而且减少了压货，也减少了被占用的资金。一个小小的数字或许在一般人看来并无奇特之处，但对于超市来说，就是一个巨大的数字。李东升算了一笔账，如果一个超市的日销售额平均在 200 万元，库存减少一天，将不仅意味着仓库里的货物有更快的周转期、更高的库房利用率，更意味着账面上将足足多出 200 万元的现金。

利用系统中的数据，还常常可以分析出一些违背一般思维常规的细节。超市最好的位置一般在一人高左右的范围，但是货架密度大，空间比较矮，而下面的货柜为了能更方便顾客的视线，空间一般都比较高。所以，很多超市习惯把中、小包装的商品放在一些中间的位置上，把大包装的货物放在最下层。这种安排似乎看起来很合理，但是实际情况如何？顺天府从每天出货的数字得出的结论正好相反，有很多大包装的食物出货量要好于零散的小包装，因为大包装一般是家庭采购一周的常备食品，而小包装则更适合于旅游、聚会等场合，因而对于很多商品，更合理的摆放位置是把大包装的食品放在顾客视线所及的中层货架而不是最底层，即使放在底层，也要设法让顾客容易看到。

顺天府利用信息化进行精细管理的例子还很多，比如采价系统。采价是超市每周要做的例行工作，也是监控竞争对手价格最常规的手段。在固定的某个时候，顺天府就会派员工到每一家店周围的竞争对手那里去抄价格，和自己的价格进行比较。在顺天府的采价系统里，可以一目了然地看到每一家竞争对手，竞争状态是高级、一般或是较低程度的竞争。当员工把搜集来的价格输入系统后，系统会自动分类，比如同一种商品，如果和竞争对手的价格相差不多，那各分店就有权尽快进行调整，保证响应的速度足够快。但如果遇到有的商品竞争对手的卖价低于了顺天府的进货价格，那这样的信息会立刻通过信息系统返回总部，由总部的采购经理找供货商谈判，要求按照更低的价格进货。因为这种原因，销售人员与供货商拍桌子、吵架的情况也不少，但公司的损失被减到了最低，顾客的利益得到了保证。如果没有采价系统，靠人的记忆或找资料来对比竞争对手的价格，根本无法发现问题。顺天府比较大型的供货商就有 700～800 家，商品有成千上万种，信息的变化只有靠系统来实现控制。

任务 3　区分后台计算机信息系统

第二层为后台计算机信息系统，由各种管理系统组成，涉及总部、配送中心、门店三方面。

1. 总部管理信息系统

在整个连锁经营管理信息系统中，总部管理信息系统堪称是系统的灵魂，由它控制和维护几乎所有的基本资料及供应商的进价等，并且，它可以监视各个部门（门店）的营运情况，并享有最高的订货权和调价权。因此，总部管理信息系统能为高层管理者及业务主管提供有力的决策支持，主要包括决策管理、订货管理、进货管理、库存管理、销售管理、财务管理、报表分析、综合查询和基本资料维护等内容。连锁总部管理信息系统的基本构成如图 9-3 所示。

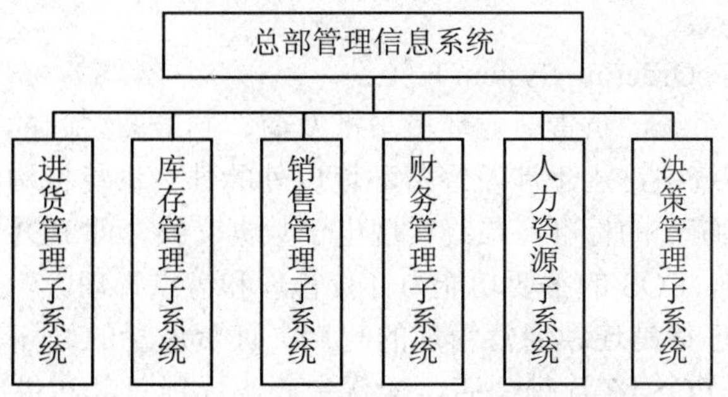

图 9-3 连锁总部管理信息系统的基本构成

2. 配货中心管理信息系统

配货中心管理信息系统是连锁经营信息管理系统不可缺少的部分，在整个连锁经营管理信息系统中，配货中心管理信息系统是整个信息系统的物流枢纽，它主要包括进货管理、配送、调拨管理、损溢管理、库存盘点管理和订货管理等业务内容。其基本构成如图 9-4 所示。

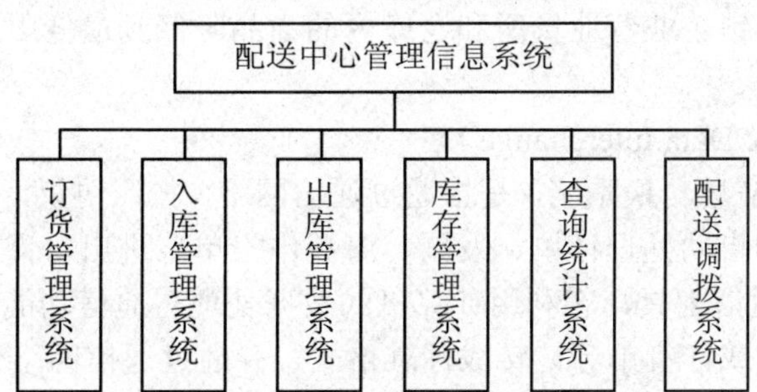

图 9-4 配货中心管理信息系统的基本构成

3. 门店管理信息系统

门店管理信息系统是连锁经营管理信息系统的基础，主要功能在于整个门店经营过程中商品的销售、补货以及库存全过程信息的管理与控制，完成系统一定范围内的信息采集，为高层经营分析与决策奠定基础。主要包括收银管理、进货管理、要货/订货管理、盘点管理、货位管理、客户管理、财务管理、数据统计和综合查询等内容。其基本构成如图 9-5 所示。

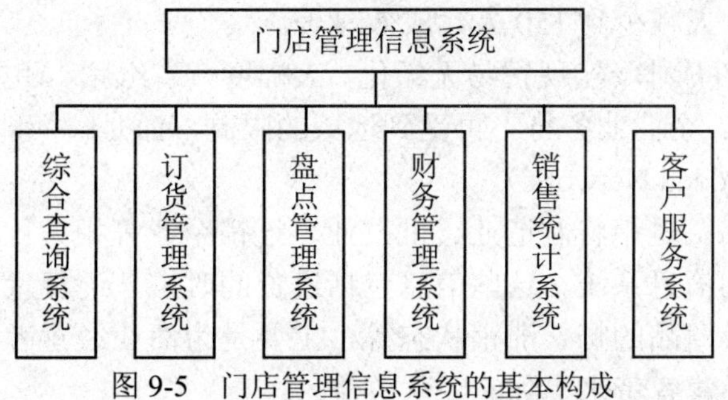

图 9-5 门店管理信息系统的基本构成

任务 4　区分外部信息交换与结算

第三层为外部信息交换与结算系统，主要涉及外部银行、供应商、生产商的联系和资料的传递、结算等。所采用的软件有：电子数据交换系统（EDI）、电子订货系统（EOS）、VAN（EFT）。

1. EOS（Electronic Ordering System）

EOS，即电子订货系统，负责商业环境与批发商、制造商之间的商品订购、运输、调配等信息控制。在这个系统中，由于涉及经营环境以外的社会供货机构，所以要求所交换的数据在商业整体结构下有统一的标准，最终实现电子数据交换，即 EDI 的商业化。

在连锁经营管理中，EOS 的主要功能为订货管理和盘点管理。

（1）订货管理。订货是连锁经营管理的起点，订货质量的好坏、订货效率的高低直接关系到连锁经营效益。EOS 在连锁门店、配送中心、连锁总部和供应商之间建立起了一条高速通道，使双方的信息及时得到沟通，不仅提高了订货效率，使订货过程的周期太大缩短，保障商品的及时供应，而且减少了订货差错，提高了订货质量，有利于订货业务管理的规范化。

（2）盘点管理。盘点是连锁企业加强商品管理的重要手段，但由于连锁企业所经营的商品品种成千上万，采用传统的盘点方式，既费时间，又影响营业。采用 EOS 盘点可迅速准确地完成盘点任务，将连锁企业营业场所和仓库内的商品降低到最低限度，为提高企业的经营效益打好基础。

2. EDI（Electronic Data Interchange）

EDI，即电子数据信息交换系统，是指通过通信网络，按照协议，在商业贸易伙伴的计算机系统之间快速传送和自动处理订单、发票、海关申报单、进出口许可证等规范化的商业文件。EDI 是一套报文通信工具，它利用计算机的数据处理与通信功能，将交易双方彼此往来的商业文档（如询价单或订货单等）转成标准格式，并通过通信网络传输给对方。

EDI 系统的主要作用包括：

（1）提高交易效率。交易双方的信息经由计算机通信网络传输，瞬间即达，可大大缩短业务运作时间。

（2）降低业务处理过程中的差错率。这是在计算机上自动完成的，无须人工干预。

（3）节省库存费用。大幅缩短供需双方的业务处理时间，因而需方可减少库存。

（4）节省人事费用。使用 EDI 后不再需要人工填表、制单、装订、打包、邮寄等一系列过程，自然可节省人力。据美国福特汽车公司统计，它在配合 EDI 来简化对账付款流程后，相关的作业人员由 500 人减少到 150 人，成效显著。

（5）降低贸易文件成本。实现贸易无纸化，大幅度节省纸张、印刷、储存及邮寄的费用。

（6）企业国际化。企业业务将不再受到地域的限制，而是瞬间即走向全球。

3. VAN（Value Added Network）

VAN，即增值网络，是指将制造业、批发业、连锁企业等相关行业的信息通过计算机服务网络进行互相交换的信息系统。这些信息包括进货的时机、进货量、资金的承受能力、本商业环境的销售水准及商品的畅、滞销状态等，主要是为商业经营者提供做出决断的信息。有效的决策支持会给经营者带来实际的经营效益。

项目三　连锁经营财务管理

任务 1　明确连锁企业财务管理的特点

连锁企业的财务管理与连锁企业的经营管理要求、连锁企业自身特点是密不可分的。

1. 财务管理是一项综合性的管理工作

由连锁总部进行统一核算是连锁企业财务管理的特点之一。区域性的连锁企业由总部实行统一核算；跨区域且规模较大的连锁企业，可以建立区域性总部，负责对本区域内的连锁分店进行核算，再由总部对区域性总部进行核算。

连锁企业统一核算的主要内容是：对采购货款进行统一支付结算；对销售货款进行结算；进行连锁企业的资金筹集与调配；对企业利润进行分配等。因此，财务管理是运用价值形式对企业各个方面进行的管理，是一项综合性的管理工作。

2. 票流与物流分开

由于连锁企业实行总部统一核算，由配送中心统一进货，统一对各个店铺配送，票流与物流分开运行，因此，财务部门必须同进货部门保持密切联系，认真核对进货部门的有关票据，确认无误后才能支付货款，并对签字权限做出限制。

3. 资产统一运作，资金统一使用，发挥规模效益

连锁企业经营的关键是发挥企业的规模效益，统一核算、统一进货、统一配送，使连锁企业的资本规模优势得到发挥，也使企业减少了费用，降低了成本，增加了利润，同时也加快了企业的资金和商品周转，使企业获得最大的经济效益。

任务 2　连锁企业财务管理的主要内容

连锁企业财务管理的内容包括资金筹集管理、投资管理、成本管理、利润管理等。

1. 资金筹集

（1）资金筹集的目的。

任何企业的生存和发展都离不开资金，企业筹集资金往往出于以下目的：扩张发展、偿还债务、满足临时资金周转所需。

①对于发展时期的连锁企业往往需要扩大经营规模，增开连锁店，这必然需要大量资金。对于正规连锁企业而言。连锁企业总部需要投放资金，这对总部提出巨大的资金要求。对于特许连锁和自由连锁，其加盟店则是由加盟者自己投资，并不需要总部投资，但对加盟商的支持及加盟系统建设都需要总部的资金投入。

②连锁企业为偿还债务而筹集资金。这种情况不一定表明企业资金紧张，无力偿还。它主要有以下两种情况：一是使其资本结构更合理。企业虽有足够能力支付到期债务，但为了调整原有资本结构，使其综合资本成本最低而借债；二是财务状况恶化，企业无力偿还到期债务，不得不借新债还旧债。

③由于某种结算方式的采用，使企业短期资金周转紧张而借入的款项。

（2）资金筹集的渠道与方式。

一般来说，企业筹资渠道有以下方式：

①银行信贷资金。是指各商业银行贷给企业使用的资金，贷款方式多样、灵活，它是企业重要的资金来源。

②非银行金融机构资金。非银行金融机构是指各种从事金融业务的非银行机构。如财务公司、保险公司、信托投资公司，它们不仅可以以多种方式向企业提供资金，同时还可以提供各种特定服务。今后，也将成为企业资金的主要来源。

③其他企业资金。其他企业生产经营活动中形成的暂时闲置或长期闲置的资金，也可以供企业调剂使用。

④群众资金筹集。通过上市从普通群众那里吸取资金是重要的资金筹集手段，但由于受到诸多因素的影响，大部分连锁企业在发展前期阶段很难通过这种方式筹集资金。

⑤外商资金。外商投入企业的资金。

企业筹集资金的方式主要有：吸收直接投资；发行股票；银行借款；商业信用；发行债券；融资租赁。

2. 连锁企业投资

投资是指企业为获得未来收益或者满足某种特定用途而进行的资金投入活动。企业可以现金、实物、无形资产向其他单位投资，也可以购买股票、债券等有价证券向其他单位投资；同时投资也包括对企业内部长期资产的投资。

（1）投资的目的。

①为了获得较高的投资收益；

②积累一定数额的资金；

③加强与被投资企业的经济联系，以保持稳定的商品供应来源或维持长期的商品销售；

④控制其他企业，发展本企业的业务。

（2）投资决策应考虑的问题。

企业在投资之前必须认真进行市场调查和分析，寻找企业最有利的投资机会。一旦投资项目确定以后，要设计投资方案，并对投资方案进行对比分析，利用有关经济指标和非经济指标进行评价，同时必须考虑企业的投资风险，在企业能够承受的风险与渴望获得的投资收益中进行权衡，以确定最佳投资方案。

①投资风险。这是指由于未来的各种不确定因素而产生的投入本金和预期收益损失的可能性。市场是千变万化的，有许多不确定因素，为了将投资建立在科学的基础上，必须对投资风险进行研究，以便将其对投资活动的不良影响降到最小程度。

②投资收益。这是指企业进行投资所获得的利润。只有投资收益超过资金成本才能获取利润。

风险与收益是相互联系的，一般来说，风险越大，收益越大，不存在收益大而风险很小的投资项目。一个成功的投资项目必须在风险与收益间相互协调，以期在一定的风险下使收益达到较高的水平，或在收益一定的情况下使风险维持在较低水平。

3. 连锁企业的流动资产管理

连锁企业的流动资产主要是存货，存货是指企业在生产经营过程中为销售或者耗用而储备的物资。连锁企业的存货主要是指采购的商品和低值易耗品。存货占流动资产的比重较大，一般约为 40%～60%，对于连锁企业这个比例可高达 80%。存货利用的好坏，对企业财务状况影响很大，因此，加强存货的规划与控制，使存货保持在最优水平上，是连锁企业财务管理的一个重要内容。

存货管理的方法很多，这里主要介绍经济批量法、ABC 分类法。

（1）经济批量法。存货的成本主要包括采购成本、订货成本、储存成本、缺货成本。

①采购成本是指从供应商那里获得商品或设施而支出的成本，是商品本身的价值，由购买数量与商品单价决定。一般情况下，采购成本与采购数量成正比例关系。

②订货成本是指为订购商品而发生的文件处理费和验收成本，如邮资、电报、电话、电传费、办公费、差旅费等。订货成本中有一部分与订货次数无关，如常设采购机构的管理费、采购人员的工资，属于固定成本；另一部分与订货次数有关，属于变动成本。为了降低订货成本，企业需要大量采购，以减少订货次数。

③储存成本是指存货在储存过程中发生的成本，包括仓储费、保险费、残损变质损失、存货占用资金应支付的利息。为了降低储存成本，企业应要求小批量送货。

④缺货成本是指由于供应中断而给企业销售造成的损失。如由于供货中断造成延期交货而付出的罚金，由于供货中断而丧失的销售机会及市场份额。为了减少缺货成本，企业应保持足够量的存货或加强物流配送。

由上述内容可以看到：订货批量越大，储存成本越高，但订货次数减少，这又使订货成本下降；反之，订货批量越小，储存成本越低，订货次数越多，订货成本越高。经济订货批量就是要寻找使综合成本最低的采购批量。

（2）ABC 分类法。连锁企业常常涉及成千上万的存货项目，有的价值昂贵，但品种少；有的价值低廉，但种类、数量很多。在存货管理上应区分重点，照顾一般，这种分类管理的方法就是 ABC 管理法。首先，以存货的品种和金额作为分类的标志，将存货分为三类。将品种比重不超过 20%，金额比重在 70%以上的存货项目划分为 A 类存货；将品种比重不超过30%，金额比重占 20%左右的存货划分为 B 类存货；将品种比重不低于 50%，金额比重只占10%左右的存货划分为 C 类存货。

4. 连锁企业的成本、费用管理

成本是指为了达到某一目的，在生产经营活动中发生的人力、物力、财力消耗的总和。

（1）连锁企业的成本费用组成。

连锁企业的成本费用主要是商品采购成本、经营费用、管理费用、财务费用。

①商品采购成本是指外购商品而发生的支出。

②经营费用是指连锁企业在供产销过程中发生的各项支出，如运输费、储存费、保险费、展览费、广告费以及专设销售机构的各项费用等。

③管理费用是指企业行政管理部门为组织生产经营活动而发生的各项费用。包括管理人员的工资、工会经费、教育经费、保险费、咨询费、诉讼费、业务招待费、坏账损失等。

④财务费用是指企业在经营过程中为筹集经营所需资金而发生的筹资费用，包括利息费、手续费、汇兑损益。

（2）连锁企业的成本费用控制。

作为连锁企业在成本控制上首先是货比三家，在保证质量的同时，努力降低采购成本，特别是发挥连锁企业的优势，通过集中采购降低成本。其次，要与供应商建立良好的长期合作关系，减少不必要的费用。此外，在费用控制上要注意以下几点：

①总部要严格控制自身的费用开支，如广告宣传费、工资等。

②由总部统一固定资产的折旧，统一支付贷款利息。

③总部规定各店铺的费用项目范围及开支标准，原则上不允许随意扩大和超标。

④总部对一些费用要进行分解，尽量细分到各个店铺和商品种类上。

⑤总部对各个店铺的费用通过下达销售费用率进行总体控制，要建立费用率预算计划管理。各个店铺的直接费用要同店长的利益直接挂钩，对达不到要求的店铺要分析造成费用上涨的原因，并提出调整改正的措施。

任务 3　连锁企业财务经营活动分析

连锁企业经营活动分析的方法主要有比较分析与比率分析两种。比较分析是对不同时期的财务数据进行连续的对比，以揭示当期财务状况和经营成果增减变化和发展趋势。比较时，可以用绝对值，也可以用相对值，通过制作统计图表或编制报表的方式，进行对比分析。比率分析是运用各种财务指标，评价企业财务状况并发现经营管理中存在问题的一种分析方法。下面对比率分析作如下介绍。

（1）偿债能力分析。

一个企业要生存首先应具备一定的偿还债务的能力，偿债能力的分析主要包括以下几个指标。

A．流动比率=流动资产/流动负债

B．速动比率=（流动资产—存货）/流动负债

C．资产负债率=负债总额/资产总额

①流动比率与速动比率。流动比率是企业流动资产占流动负债的比率。流动资产主要包括现金、短期投资、应收及预付款项、存货、待摊费用和一年内到期的长期债券投资等。流动负债主要包括短期借款、应付及预收款项、各种应交款项、一年内到期的长期负债。

流动比率和速动比率是反映企业短期偿债能力的指标，如某连锁企业 2010 年末流动比率为 1.5，这表明该企业每一元的流动负债就有 1.5 元的流动资产作为保证，流动比率越高，说明企业偿还债务的能力越强，连锁企业的流动比率比一般生产企业要高。速动比率由于扣除了存货项目，直接反映可立即变现的流动资产偿还债务的情况，因此，比流动比率更进一步揭示了企业偿还短期债务的能力。所以，企业能否偿还短期债务，不仅要看有多少短期债务，还要看有多少可变现用于偿债的流动资产。企业要根据历史的资料数据进行分析，确定适合本企业的指标数值。

②资产负债率。资产负债率是反映企业综合偿债能力的指标，它表明在企业的资产总额中有多大比例是通过负债构成的，它揭示了企业的资金结构。资产负债率维持在 50%左右比较安全。但是，不同的人站在不同的立场会有不同的看法。站在债权人的立场看，他们最关心贷款的安全性，希望按期收回本金与利息，因此，希望企业资产负债率越低越好。这样企业偿债有保证，贷款风险小。企业的投资人关心企业是否盈利，投资是否有回报，当资产利润率超过借款利率，企业的利润就会增加，这对投资人是有利的，此时投资人就希望增加负债，以获得更大的收益。作为企业的经营者必须在财务风险与盈利间做出权衡，保持适当的负债。

（2）盈利能力分析。

反映企业盈利能力的指标很多，下面介绍常用的几个指标：

A．销售毛利率=（销售收入–销售成本）/销售收入

毛利率是反映企业最基本的获利能力，没有足够大的毛利率便不能盈利。

B．销售利润率=利润总额/销售收入

该指标反映每百元销售收入带来的利润有多少。企业要想提高盈利能力必须想办法提高收入，降低成本费用。

（3）资金周转能力分析。

资金周转能力分析主要介绍存货周转率、损益平衡点指标，这是连锁企业的效率性指标，是为了对自身经营进行考核。

A．存货周转率=主营业务收入/平均存货余额。主营业务收入指存货商品销售额。

平均存货余额=（期初存货余额+期末存货余额）/2

存货周转天数=360/存货周转率

一般来讲，存货周转速度越快，存货的占用水平越低，流动性越强，存货转化为现金的速度越快。提高存货的周转率可以提高企业的变现能力；反之，存货周转速度越慢，则变现能力越差。

一般情况下超级市场存货周转一次不宜超过 40 天，连锁便利店存货周转一次应在 35 天以下。

B．损益平衡点=固定费用/（1–变动费用/计划营业收入）

损益平衡点即企业保本点，在这一点企业既不赢利也不亏损，只有在保本点以上，企业才能赢利。该指标主要是测定连锁店需要实现多少营业收入才不亏损。固定费用主要是人工费、固定资产折旧、水电费等。变动费用主要是广告费、包装费、活动经费。计划营业收入（计划营业额）包括日、月、年及定期计划。

单元小结

招聘是进行人才调剂的有效手段，也是解决连锁企业急需人才的重要途径。招聘应按下述程序和方法进行：明确招聘要求；制定具体工作计划；确定招募工具；确定招募渠道。

员工培训开发是一项系统的工程，一般包括培训需求分析、制定培训计划、实施培训活动、评估培训效果 4 个环节。

连锁企业员工绩效考核的主要内容包括德、能、勤和绩 4 个方面。

连锁企业员工考核的主要标准有以下 3 个方面：岗位工作指导书；月度工作计划；年度工作计划。

连锁企业信息管理系统一般可分为两个方面、三个层次。两个方面一是对外的方面，指联系生产商、批发商、消费者、金融机构、行业协会、政府部门的信息系统，它是企业与外部联系的纽带。主要在生产商、批发商、连锁店之间传递信息，信息的传递是靠电子订货系统（EOS 系统）来实现的。二是连锁企业内部的信息管理系统。目的是将企业的各部门连成一体，发挥总店的作用，提高企业内部管理和运营的效率。这三个层次如下：第一层为前台销售时点管理系统（POS 系统）；第二层为后台计算机系统；第三层为外部银行、供应商、生产商的联系和资料的传递、结算等。

连锁企业财务管理的内容包括资金筹集管理、投资管理、成本管理、利润管理等。

核心概念

招聘　绩效考核　信息管理系统　财务管理

实训设计

项目：对一家连锁企业的人员配置进行调查，分析其人员配置的合理性。

训练题

1．连锁分店人员配置有哪些方法？
2．简述连锁企业的人员招聘的主要程序。
3．连锁企业员工考核的主要标准有哪些？
4．连锁企业信息管理系统主要由哪几个层次构成？
5．简述 POS 系统导入前后的对比分析。
6．EDI 系统的主要功能有哪些？
7．连锁企业资金筹集的渠道与方式有哪些？
8．简述连锁企业的主要成本费用组成。

综合案例分析

IBM-ROSS 解决方案——提升零售企业竞争力

山东家家悦超市有限公司是以超市连锁为龙头，集物流配送、食品加工和对外贸易于一体的大型连锁企业集团，从 1995 年到现在已经发展成为以超市连锁为主业，以物流配送、工业品生产、农产品批发和对外贸易为一体的现代连锁企业集团。拥有 260 多处自营连锁门店，连锁网络覆盖了山东省威海、烟台、青岛等 24 个市县的家家悦，在山东东部形成了网络优势和区域竞争的优势。

1．面临的挑战

和许多零售业一样，过去的家家悦只能从信息系统中获得各个时间段商品的售卖数据，却不能提供商品的售卖对象，无法调整商品品类满足这部分需求，以及在什么地段开店最科学。董事长王培桓意识到："过去，零售业大都研究卖什么的问题。现在更要了解卖给谁、怎么卖和在什么地方卖的问题。"

2．信息化实践及收益——门店转型与业态优化方案（IBM-ROSS 解决方案）

2007 年，家家悦发现，IBM 的满足连锁零售企业战略发展的门店转型与业态优化方案，即 IBM-ROSS 解决方案，可以实现对目标消费群、关键品类购买力等方面的科学预测，从而在业务发展决策阶段即可对顾客管理、关键商品分类等提出指导意见。从最初的选址开店、业态定位、销售预算即可与整个商品管理、门店运营等紧密衔接，能够建立商圈选择、消费者分析、商品运营管理、绩效考核的统一平台，为公司的战略定位找到决策依据和支持。

3．消费者分析

进入系统，家家悦的管理者可以方便地看到各类消费群在城市地图上的分布情况。根据消费群和商品的关联模型，还可以进一步观察到不同商品类的需求分布：年轻的职业女性对高品质的生鲜食品和日常用品需求丰富、中老年消费者比较关注大包装量打折出售的家居商品和食品等，根据这些不同客户群对食品类的消费需求预测，数字地图可以为家家悦的管理者直观地显示出各区位对食品类的总需求。

4. 业态定位

在数字地图环境下，家家悦还可以模拟、配置不同的业态组合，决定是建一个大卖场还是建一个超市和两家便利店。分析工具能迅捷输出不同场景下的各类预计商品销售量、投资预算、门店位置及商圈范围等重要内容。

此外，数字地图还定义了从地理环境、消费群到商品品类的映射过程：给定一个居民区的主要属性（如人口规模、小区档次、楼价等），家家悦就可以从已建立的模板库中抽取出符合企业战略的消费群类别；对每个消费群，模板库还提供了相应的商品类需求。

5. 商品运营管理

同时，家家悦还可以使用信息管理系统提供的分析工具，自动计算出当前和未来几年各类消费群的区域分布和各类商品的消费需求，针对不同业态定制的门店评估体系实现对各门店销售和运营业绩的综合评估与诊断。通过配置相应的规则，家家悦可以迅速定位到优质投资商圈，并通过智能算法、决策数据和仿真等方法分析每个商圈内门店的合理配置以及现有门店的转型方案。

通过门店转型与管理优化项目的顺利实施，家家悦分享了 IBM 在全球及中国零售行业的发展经验、知识库和最先进的信息技术成果，更有效地定位与服务目标消费群，科学地进行商圈分析和市场预测，提高决策的精度和效率，降低业务拓展的风险和成本，提高顾客满意度和忠诚度，从而有效地支持家家悦的连锁发展战略，帮助家家悦推动业务发展和提升自身实力，打造区域乃至全国的竞争优势。

问题：

1. IBM 的 ROSS 解决方案应属于连锁企业信息管理系统的哪一个层级？
2. 企业应采取哪些措施保证这些信息系统的高效运行？

单元十　特许连锁经营

通过本单元的学习，学生应能够理解理解特许连锁经营特征；明晰特许连锁经营分类；学会分析开展特许经营优势与劣势；掌握特许经营业务流程的实施。理解特许经营关系的四个阶段；学会维持特许人与受许人之间的良好关系。

（1）特许连锁经营特征；

（2）特许连锁经营分类；

（3）特许经营关系的四个阶段。

（1）分析开展特许经营的优势与劣势；

（2）特许经营业务流程的实施；

（3）维持特许人与受许人之间的良好关系。

情境引入

从 2005 年 3 月起，一种土家风味的烧饼在武汉卖得非常火爆，耿德武从中看到了商机，在第一时间将这种烧饼引进到上海，并根据上海人的口味进行了改良，“土家烧饼大王”由此诞生。该品牌以连锁加盟的形式在申城一炮打响，以平均每天 4、5 家的加盟速度迅速蔓延，一次性收取加盟费 2.8 万元，包括技术转移费用、人员培训费、商圈及店址评估、门店装修设计等，产品每天统一配送到各家门店，目前“土家烧饼大王”在上海的连锁加盟店已扩增至 50 多家。

但是，土家烧饼没过多久就被众多商家仿冒跟风，相似的口味、相似的饼香、相似的店名、相似的店面风格等，使得整个市场迅速饱和，许多商家以更加低廉的加盟费用也开出了不少连锁店，分割了市场。

土家烧饼店现已遍地都是。而如今在网上，买家只需花费二三十元钱就能买到所谓的土家烧饼秘方，资料详尽，只要资金充足，完全能马上开家土家烧饼店。

这个本身很稳固的生态链，因为烧饼秘方的不断泄漏产生了倾斜，部分加盟商可能成为“土家烧饼”这只被炒高之后股票的最终买单者，而受益最大的，似乎是那些先知先觉的、靠卖秘方赚钱的“上家”。

以上案例并不独有，这样的情景在最近几年的中国连锁加盟狂潮中时有出现，如何保证企业特许经营健康发展是特许人和加盟人必须学习的课程。

项目一 特许连锁经营分类

任务1 理解特许连锁经营特征

特许经营是指特许经营权拥有者以合同约定的形式，允许被特许经营者有偿使用其名称、商标、专有技术、产品及运作管理经验等从事经营活动的商业经营模式。特许企业，作为一个特许连锁系统，必须具有如下特征：

1. 核心是特许权的转让

特许权的转让方是连锁总部，或称加盟总部、特许总部，接受方是加盟店。总部转让的特许权一般包括商标、专利、商业秘密、技术秘密、经营诀窍等无形资产，如果总部没有形成这些无形资产，就不会出现特许经营模式。这些无形资产都属于知识产权范畴，所以，特许经营的核心实际上是知识产权的转让。

2. 加盟双方通过签订特许合约形成关系纽带

特许连锁经营的加盟店与加盟总部之间的关系是以签订特许合约为纽带基础的，这个特许合约是总部与加盟者之间签订的一个协议书，根据协议，总部称为特许权所有方或特许人，加盟者称为特许权使用方或受许人，这个协议具有法律效力，它将加盟总部与加盟者紧紧地连在一起。

3. 特许连锁经营的所有权分散

特许连锁经营是加盟总部将自己开发的产品、服务、商标和经营模式等许可给加盟店去经营，加盟店需出钱购买，因此，总店与加盟店不是同一资本。一般来说，特许连锁系统里，加盟店对自己的店铺拥有所有权，经营权则高度集中于总部。加盟店是独立法人，资产的所有者，店主对自己的经营成败负责，当店主认为加盟连锁组织比独自经营更有利，就会对市场上现有的加盟连锁组织进行调查、比较，最后决定向哪家连锁组织提出加盟申请。

尽管特许经营的所有权是分散的，但在表面上与正规连锁相似，要对外形成同一资本经营的形象，使公众把加盟店看作是加盟总部业务的有机组成部分。例如，美国麦当劳快餐店在全世界有一万多家分店，它们的标记、商标、布局、风格都一模一样，像一个模子压出来的，这里面有的是正规连锁分店，有些是特许连锁分店，除了总部知道它的区别外，消费者是无法分辨两者的。当然，加盟店在加盟后为了取得与总店一样的声誉，会努力按总店的要求标准去做，因为他们知道这是取得成功的关键。

4. 加盟店为加盟总部提供特许权许可和经营指导支付

一旦总店接受加盟者的申请，就可以允许加盟店使用总部特有的商标、连锁店名和字号，使用总部开发的生产、加工、销售、服务及其他经营方面的技术，总部在合约有效期内应持续提供各种指导和帮助，这种后续服务的目的在于帮助加盟者了解、吸收和复制特殊技术，并在开业之后尽快走上正轨，取得收益。加盟店在取得这些权利时要付出一定代价，即要向总部交纳一定费用。一般情况下，加盟者在签订特许合约时，要一次性交纳一笔加盟金，各特许连锁组织的加盟金视自身情况而定。

总之，特许连锁经营成功的关键在于加盟总部与加盟者双方的通力合作，一方面总部本身要经营有法，另一方面需要加盟者全力配合，共同努力。只有这样，总部和加盟店之间才能建立一个互利互惠的关系，双方才会为同一个目标努力把特许事业搞好。

任务2 明晰特许连锁经营分类

1. 按特许经营按特许权的内容划分

（1）产品品牌特许经营，又称产品分销特许。产品品牌特许经营被称为第一代特许经营，是指特许者向被特许者转让某一特定品牌产品的制造权和经销权。特许者向被特许者提供技术、专利和商标等知识产权以及在规定范围内的使用权，对被特许者所从事的生产经营活动并不作严格的规定。这类特许经营形式的典型例子有汽车经销商、加油站以及饮料罐装和销售等。目前在国际上这种模式逐渐向经营模式特许经营演化。

（2）经营模式特许经营。经营模式特许经营被称为第二代特许经营，目前人们通常所说的特许经营就是这种类型。它不仅要求加盟店经营总店的产品和服务、质量标准、经营方针等都要按照特许者规定的方式进行。被特许者缴纳加盟费和后继不断的权利金（特许权使用费），这些经费使特许者能够为被特许者提供培训、广告、研究开发和后续支持。这种模式目前正在国内外快速发展。

2. 按特许经营按特许双方的构成划分

特许经营按特许双方的构成划分为以下几种类型：

（1）制造商和批发商。软饮料制造商建立的装瓶厂特许体系属于这种类型。具体方式是，制造商授权被特许者在指定地区使用特许者所提供糖浆并装瓶出售，装瓶厂的工作就是使用制造商的糖浆生产饮料并装瓶，再按照制造商的要求分销产品。可口可乐是最典型的例子。

（2）制造商和零售商。汽车行业首先采用这种特许方式建立了特许经销网。在石油公司和加油站之间有同样的特许加盟关系。它的许多特征同经营模式特许经营有相似之处，并且越来越接近这种方式，汽车制造商指定“分销商”的方式已经成为经营模式特许。

（3）批发商与零售。这种类型的业务主要包括计算机商店、药店、超级市场和汽车维修业务。

（4）零售商与零售商。这种类型是典型的经营模式特许，代表企业是快餐店。

3. 按授予特许权的方式划分

（1）单体特许。单体特许是指特许者赋予被特许者在某个地点开设一家加盟店的权利。特许者与加盟者直接签订特许合同，被特许者亲自参与店铺的运营，加盟者的经济实力普遍较弱。目前，在该类被特许者中，相当一部分是在自己原有网点基础上加盟。单体特许适用于在较小的空间区域内发展特许网点。

优点：特许者直接控制加盟者；对加盟者的投资能力没有限制；没有区域独占；不会给特许者构成威胁。

缺点：网点发展速度慢；总部支持管理加盟者的投入较大；限制了有实力的被特许者的加盟。

（2）区域开发特许。特许者赋予被特许者在规定区域、规定时间开设规定数量的加盟网点的权利。由区域开发商投资、建立、拥有和经营加盟网点；该加盟者不得再行转让特许权；

开发商要为获得区域开发权交纳一笔费用；开发商要遵守开发计划。该种方式运用得最为普遍，适用于在一定的区域（如一个地区、一个省乃至一个国家）发展特许网络。特许者与区域开发商首先签署开发合同，赋予开发商在规定区域、时间的开发权；当每个加盟网点达到特许者要求时，由特许者与开发商分别就每个网点签订特许合同。

优点：有助于开发商尽快实现规模效益；发挥开发商的投资开发能力。

缺点：在开发合同规定的时间和区域内，特许者无法发展新的加盟者；对开发商的控制力较弱。

（3）二级特许。二级特许特许者赋予被特许者在指定区域销售特许权的权利。二级特许者扮演着特许者的角色；对特许者有相当的影响力；要支付数目可观的特许费；它是开展跨国特许的主要方式之一。特许者与二级特许者签订授权合同；二级特许者与加盟者签订特许合同。

优点：扩张速度快；特许者没有管理每个加盟者的任务和相应的经济负担；二级特许者可根据当地市场特点改进特许体系。

缺点：把管理权和特许费的支配权交给了二级特许者；过份依赖二级特许者，特许合同的执行没有保证；特许收入分流。

（4）代理特许。特许代理商经特许者授权为特许者招募加盟者。特许代理商作为特许者的一个服务机构，代表特许者招募加盟者，为加盟者提供指导、培训、咨询、监督和支持。它是开展跨国特许的主要方式之一。特许者与特许代理商签订代理合同，特许者与加盟者签订特许合同，合同往往是跨国合同，必须了解和遵守所在国法律；代理商不构成特许合同的主体。

优点：扩张速度快；减少了特许者开发特许网络的费用支出；对特许权的销售有较强的控制力；能够对被特许者实施有效控制而不会过分依赖代理商；能够方便地终止特许合同；可以直接收取特许费。

缺点：特许者要对代理商的行为负责；要承担被加盟者起诉的风险；要承担汇率等其他风险。

任务3 分析开展特许经营优势与劣势

1. 特许经营的优势

特许经营已有一百多年的发展历史，它所取得的成功已为世人瞩目。近几年，特许经营在我国也有巨大发展。这一分销方式之所以长盛不衰，有其经营优势。

（1）特许商利用特许经营实行大规模的低成本扩张。

对于特许商来说，借助特许经营的形式，可以获得如下优势：

①特许商能够在实行集中控制的同时保持较小的规模，既可赚取合理利润，又不涉及高资本风险，更不必兼顾加盟商的日常琐事。

②由于加盟店对所属地区有较深入的了解，往往更容易发掘出企业尚没有涉及的业务范围。

③由于特许商不需要参与加盟者的员工管理工作，因而本身所必须处理的员工问题相对较少。

④特许商不拥有加盟商的资产，保障资产安全的责任完全落在资产所有人的身上，特许

商不必承担相关责任。

⑤从事制造业或批发业的特许商可以借助特许经营建立分销网络，确保产品的市场开拓。有人讲，有人的地方就有可口可乐，有色彩的地方就有柯达。为什么这些品牌能够无处不在？原因就在于它们利用特许经营方式进行了大规模的低成本扩张。

（2）加盟商借助特许经营“扩印底版”。

有人形象地把加盟特许经营比喻成“扩印底版”，即借助特许商的商标、特殊技能、经营模式来反复利用，并借此扩大规模。

①可以享受现成的商誉和品牌。加盟商由于承袭了特许商的商誉，在开业、创业阶段就拥有了良好的形象，使许多工作得以顺利开展。否则，借助于强大广告攻势来树立形象是一大笔开支。

②避免市场风险。对于缺乏市场经营的投资者来说，面对激烈的市场竞争环境，往往处于劣势。投资一家业绩良好且有实力的特许商，借助其品牌形象、管理模式以及其他支持系统，其风险大大降低。

③分享规模效益。这些规模效益包括采购规模效益、广告规模效益、经营规模效益、技术开发规模效益等。

④获取多方面支持。加盟商可从特许商处获得多方面的支持，如培训、选择地址、资金融通、市场分析、统一广告、技术转让等。

（3）特许经营因其管理优势而受到消费者欢迎。

特许经营成功发展的另一个原因就是准确定位。由于能准确定位，使企业目标市场选择准确，能围绕目标市场进行营销策略组合，并能及时了解目标市场的变化，使企业的产品和服务走在时代前列。

2. 特许经营的劣势

（1）特许方很难控制加盟者。

①加盟店有时闹独立，难以控制。加盟店往往会在下面三种情形下闹独立，一是认为事业发展完全是自己的功劳，无需总部支持也能搞好经营，于是便产生独立感，企图摆脱与总部的关系；二是总部的经营管理方法已经全部学到手，可以脱离总部自己经营，便产生自立门户的想法；三是加盟后收入不如原先期望的那样高，因失望产生不满情绪，不想继续下去。

②个别经营失败的加盟店会连累总部声誉和形象受损。个别加盟者能力有限，或不按总部指导办事，随意更改总部的经营程序，或不愿倾全力来经营这一事业，导致经营失败，这不仅使自己经济受损，更重要的是损害了总部多年树立起来的良好形象和声誉，因为在顾客看来，加盟店和直营店是没有区别的，一损俱损，一荣俱荣。因此选择合适的加盟者对总部来说是十分重要的一环。

③当总部发现加盟者不能胜任时，无法更换。理想的加盟者并不好找，尤其是加盟总部发展较快时，会发现难以找到足够数量的合适的加盟者。若一旦“滥竽充数”，经营一段时间发现店主不能胜任，总部不能像直营店那样随时换人，这无疑将影响特许事业的发展。

（2）加盟商受到极大限制。正是由于特许本身，使得加盟商得到了一套完善的、严谨的经营体系。可是，正因如此，加盟商很难改变这种经营模式来适应市场的、政策的各种变化。

①由于具有高度统一性要求，不能充分地发挥自己的创造性；

②受总部经营方针的制约；

③自由度较低；

④总部的整体利益优先于加盟者的利益；

⑤受连锁体系中其他加盟店的影响等。

（3）对消费者来说，加盟商的频繁变更给他们带来的是疑惑，造成了特许人、现任加盟商和以往加盟商的之间的责任不清，相互推脱责任。

【知识拓展】

中国特许经营历史上的第一

1. 第一家进入中国的国外特许人企业：肯德基，1987年11月12日，在北京前门开店。

2. 中国本土的第一家实施特许经营体系构建的企业：李宁服装公司，1993年开始特许经营。

3. 中国第一家连锁经营协会：上海连锁经营协会，成立于1994年4月。

4. 第一批特许经营专著书籍：1994年的《从一到无限》、《商业连锁经营指南》，派力营销策划公司编著的《派力营销思想库》第二辑中的《特许经营》，国家经贸委市场司向欣、孟扬编著的《特许经营——商业发展的国际化潮流》。

5. 第一个国家领导人对连锁发展的批示：1995年，国务院总理李鹏在八届人大三次会议政府工作报告中正式明确指出，“要积极发展商业连锁经营”。

6. 第一份明确提出特许经营的官方文件：1997年3月，原国内贸易部发布了《连锁店经营管理规范意见》，规定了特许经营的定义和特许合同的基本内容。

7. 第一部特许经营办法：1997年11月14日，原国内贸易部发布了《商业特许经营管理办法（试行）》，该办法于2005年2月1日“转正”。

8. 第一届正规的特许经营展览会：1998年的国际特许经营巡展（Franchising China），由环球资源主办。

9. 第一家“中国特许经营企业信用评审”机构：2006年12月16日，主办方是中国信息协会信用信息专业委员会，承办方是北京国邦信达信用管理中心。

10. 特许人企业总数全球第一的时间：2006年，根据某机构的数字，中国的特许人企业绝对数量已达2600多家。

11. 第一部特许经营法规：2007年2月6日，国务院总理温家宝签署中华人民共和国国务院第485号令，公布《商业特许经营管理条例》，该条例自2007年5月1日起施行。

项目二　特许经营业务流程

特许企业开展特许业务必须经历一些阶段性的工作，以保证特许经营业务的顺利展开。一般来说从企业正式成立之日起即开始审视特许经营条件是否具备到第一家加盟店的营业至少需要经过8个重要环节。如图10-1所示为实施特许连锁经营的业务流程，下面就连锁企业实施特许的几大步骤中的主要环节进行说明，包括样本店的建立、准备特许经营系列文件、宣传推广、潜在加盟商评估、签订合约与缴纳费用、开店培训。

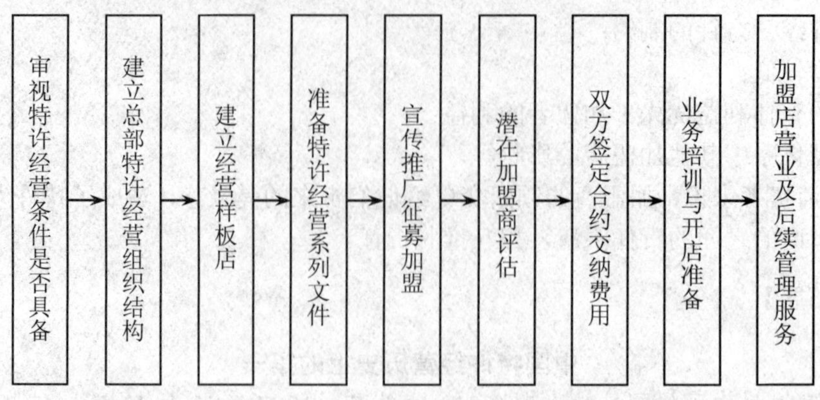

图 10-1　连锁企业实施特许业务流程图

1. 建立自己的样板店

要说服投资者加盟总部的特许经营网络，最好的办法就是建立自己成功的样板店，通过样板经营，一方面可以检验总部的经营模式是否可行，并在试验中获取经验，不断改进完善；另一方面成功的样板店可以得到社会的承认及投资者的认可，打消他们的疑虑。因此，样板店的选址与经营是加盟总部在实施特许经营计划之前必须慎重考虑的问题。图 10-2 现实了样本店建立的三大主要功能。

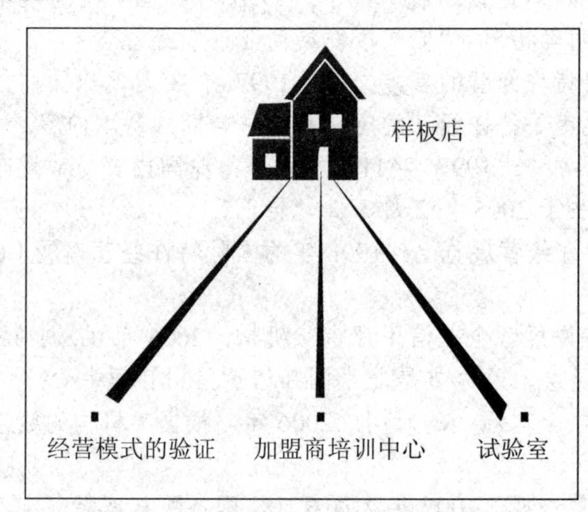

图 10-2　样本店的主要功能

为了考验经营模式的成功性，样板店的设立数量和运营时间应给予充分考虑。一般来说可遵循以下参考原则：

（1）在经营扩张之前，样板店的设立数量和运营时间应由经营的复杂程度和市场状况而定。

（2）对于样板店的设立数量和运营时间上也有其他几种观点，最有名的是“3×2 规定”，即必须要有 3 家样板店且运营至少 2 年以上，这样才算是有效的验证。

2. 准备特许连锁经营所需文件

特许连锁经营作为一种知识产权的转让方式，当加盟总部在将其经营模式许可给投资者时，还必须准备一系列的基本文件，以备宣传推广、潜在投资者查询、签约、岗前培训和将来的管理之用。特许经营文件集有便于以更标准化的方式实现特许加盟，包括推广文件集、招募文件集、运作文件集。

（1）推广文件集。推广文件集的目的在于吸引受许人申请加盟，是对业务、产品或服务的描述。推广文件集因为不涉及企业的经营管理核心内容，一般可对外。主要内容包括：

①特许人及特许经营公司背景资料；

②特许加盟店的发展、运作相关历史资料；

③购买特许经营权所需要的金额；

④特许人向受许人提供的支持。

（2）招募文件集。招募文件集通常包括招募手册、信息披露文件以及为受许人所享有的机会和利益的有关信息。是受许人首次询问回复的一部分。包括：

①业务描述；

②特许经营特系的主要人员；

③特许经营体系。包括业务领域、运作支持、受许人启动条件、特许人的全程协助、特许经营体系的地区或全国性广告计划、市场营销计划；

④特许经营运作。包括地点、培训、保险、协助、管理与计划、经营标准、商标和商号、特许经营协议的有效期、特许经营费；

⑤特许经营申请表。这是加盟商向特许方正式提出加盟的申请表，同时也作为特许方评估加盟商的重要信息。

HP 数码影像单店加盟申请表

日期：　　年　月　日

一、申请人基本情况			
姓名			
家庭地址			
工作单位 及地址			
职务		每周工作时间	小时
电话：　　　　　　传真：　　　　　　电子邮箱：			
二、资金状况 1．申请人主要收入来源：　□工资　□租金　□津贴 □投资收益　□经营所得　□其他，请说明______ 2．对于合作项目能够投入的资金数额和来源： 3．如有可能，请说明其他可利用的融资渠道			
三、现有店铺 是否拥有销售或服务店铺？　有/没有　如有，请具体说明 1．现有店铺地址： 2．现有店铺业务类型及平均营业面积 3．现有店铺所处地段 □购物中心（□商厦内部　□街面）　□居民区			

<table>
<tr><td>□商务中心、写字楼　□机场车站　□游乐场所、旅游景点
□酒店宾馆　□政府机关　□医院学校
□其他，请说明________________________________
4．现有店铺营业时间：一周____日，一日____小时
5．是否准备将现有店铺转型为“HP 数码影像”单店　是/否</td></tr>
<tr><td>四、项目认知与意向
1．申请人现在或以往是否在特许经营企业工作？是/否，如选择“是”，请说明企业名称____________，工作时间_____年至_____，所担任职务为________________________。
2．对数码影像打印的认识　□很了解　□一般　□不了解
3．对惠普公司的认识　□很了解　□一般　□不了解
4．请说明您愿意合作的最主要原因
看好盈利前景　□提高知名度　□有助于现有业务　□个人兴趣
□其他，________________________________
5．是否准备全职投入 HP 数码影像的单店经营　是/否
6．准备开设多少家 HP 数码影像单店
7．准备在哪些地区开设 HP 数码影像单店</td></tr>
<tr><td>请问您由哪一个信息来源首次获悉惠普数码影像特许经营项目
□中国特许经营网 www.franchise.com.cn
□其他网站，请说明________________　□亲戚朋友介绍
您所提供的上述信息仅用于中国惠普对区域发展合作方的筛选工作，未经您的同意，FDS 中国不会将您的资料泄露给第三方。
感谢您的关注！对于本项目您最想了解的信息是____________________

本表填写完毕后，可通过电邮或传真发送至 FDS 中国
Email：hpfds@yahoo.com.cn</td></tr>
</table>

（3）运作文集。这是详细的操作资料，一般为内部文件，手册中不能缺少任何一部分。包括运作手册、培训手册、地点选择标准与程序、营销手册、广告手册、区域支持手册、质量控制手册、地点调查手册、财务报告手册等。运作文集涉及企业重要的管理文件及商业运作机密，因此只有双方正式签订合同以后才能掌握这些内部文件，并且加盟商还要签订保密协议。

3．宣传推广，征募加盟

在一个新地区开展特许连锁经营业务时，宣传推广活动是必不可少的一个重要环节。与其他公司不同的是，其他公司的宣传活动是吸引消费者的注意，而加盟总部的宣传推广既要吸引消费者，又要吸引投资者。初期发展的连锁加盟企业，由于知名度不高，大都选择主动出击；而较具规模的连锁加盟企业，虽然会因为知名度较高，而吸引有意加盟者的主动咨询，但是仍有企业自主招募的方式；对于有意加盟者的主动洽询，在审核加盟店的程序中会加以说明。宣传推广的方式主要有：媒体宣传、展览会推广和 POP 推广，如图 10-3 所示。

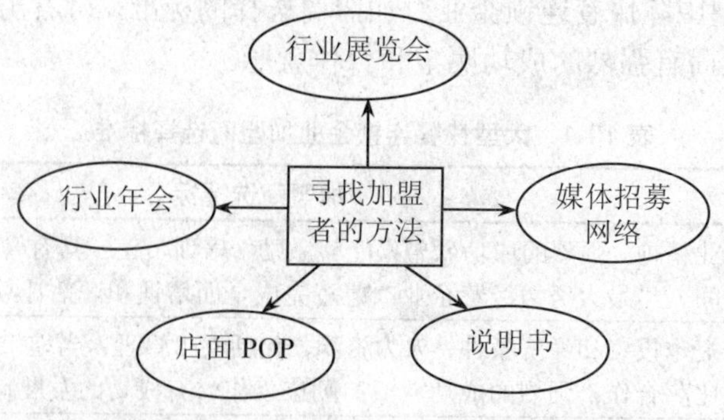

图 10-3　宣传推广的主要方法

（1）媒体招募。传统的招募方式，传递的信息以吸引有意加盟者为目的。一般包括基本的加盟优惠政策、加盟条件及联络方式等内容。通过媒体招募必须考虑传播地区、传播目标及接触频率等因素。使用媒体的目的除了容易建立知名度外，也有较强的引导效果。一般所常用媒体包括网络媒体、电视广告、报纸广告、杂志广告、车厢广告等。

（2）行业年会/行业展览会/企业讨论会。无论发展初期的连锁经营企业还是知名的连锁加盟企业，由书面或广告的方式，不容易使有意加盟者了解，而面对面的沟通方式，实际商品说明演示，是效果较好的招募方式。定期或不定期的讨论会或座谈会是经常使用的招募方法，地点多在企业自身的场地或所在地、特定加盟者所在地或行业协会所在地举办。如我国每年一度的特许经营大会展览会就起到了这个作用。

（3）店面 POP。连锁经营企业以店面 POP 的方式传递招募加盟者的信息，是由来已久的招募方式。特点一是成本费用较低，二是有意加盟者肯定在店面经常出现，而店面的商品展示及实际实际经营状况更具参考价值和说服力。

（4）说明书。加盟说明书是平面媒体的一种，可以夹在报刊里传递，也可以作为说明会、开拓人员招募的辅助工具，或者用在店铺中当成说明资料，部分的说明书甚至直接附有加盟申请书。

4. 潜在加盟商评估

对加盟商的选择是整过流程中的重要环节。具体来说，对一个加盟商可以从七个方面来评估：合作意愿、市场理念、资金实力、信用情况、操作经验与能力、管理能力。

合作意愿是指他对于跟本连锁企业合作的想法是否强烈，是否拥有做好、做大的强烈冲动。如果没有这种强烈的合作意愿，无论如何也不可能合作。

市场理念是指他对市场经营的思路与想法。很多加盟商的市场理念非常落后，谈市场就只谈产品不好、价格没竞争力。对分析产品的定位与组合、竞争对手的策略、自己的推广针对性等，则一概不知。而优秀的加盟商则会从当地市场的特点、自己的产品优势与劣势以及针对性的组合、推广等策略层面分析。

资金实力是指加盟商能够投入多少资金来运作加盟店、流动资金是否充足等。

信用情况主要在当地进行调查，看看是否有恶意拖欠货款、与其他企业的冲突、银行信用问题等。

操作经验与能力主要考虑其以往的操作经验，自身是否具有操盘能力等。

管理能力是指加盟商是否具有现代管理的意识与手段。

表10-1为几家大型国际快餐连锁企业对加盟商选择的标准，可看出他们都有一个共同的选择标准，即要求加盟商有强烈的成功愿望和合作意愿。

表10-1 大型快餐连锁企业加盟商选择标准

公司	加盟商选择标
麦当劳	富于创业精神、强烈的成功欲望；能够激励、培训员工。具有管理财务的能力；愿意用所有时间、尽最大努力经营企业；愿意完成全面培训和评估计划
波士顿比萨	必要的资本投资和经济条件、人力资源，包括人事管理；当地市场的从业经验；愿意与波士顿比萨合作；强烈的成功欲望；勤奋工作、有成功的发展趋势
ungle Jims	拥有必需的技术、教育、个人素质和经济来源，能够满足成功餐馆经营需要的受许人；我们会对受许人的活动适当监督，为公众、其他受许人员工和供应商保护特许经营体系的完整性
Wendy 国际	积极的态度、提供出色客户服务的能力、和员工搞好关系的能力；强烈的成功欲望、愿意积极投身温蒂斯特许经营；充满精力和热情，能够加以引导，愿意接受改变；有团队精神、愿意成为特许经营体系的一部分

5. 双方签定合约交纳费用

（1）特许加盟合同的主要内容。

加盟连锁由于行业不同，经营项目不同，规模不同，具体契约内容各有侧重，不可能完全一样。我国《商业特许经营管理办法（试行）》中第十三条对签订特许经营合同作出了规定。特许经营合同应包括以下内容：特许经营权许可的内容、范围、期限、地域；双方的基本权利和义务；对被特许者的培训指导；各种费用和支付方式；保密条款；违约责任；合同的期限、变更、续约、终止及纠纷的处理方式。这些只是原则性要求，具体如下解释：

①授权使用连锁体系商标、标志的内容。商标是商品的标志，服务业也有服务的品牌标志。如麦当劳门前的“M”标志；肯德基家乡鸡门面灯箱上的山德士上校头像标志；日本“不二价”连锁使用的花朵组成的“F”标志；日本伊藤洋华堂集团使用的鸽子标志，均属此类。

②商品及其他物品提供和使用方面的内容。在销售食品及其他服务的加盟连锁体系中，要求加盟店必须使用总部提供的招牌，销售公司统一采购的商品、材料、包装物等物品；在服务业加盟连锁中，虽无商品销售，但也要使用统一的原材料、设备、工具、包装物和其他消耗品。因此，在契约中，必须明确这此物品的种类、数量、购买方式、支付时间和方法等有关内容。

③有关提供经营技术的内容。加盟总部对加盟店有传授经营技术的义务。这种传授通常采取经营手册、技术培训、经营指导等形式实现。如营业过程中持续地进行经营指导。又如，对加盟店经营选址、商店设计和创业准备等活动，总部给予全面的指导帮助，协助加盟店做好开业准备。

④设立加盟店地点及目标市场的内容。“位置、位置、还是位置”，位置理论始终是开店的第一要素。加盟店的经营成败，在相当程度上取决于有无有利的地理位置。在加盟连锁中，关于位置和市场范围的划分双方必须明确。

⑤商店装潢设计及制服统一方面的内容。连锁商店对外应当是一种形象，这是总部刻意追求的效果，也是消费者的一般观念。在加盟合同中，需要对统一的商店装潢设计、商店布

局、着装等方面做出明确规定，以达到统一形象的目的。如总部统一规定加盟店的装潢设计风格，统一规定制服款式，由加盟店承担所需费用。

⑥促销活动的内容。总部为了谋求整个加盟体系的发展，要承担共同的广告宣传促销活动，有时也为部分加盟店从事专项促销活动，也有时统一决定促销方式，由各加盟店分别进行。至于广告费用的支付需分别以不同的方式在合同中明确规定。

⑦质量管理方面的内容。加盟店经营的商品或服务，是加盟连锁独特的商品或服务，必须保持一致，不允许发生质量下降和特色改变的情况。因此，加盟合同中需要明确规定质量标准、保持特色方法、质量检验和控制等方面的内容。这些要求在总部发给加盟店的营业手册中均有明确详细的说明。

⑧合同的期限、更新与解除的内容。任何合同均有期限，加盟合同也不例外，作为维系加盟关系的加盟合同，往往通过先确定一定的期限，待期满后再决定是否续约。合同期限一般在3～8年上下者居多，合同自生效日起规定年限内有效。在合同期满3个月前，如果双方未提出任何有关终止合同的意向，合同自动延长一年，以后依此类推。如超市发便利店加盟期为5年；环球雅思的特许期限也为3年；上海华联特许的合同期限为2～8年；马兰拉面、上海仙踪林、重庆小天鹅特许期限为3年。一般情况是技术难度大的，合同期限相对长一些。

⑨合同中违约现象的处置规定。在合同有效期间，由任何一方导致出现下述事项，对方均可提出书面通知，主动解除合同，包括票据或支票未按期支付，被银行列为决绝受理户时；总部解散或加盟者死亡；出现明显伤害对方信用的行为；破产、公司改组、被查封等。

（2）确定加盟费用。

如何确定合适的加盟费用，对总部来说是一个非常关键的问题，它直接影响到特许事业的顺利发展。因为投资者在费用方面通常相当敏感，费用定得太高，投资者不能获得期望的利润，自然不会对该项业务感兴趣，即使加盟进去，不久也会退出；若费用定得太低，总部收益受损，甚至无法弥补所提供服务的费用开支，将会得不偿失。无论如何，总部都应该尽早拿出一套合理的收费方案，确定加盟费用水平及收费方式，以便制定出合理的预算，弥补其管理费用，并取得足够的盈利。

加盟者向总部交纳的加盟费用一般包括以下几类：

①加盟金。也称为首期特许费，是加盟者在加盟时向总部一次性交纳的费用，它包括加盟者有权使用总部开发出来的商标、特殊技术等费用，体现了加盟者加入特许系统所得到的各种好处的价值。

②保证金。这作为今后交纳各项费用及债务的担保，同时也带有总部向加盟店所提供商品的预付金性质。

③权利金，这是总部对加盟店进行经营指导而收取的费用，由加盟店按期交纳。权利金的计算方法依行业不同而不同，如便利店一般为毛利的30%～50%，快餐店一般为销售额的5%～10%，出租业按租金收入的6%～8%；小酒馆按店铺面积收取，还有定额包费等。

④违约金。如违背合同中规定的义务及禁止事项，按合同规定向受损害的一方交纳违约金作为赔偿。

6. 教育培训，开店准备

当加盟者正式签约后，总部必须对新加盟者进行必要的岗前培训，内容包括：开业所必需的准备事项，设备的操作，店铺经营技巧，人事、财务、销售管理方法等。培训结束后，即进入开店前的准备工作，如店址选择、店铺装修、设备购置、商品进货和陈列、开业促销计划等。这些准备工作往往由总部派专人协助加盟者完成，直至开业后走上正轨。

【案例点击】

肯得基的培训系统

肯德基在中国特别建有适用于当地餐厅管理的专业训练系统及教育基地——教育发展中心。这个基地成立于 1996 年，专为餐厅管理人员设立，每年为来自全国各地的 2000 多名肯德基的餐厅管理人员提供上千次的培训课程。中心大约每两年会对旧有教材进行重新审定和编写。培训课程包括品质管理、产品品质评估、服务沟通、有效管理时间、领导风格、人力成本管理和团队精神等。

内部培训制度：分门别类。

肯德基的内部培训体系分为职能部门专业培训、餐厅员工岗位基础培训以及餐厅管理技能培训。

（1）职能部门专业培训。肯德基隶属于世界上最大的餐饮集团——百胜全球餐饮集团，中国百胜餐饮集团设有专业职能部门，分别管理着肯德基的市场开发、营建、企划、技术品控、采购、配送物流系统等专业工作。

为配合公司整个系统的运作与发展，中国百胜餐饮集团建立了专门的培训与发展策略。每位职员进入公司之后要去肯德基餐厅实习 7 天，以了解餐厅营运和公司企业精神的内涵。职员一旦接受相应的管理工作，公司还开设了传递公司企业文化的培训课程，一方面提高了员工的工作能力，为企业及国家培养了合适的管理人才；另一方面使员工对公司的企业文化也有了深刻的了解，从而实现公司和员工的共同成长。

（2）餐厅员工岗位基础培训。作为直接面对顾客的“窗口”——餐厅员工，从进店的第一天开始，每个人就都要严格学习工作站基本的操作技能。从不会到能够胜任每一项操作，新进员工会接受公司安排的平均近 200 个工作小时的培训。通过考试取得结业证书。从见习助理、二级助理、餐厅经理到区经理，随后每一段的晋升，都要进入这里修习 5 天的课程。根据粗略估计，光是训练一名经理，肯德基就要花上好几万元。

在肯德基，见习服务员、服务员、训练员以及餐厅管理组人员，全部是根据员工个人对工作站操作要求的熟练程度，实现职位的提升、工资水平的上涨的。在这样的管理体制下，年龄、性别、教育背景等都不会对未来在公司的发展产生任何直接影响。

（3）餐厅管理技能培训。目前肯德基在中国有大约5000名餐厅管理人，针对不同的管理职位，肯德基都配有不同的学习课程，学习与成长的相辅相成，是肯德基管理技能培训的一个特点。

当一名新的见习助理进入餐厅，适合每一阶段发展的全套培训科目就已在等待着他。最初时他将要学习进入肯德基每一个工作站所需要的基本操作技能、常识以及必要的人际关系的管理技巧和智慧，随着他管理能力的增加和职位的升迁，公司会再次安排不同的培训课程。当一名普通的餐厅服务人员经过多年的努力成长为管理数家肯德基餐厅的区域经理时，他不但要学习领导入门的分区管理手册，同时还要接受公司的高级知识技能培训，并具备获得被送往其他国家接受新观念以开拓思路的资格的机会。除此之外，这些餐厅管理人员还要不定期地观摩录像资料，进行管理技能考核竞赛等。

肯德基进入中国 15 年来，开店增多，为社会带来的连锁效应也越来越大。许多曾经在肯德基打过工的年轻人，当年都还是在校学生，或者刚走出校门。据初步统计，肯德基进入中国 15 年来，累计培训员工 20 万人次，基本培训资金投入超过 2.4 亿元。

7. 开业后的服务与管理

不要以为店铺开业后就万事大吉，可以坐享其成，更繁杂的工作还在后面。为了使加盟店永远保持最佳、最完美的状态，总部还需不断提供各种后续服务，包括提供货源、改进产品和质量、实地监控、现场技术问题的解决、整体业务咨询、广告和促销策划等，以协助加盟店发展业务，保障经营成功。

项目三　特许人与受许人的关系

任务 1　特许经营关系的四个阶段

特许经营企业的最重要方面是特许人和受许人之间的关系。这种关系常随新商业或产品周期的基本步骤的发展而发展，也就是说，它将经历以下阶段：①导入期；②成长期；③成熟期；④衰退/发展期，如图 10-4 所示。

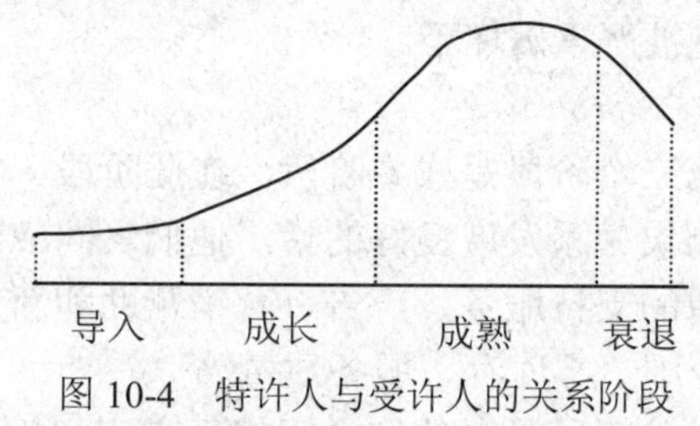

图 10-4　特许人与受许人的关系阶段

1. 导入期

特许人和受许人关系的导入期是一个相互信任、相互依赖、共同渴望成功和获利的阶段。就受许人而言，这种关系刚开始处于一种极度乐观、经常是盲目信任并预期巨大成功的阶段。特许人由于热衷于积极友好地接近受许人，所以他也展示出了他最好的一面。但在与受许人初次接触的时候，特许人也在推销自己的同时衡量受许人的资格。正是在这一阶段，特许人组织和受许人之间的和谐、相互理解及相互信任的关系就随之发展了。

2. 成长期

当受许人隆重开业以及企业开始运转时，成长期就开始了。从受许人签订特许经营协议并开始接受培训项目、成为一个合格的经营者开始，特许人和受许人关系就已经开始发展。一个彻底的培训项目将在特许人和受许人之间建立坚固而紧密的联系。协助受许人开业、布置及制作广告与促销将加强关系，并且有助于巩固特许人和受许人的积极合作。

接下来的时间里，特许人向受许人提供的支持系统将有助于巩固关系。这种关系可通过以下方式培养：互联网、内部网、电子邮件、月刊或半年刊杂志、时事通讯、当地、地区或全国的受许人俱乐部甚至是特许人给受许人的生日贺电以及表达对受许人的个人问候。特许人的地区代表应当经常提供支持材料、会计帮助、市场营销建议及促销和广告支持来维持积极的特许经营关系。双方在这个时候稳固的关系开始建立，如图 10-5 所示。

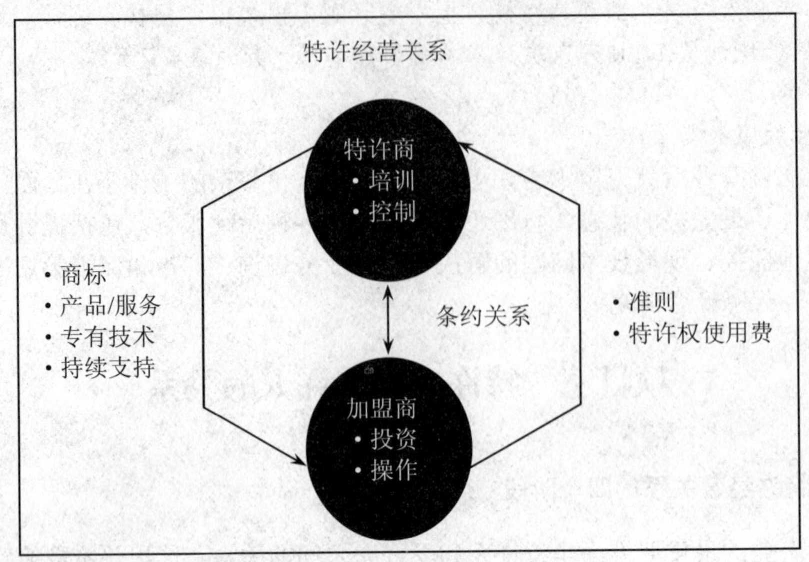

图 10-5　特许人与受许人的关系纽带

如果没有恰当地建立支持系统，而且如果特许人只提供二流的培训项目或未的联系中断后，特许人与受许人的关系就被严重破坏了。

3. 成熟期

特许人和受许人关系的第三个阶段是成熟阶段。在此阶段，特许人和受许人知道各自可从对方那里期望得到什么。如果关系发展良好的话，他们之间应建立彼此理解的友好关系。受许人能依赖特许人提供有用的支持服务、广告、营销帮助和新产品。作为回报，特许人可期望从受许人那里得到销售业绩、零库存、服务质量。

特许人和受许人关系的成熟阶段是以他们之间相互交流和相互作用为中心的。受许人参加受许人年度会议和当地或地区受许人会议，并且认真阅读公司的时事通讯和/或杂志，参加其他当地或地区的活动，他们使用特许人提供的新产品或服务，执行新项目及使用体系新开发的电脑软件。

当受许人感到他没有从特许人那里获得持续价值时，成熟期就存在风险因素了。受许人期望从特许人那里得到实时支持服务和指导以及新产品和服务。对于一些受许人而言，仅是使用特许人的名称、标志或产品的机会就是足够的持续价值，但其他受许人要求以经常性的交流、广告和市场营销支持及其他附加的支持服务等形式从特许人那里获得额外的关注。

在成熟期，受许人了解了特许人的能力和专门技术，并开始或是质疑或是评价特许人的贡献。由于特许人不断地将特许权的使用权卖给潜在受许人，因此他可能忽视现有受许人的需要，许多受许人发现这是个困难的时期。这可能造成关系紧张，并可能使受许人对特许人在特许经营中的价值产生怀疑。特许人需要致力于与全体受许人进行交流并提供支持。

4. 衰退/发展期

特许人和受许人关系的最后一个阶段常常包括该业务的衰退，并可能导致受许人欲终止合同义务。或者在最后阶段，受许人可能与特许人发展更牢固的关系，并在业务继续发展繁荣时期继续与特许人合作。如果特许人仅仅热衷于出售越来越多的特许使用权，却不为现有受许人提供支持服务，那么大多数特许经营关系就将步入衰退，并可能会发生诉讼。

任务 2 维持特许人与受许人之间的良好关系

1. 特许人与受许人之间的矛盾产生

特许人与受许人之间在合作过程中难免会存在矛盾，矛盾的大小决定了双方合作的时间长短。大部分的矛盾的原因主要来源于三个方面：加盟合同产生的矛盾、特许方经营过程中特许方出现的问题及受许人产生的问题。

（1）加盟合同产生的矛盾。合同是导致双方合作关系部稳定的重要原因，在我国，公民法律意识淡薄，在签订合同时往往对合同重视程度不够。另外，大部分特许方单方面拟定合同，使得很关键的条款被受许人忽视。具体主要包括以下几方面：

①双方权利和义务之间很难平衡；

②合同观念不强导致合同履行困难；

③合同不明确事项导致双方处理具体事务较困难；

④解约过程中特许人往往处于有利地位等。

（2）经营过程中特许方出现的问题。为了迅速扩大规模，很多特许企业在企业自身管理不成熟，经营体系不完善的情况下开展特许经营，为双方的合作困难留下了隐患。具体包括：

①扩展速度快，盲目扩张；

②特许方总部经营能力差、职能欠缺、加盟体系不完善；

③商品开发能力差、缺乏竞争力；

④品牌培育投入太少，影响加盟方等。

（3）受许人产生的问题。受许人追求短期利益，不重视双方的权利和义务，并不断进行横向比较，刻意寻找特许方的问题都会导致双方的矛盾产生。由受许人产生的问题有：

①要求总部给予过多的支持；

②不从总部进货和进原料；

③超范围经营；

④不按期交纳有关费用等；

⑤忠诚度不够高。

【案例点击】

某快餐特许经营合同仲裁案

1. 案情介绍

申请人（加盟者 W 女士）与被申请人（某西式快餐特许经营公司）于 2000 年 6 月签署了为期 12 年的《特许经营加盟合同》。依照该合同，被申请人授予申请人为 × × 品牌加盟商，经营地点在北京市宣武区，名称为 × × 加盟店。合同同时约定：申请人须支付特许经营管理费，每月按 500 元定额计算，按季度交付。该合同还对经营场所、设备及半成品的供货方式、商品与服务管理、后续管理与支持、甲乙双方的权利义务、商业秘密和知识产权保护等内容做了较详细的约定。在合同甲方（指被申请人）的义务中规定了授予乙方（指申请人）使用被申请人的商标、商号、标识、管理模式及商业秘密；向乙方提供 × × 品牌体系的营业象征及营运手册；在合同乙方的义务中规定了乙方应按本合同规定按时支付各种费用与款项。

上述合同签订后，申请人支付了 8000 元人民币加盟费、技术培训费，并向被申请人订购了价值若干元的设备及物品。并在随后分两次订购了价值若干元的半成品及消耗品。申请人的加盟店经营 8 个月后关闭。申请人向仲裁庭提出：被申请人不具备人事特许经营的条件，被申请人在签合同的过程中虚构和隐瞒了许多重大情况，被申请人没有能力进行有效的指导，也没有成熟的经营诀窍可以传授给申请人，致使申请人的快餐店经营情况很差，以致被迫关张。申请人因此承受了很大的损失，故此提请仲裁。申请人的仲裁请求为：①撤销双方签订的《特许经营加盟合同》；②裁决被申请人退还申请人加盟费、设备款及货款合计若干元；③本案仲裁费用由被申请人承担。

被申请人的主要观点为：①被申请人具备从事特许经营的条件和能力；②申请人不接受被申请人在业务经营及其他方面的指导；③申请人不履行自己的义务；④被申请人有权终止特许经营加盟合同，申请人的加盟资格已被取消；⑤申请人的经营状况差是由申请人自身的原因造成的，被申请人不退还任何费用；⑥被申请人保留提出反请求的权利。

2. 仲裁庭意见

关于《特许经营加盟合同》的效力问题仲裁庭认为，特许经营是一种商业运作模式，其核心是特许者将自己拥有的商标专用权、商号使用权、经营诀窍等依法享有的独占权利许可给加盟者使用，并提供统一的必要指导、支持和后续服务保障，同时收取加盟费和管理费。原国内贸易部制定的《商业特许经营管理办法（试行）》是目前国内特许经营领域唯一专门的规范文件。该办法第六条规定："特许者必须具备下列条件：（一）具有独立法人资格；（二）具有注册商标、商号、产品、专利和独特的、可传授的经营管理技术或诀窍，并有一年以上良好的经营业绩；（三）具有一定的经营资源；（四）具备向被特许者提供长期经营指导和服务的能力。"本案中，（一）被申请人作为《特许经营加盟合同》的甲方即特许者应同时具备以上四个条件，才能够开展特许加盟经营活动，以上四个条件缺少任何一个均应视为不具有特许者的资格。在本案审理过程中，被申请人一直未能向仲裁庭提交"××"商标在国内外注册的有效证据，以及能够在中国许可使用该商标的证明。且"北京××快餐管理有限公司"（被申请人原名称）成立于 1999 年 11 月 23 日，2000 年 7 月 18 日更名为"北京××快餐管理有限公司"，2000 年 6 月 8 日被申请人签订《特许经营加盟合同》时，其经营期限尚不足一年。综上所述，仲裁庭认为，本案被申请人不具备以特许加盟合同中的特许者身份与申请人签约的资格，仲裁庭认为本案申请人与被申请人于 2000 年 6 月 8 日所签的《特许经营加盟合同》应予撤销。（二）关于双方当事人互相返还财产的问题，依据《中华人民共和国合同法》第五十八条之规定，合同被撤销后因该合同取得的财产应当予以返还，不能返还或者没有必要返还的应当折价补偿。有过错的一方应当赔偿对方因此所受到的损失，双方都有过错的，应当各自承担相应的责任。本案中，申请人向被申请人支付了加盟费和培训费 8000 元，向被申请人订购了价值若干元的设备及物品返还给被申请人，考虑到设备及物品的折旧，仲裁庭认为被申请人应向申请人返还设备及物品款的 60%，计若干元。申请人分两次向被申请人订购的价值若干元的半成品及消耗品由于申请人已将其全部用于经营活动无法返还，故双方对此不予返还。（三）关于申请人仲裁请求的其他部分申请人虽以加盟店名义开始经营，但绝大多数时间实际是自行独立经营，对申请人要求被申请人偿付其在经营活动中发生的其他相关费用的请求，仲裁庭不予支持。（四）关于本案仲裁费用承担问题本案仲裁费用 9548 元，仲裁庭认为由申请人承担 3183 元，由被申请人承担 6365 元是适当的。

问题：分析本案例双方当事人产生合同纠纷的主要原因有哪些？

2. 维持特许经营良好关系的四要素

特许人和受许人关系中最重要的因素是：特许人对受许人成功和活动的关心。特许经营关系的四要素指的是交流、意识、和谐和专门技术。

（1）交流。一个强大的特许人所关注的主要领域是，受许人总是能交流并感到其是特许组织的一员。有效的交流是任何成功经营活动的关键。大多数特许经营组织都编制时事通讯以帮助加强体系内的交流。

此外，许多特许人还利用受许人来建立广告委员会、新产品开发委员会、投诉委员会和经营委员会。特许人会经常提供地区论坛、培训计划及地区代表以保证有效交流。

（2）意识。意识是成功的特许经营体系的一个非常重要的成分。特许人应该使他的受许人意识到他们很受欣赏并且在组织的成功中发挥了重要作用。大多数特许人都会奖励受许人，以显示他们了解受许人的业绩。一些特许人向成功的受许人提供业绩奖励，如现金或旅游。这些奖励将增强特许人和受许人之间的了解。特许人也应该对受许人进行定期的调查以了解他们的感受和关注的问题。特许人还鼓励当地或地区俱乐部去帮助受许人互相支持及建立整体的广告和营销体系。

（3）和谐。特许人应该尽量与每一个受许人建立牢固的、融洽的个人关系。一些特许人通过送生日礼物、特殊日子送花及提供服务或赠送纪念品等方式来促进关系。另外，特许人经常在年会上或通过时事通讯对受许人的促销服务、公开服务、业绩水平甚至是团体服务对受许人表示认可。

（4）专门技术。特许人需要向受许人提供专门技术。大多数的初次会面是关于经营难题的，但随着关系的成熟，会议应该关注诸如财务、管理、个人成长、市场营销甚至是特殊促销方式等特殊领域。特许人经常开通免费热线以使受许人能立刻接触到总部的专门技术。总部会提供电脑专门技术、营销和促销专门技术以及产品或服务的研究和开发。

3. 维持特许人与受许人之间良好关系手段

（1）特许人和受许人关系的指导法则。

如果特许人不能表示真正的关心，特许人和受许人关系将毫无意义。特许人必须公开、公正、诚实、相互尊重地处理事务。黄金法则（特许人与受许人关系的指导法则，见表 10-2）可直接使用于特许经营关系中。如果遵守黄金法则，那么将可能成功、繁荣和成长。如果不遵守黄金法则，那么受许人就会不再信任特许人，也就会出现法律纠纷，而特许经营通常就会失败。

表 10-2 特许人和受许人关系的指导法则

特许人	受许人
1．建立强大的培训项目	1．参加所有的培训项目
2．召开全国和地区会议	2．参加所有全国和地区会议
3．建立受许人咨询委员会	3．参加所有受许人咨询委员会的活动
4，支持和维持广告宣传委员会	4．参加广告和促销委员会的活动
5．编制时事通讯、备忘录和其他信息交换手段	5．为时事通讯和备忘录提供有关信息
6．开通 24 小时免费热线	6．恰当使用热线
7．培养执行能力和销售动机	7．参加此类会议
8．建立对业绩突出的受许人的奖励结构	8．追求并获得奖励
9．制作促销广告包和广告单	9．获取信息并为其受许人进行促销活动
10．提供财务和管理报告	10．使用这些报告中的信息以改进加盟店

（2）特许人与受许人的问题及解决方法。

在双方合作的后期，许多受许人开始不那么严格遵守特许人制定的规章、政策和标准，那些不再迷信特许人的受许人可能想结束特许关系。如果特许人与许多受许人关系恶化，那么特许经营体系最终将崩溃。特许人若想保持稳固关系，那么向所有的受许人提供持续的支持服务就是关键。会有一些受许人不可避免地不再相信特许人，但特许人必须与这些受许人一起工作以恢复正常关系，这将给特许经营组织带来活力和繁荣。表 10-3 为双方问题及解决的主要方法。

表 10-3　特许人与受许人的问题及解决方法

问题	解决办法
1．广告和促销服务质量很差	1．让受许人参与广告和促销委员会
2．经营手册不完全	2．让受许人参与经营手册的更新和修订
3．培训质量差	3．修改培训项目并采纳受许人关于如何改善服务的意见
4，缺乏适当的信息披露	4．改善时事通讯、备忘录及交流材料
5．可获取的建议不够	5．开设热线并增加地区代表
6．市场调查不足	6．建立受许人市场调查委员会并改进总部市场调查项目
7．跟进培训和信息不足	7．提供进修课程并在经营程序中发表公告和更新信息
8．设备不足	8．建立受许人咨询委员会以评估和改进设备、工艺
9．地址选择不恰当或很差	9．对特许人和受许人选址标准进行评价和改进

单元小结

特许经营是指特许经营权拥有者以合同约定的形式，允许被特许经营者有偿使用其名称、商标、专有技术、产品及运作管理经验等从事经营活动的商业经营模式。

特许经营按特许权的内容划分为：产品品牌特许经营、经营模式特许经营；按特许经营按特许双方的构成划分为：制造商和批发商、制造商和零售商、批发商与零售、零售商与零售商；按授予特许权的方式划分：单体特许、区域开发特许、二级特许、代理特许。

特许经营的优势主要表现在：特许商利用特许经营实行大规模的低成本扩张、加盟商借助特许经营“扩印底版”、特许经营因其管理优势而受到消费者欢迎。

特许经营的劣势主要表现在：特许方很难控制加盟者、加盟商受到极大限制、对消费者来说，加盟商的频繁变更给他们带来的是疑惑，造成了特许人、现任加盟商和以往加盟商的之间的责任不清，相互推脱责任。

特许经营企业的最重要方面是特许人和受许人之间的关系。这种关系常随新商业或产品周期的基本步骤的发展而发展，也就是说，它将经历以下阶段：①导入期；②成长期；③成熟期；④衰退/发展期。

连锁企业实施特许的几大步骤中的主要环节进行说明，包括样本店的建立、准备特许经营系列文件、宣传推广、潜在加盟商评估、签订合约与缴纳费用、开店培训。

核心概念

特许经营　特许经营流程

实训设计

项目：选择一家直营连锁企业，并以此为背景为其策划开展特许经营的流程方案。

训练题

1. 简述特许连锁经营的特征。
2. 特许经营的主要分类有哪些？
3. 特许经营的优势与劣势有哪些？
4. 特许经营业务流程包括哪些关键步骤？
5. 详细描述特许经营关系的四个阶段的双方关系的主要特征。
6. 举例说明如何维持特许人与受许人之间的良好关系。

综合案例分析

谭木匠——特许经营之路

一直苦于木雕生意冷清的谭传华，偶然在商店买到一把木梳，这给了他很大启发，马上感觉到这其中蕴含着巨大的商机

“谭木匠的成功秘诀就是创新和独特性！这是我们为自己做的一块大蛋糕。”说这番话的是重庆谭木匠工艺品有限公司的经营顾问李平。他所说的这块“蛋糕”正是公司董事长兼总经理谭传华13年来用小梳子打造的一个巨大的市场奇迹！

现年49岁的谭传华，18岁时因意外失去了右手。对于一个农民来说，没有右手就不能从事农业劳动，几乎丧失了劳动能力，但他并没为此气馁。学过医、做过小学老师，还以卖画为生流浪过大半个中国的谭传华对记者表示，他现在的梦想是：“做全球最好的梳子！”

1. 第一把两元钱的梳子

古朴典雅的专卖店设计，很轻易给人以“百年老店”的感觉，其实却并非如此。谭传华说“真正开始叫‘谭木匠’不过只有9年的历史。”

1993年，一直苦于做木雕生意冷清的谭传华，偶然在商店买到一把木梳，由于当时在市场上主要以塑料梳子为主，木质的梳子还不多见，这给了他很大启发。拿着买回来的木梳，谭传华仔细端详，他感到这木梳中蕴含着巨大的商机。当即，他决定带着自己做木雕的工匠开始研究梳子的制作工艺。

“当时30几个工人都不知道梳子怎么做，用半年时间研究，终于做了出来。”谭传华的第一批产品出厂了，拿到市场上整整一天的时间，他的4个业务员喊破了嗓子，却只卖掉了一把两元钱的梳子。这两元钱，谭传华说是他人生中重要的两元钱，是这份事业的第一步。

“谭木匠”品牌的开创更非一帆风顺，也曾碰到过为他人做嫁衣的尴尬。起初，谭传华的梳子曾使用过“先生”牌、“小姐”牌这样识别力不强的品牌。“牌子打出去后，没有人记得住。打了很多广告，但是没有什么收效。我的竞争对手还说，谭老板在那边打广告，而我在这边坐收渔利。这话对我是一个很大的刺激。就是因为这句话，我才决定改名字，改成‘谭木匠’。”

在销售网络的搭建上，谭传华起初也吃尽了苦头。1993年，刚刚做木梳生意的谭传华一

直苦于打不开销路，他就派自己的业务员挎着篮子在街头叫卖，但是这样的销售方式实在是太慢了。谭传华想到了和国有大型商场合作，但当时的商场都认为梳子根本就没有什么销路，不愿和他合作。被逼得走投无路的谭传华和商场的一位负责人说："三天卖不掉我的梳子，你就把它全烧掉！"就这样终于有商场同意试试看，结果黄杨木梳子卖得很好，商场就同意长期与他合作。

然而，好景不长。由于商场的经营不善，拖欠谭传华近 100 万元，公司现金流出现了严重问题。他被迫决定开直营店，自己销售。1997 年，四川南通的一名商人看中了"谭木匠"的生意，就和谭传华提出做加盟店的想法，两人一拍即合，第一家"谭木匠"加盟店就这样开张了。

2. 我一直在和"浮躁"较劲

但起初的连锁店都未通过专业化设计，装潢空虚，缺乏文化内涵，再加上产品的种类不过几十种，经营效益也就不会很好。

"2000 年，我们花了当年的 1/3 的利润请来了专家团，为公司导入企业形象识别系统。当年的 8 月份，在全国推广统一的门店形象，独特的店面设计在市场上赢得了好的口碑，增加了投资者的收益。"谭传华笑着回忆当年的情形。

如今，"谭木匠"特许经营连锁店在国内外共建立 488 家。谭传华说："现在每年要有上千个经销商申请开设我们的连锁店，但是，每增加一个连锁店我的工厂就需要增加设备和工人，为了保证产品质量，每年只批准 100 家左右。"

对于加盟商，公司有很严格的审核制度。负责华北地区的经理杨东告诉记者："我们首先要考察的是加盟商本人的品质，假如就是一心为了赚钱，不顾企业制定的治理制度和企业文化，我们是不会接受申请的。"

战略加盟商正在显示其对于谭木匠的扩张作用。2009 年，谭木匠在北京地区的加盟店增加了 13 家，而加盟商则只新增了一位，而且是从 200 位意向加盟商中"海选"出的。

谭木匠的筛选顺序是：先填写信息资料，之后片区经理筛选之后剩下 1/10 左右，之后是三次约见，如果过关就再和总部对话。资料采集问卷中有一道题是"为什么想加盟谭木匠"，四个选择分别是"拥有自己的事业"、"喜欢谭木匠品牌"、"赚取利润"与"获得市场定位"。合适的加盟商应当对利润不太看重，而冲着盈利去加盟的人在得知这种温吞的经商方式之后，兴趣也打消了一半。最重要的一点是，加盟商要跟公司有相近的价值理念，片区经理约见的过程中，就会暗中考核其价值观。

但是，记者了解到，加盟"谭木匠"的商家其实利润并不丰厚，如谭所说"可以养家糊口，但是却不可能一夜暴富"。让人不解的是，为什么还会有这么多的加盟商选择了"谭木匠"？

刚刚在北京大栅栏开设"谭木匠"连锁店一周的安宝玉曾经做过很多生意，包括利润丰厚的保健品，"做'谭木匠'首先吸引我的是风险相对较小，公司对门店的统一治理和片区经理对经营上的指导，让我很轻松，基本上不用费心思琢磨经营方面的问题。加上梳子的价格一般不会有什么浮动，更降低了我的经营风险。"安宝玉解释说。

"其实从第一家连锁店建立到现在，我一直在和'浮躁'较劲。大家都想一举成名，比比皆是的就是浮躁。对这个问题，我一直在做疏导，我坚持的东西就是——老实。"如今，在谭传华看来"谭木匠"品牌要做长久，它最需要克服的困难就是浮躁。

现在谭传华逐渐淡出日常管理事务，但他为人处世的态度在员工眼里已根深蒂固。对加盟商来说，加盟谭木匠就是认同了一种文化，而谭木匠也十分尊重所有加盟商。开年会时，公司高管会夹道迎接加盟商；同加盟商吃饭，一定是公司员工来付款；片区经理不能跟加盟商建立太紧密的关系，避免决策中有偏向；答应加盟商的事情一定做到。

陈思廷将此归结为“涟漪效益”，“就像一块石头丢在池塘里，中心浪起得最高，往外扩散时就越来越低，管理层级越多，越没办法避免。唯一的方法是反复地说这些事情。作为谭传华身边第二、三圈的员工，他的言行一直影响着大家。”

问题：

1. 从案例可看出特许加盟为谭木匠的成功发展带来了哪些实质性的动力？
2. 深入了解本案例，并分析如果采用直营连锁模式谭木匠能否有同样的成功？
3. 从本案例总结如何与加盟商建立良好的合作关系？

参考文献

[1] 陈新玲．连锁经营管理原理．北京：电子工业出版社，2009.

[2] 杨叶飞，王吉方．连锁门店开发与设计．北京：机械工业出版社，2010.

[3] 李建．连锁企业促销策划．北京：电子工业出版社，2009.

[4] 肖怡．零售学．北京：高等教育出版社，2006.

[5] 王吉方．连锁经营管理教程．北京：中国经济出版社，2005.

[6] 王琴．连锁经营管理．北京：北京理工大学出版社，2009.

[7] （美）麦克尔.利维，巴顿.A.韦茨著．零售学精要．郭武文，王千红，刘瑞红译．北京：机械工业出版社，2003.

[8] 窦志铭．连锁经营管理理论与实务．北京：中国人民大学出版社，2007.

[9] [美] Robert T Jusits & Richard J.Judd 著．特许经营管理．张志辉，王丹等译．北京：清华大学出版社，2005.

[10] 肖怡．企业连锁经营与管理．大连：东北财经大学出版社，2010.

[11] 徐印州．零售连锁经营．广州：广东经济出版社，2004.

[12] 彭娟．我国服务零售连锁经营业态形成及分类．江苏商论，2007（05）.

[13] 彭娟．我国餐饮零售连锁经营业态形成及分类．商场现代化，2007（07）.